一番手軽で最高に刺激的な海のルアーフィッシング

攻めの「ライトゲーム」変幻自在

河野大輔

つり人社

一番手軽で最高に刺激的な海のルアーフィッシング

攻めの「ライトゲーム」変幻自在　目次

第4章　ターゲットを知る　71

写真＝河野大輔・藤原武史・ルアーパラダイス九州編集部
イラスト＝佐々木淳二

もっとも身近なルアーを使った遊び。
それがライトゲームの世界観。

アジやメバルはその入口にして
奥深い釣趣で飽きさせない
永遠のライバルだ。

静寂に包まれた夜の漁港。
聞こえる音色は
船の揺らぎと空を裂くキャスト音。

煌々と灯る常夜灯下に集うのは
空を舞う羽虫と海中を泳ぐ魚たち。
そして、それを追うアングラーの影。

ここが、僕らのメインステージ。
静けさの中で起こる心踊る駆け引き。
今宵も、熱い息吹が聞こえる。

多種多彩なターゲットたち。
これもライトゲームの魅力のひとつだ。
思い描いたとおりのストーリーで釣っていく。

思いがけない望外のサイドストーリーに笑う。
興奮とドラマは常に僕らの身の回りに転がっている。

ライトゲームにおいてアジと並ぶ双璧がメバルだ。
数釣りも楽しいが数だけではない。
尺上の迫力は満点だがサイズだけではない。
この小さなファイターに秘められた奥深きゲーム性は底知れない。
ライトゲームマニアとしては避けては通れない永遠のライバルだ。

第1章
ソフトベイトを知る

We should know more about the softbait.

ライトゲームといえばソフトベイト

ライトゲームの代表的なルアーといえばソフトベイト、いわゆるワームと呼ばれる樹脂製の擬似餌だ。

これは、ライトゲームのメインターゲットとされるメバルやアジの食性に関連している要素が強いとされる。実際、どこの釣具店を覗いてみても、ライトゲームコーナーにドドンと鎮座しているのは大量のソフトベイトと、それに付随するリグアイテムの数々である。

ソフトベイトには、実にさまざまな大きさや形状があるが、ライトゲームでメインに使用されるサイズは3in（約75㎜）以下のものが主流である。これは、ターゲットとなる対象魚が比較的小型であることと、その対象魚たちが捕食しているベイト（エサ）が、さらに小型であることが多いからである。

形状は、対象魚のエサとなる生物の動きやフォルムをイミテートしたものが大半といえる。

だから、まずはねらいのターゲットの捕食しているエサの大きさやカタチに似たものを選ぶこととなる。小魚を食べているのであれば、尻尾を振ってアピールするシャッドテールワームなどを使い、細長いシルエットのゴカイなどを食べているのであれば、それに似たストレートワームといった具合だ。

そして、何より目を引くのが驚くほど豊富なカラーバリエーション。ひとつの形状に対してだけでも、おおよそ10～20色以上のカラーラインナップが存在するケースも多く、入門者がまず頭を抱える課題にもなっている。ちなみに、このカラー選び。後項で触れるが、慣れてくると実に奥深くて楽しく、これもライトゲームの楽しみ方のひとつなのだ。

いずれにしても、ソフトベイトのサイズ、形状、カラーをセレクトして魚の反応を伺っていくというスタイルがライトゲームの代名詞的な釣りの展開である。

ハードベイトとの違い

ハードベイトとは、プラグやメタルジグなどに代表されるプラスチックや金属を原材料として造られたルアー群を指す。

ソフトベイトが本物のエサのような触感、水押しを再現するために柔軟な樹脂素材で製作されるのに対し、ハードベイトは、それよりも遥かに硬い素材で造られる。

こう書くと、なんだかソフトベイトのほうが釣れそうにも思えるが、単純にそうとも言えない。

ソフトベイトがどちらかというと本物のエサに近いナチュラルなアピールでターゲットを誘うのに対し、ハードベイトは、その動きやシルエットによる存在感、そして、フラッシングなどの付加効果によって、より遠く、より多くのターゲットにその存在感を強くアピールすることができるルアーだと言えるからだ。

これはライトゲームだけに限った話ではなく、他のルアーゲーム全般に言えることでもあるが、使用しているルアーのどの要素に反応して、ターゲットがそれをエサだと認識しているのかが紐解ければ、対象魚のヒット率を格段に向上させることができるのだ。

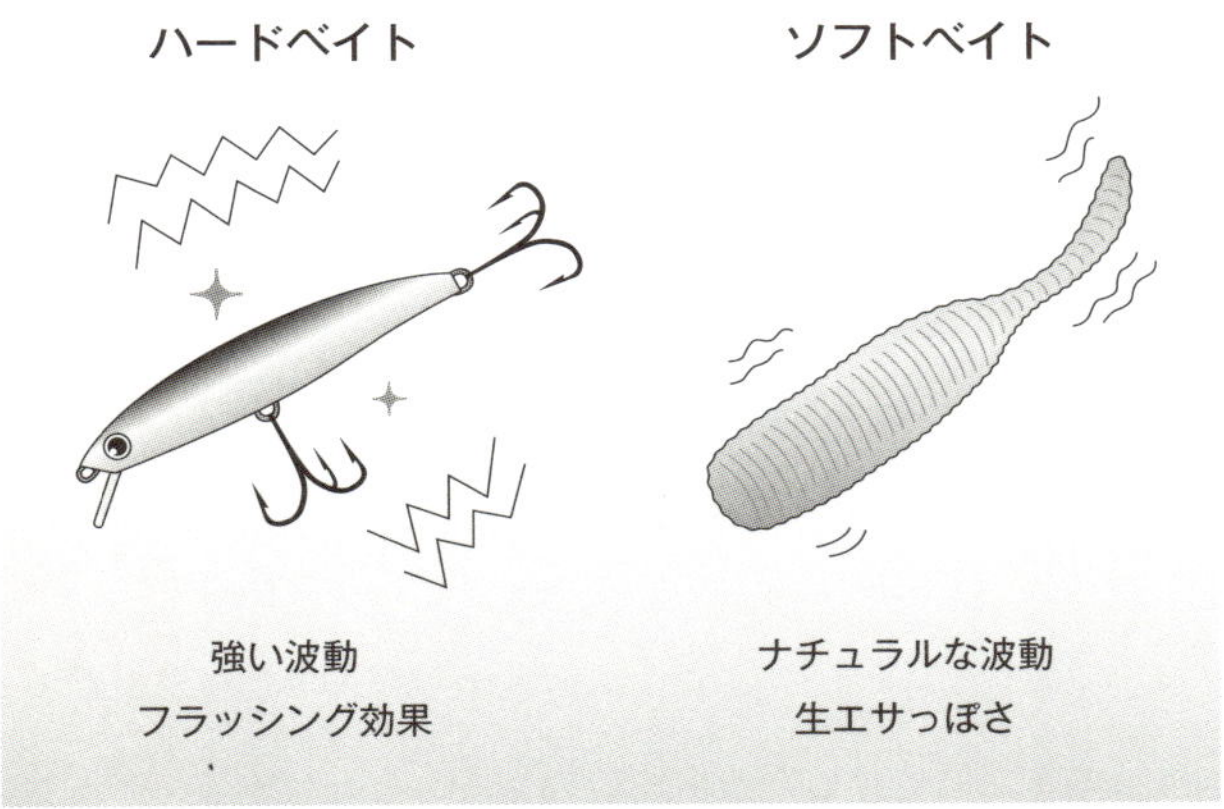

例えば、視覚的情報が乏しいナイトゲームでは、ターゲットも同じく視覚よりも聴覚（魚の場合、側線による水流の感知）や嗅覚に頼ってエサを探している可能性もあるだろう。このような状況下では、ソフトベイトのナチュラルなアプローチより、ハードベイトが生み出す強い波動やフラッシング効果のほうが、活性の高いターゲットにいち早く気付かれやすく、早く結果に繋がることがある。つまり、ソフトベイトとハードベイト、どちらかだけを持っていればよいとはならないし、どちらが釣れるとも一概に言うことはできない。

しかし、その反応や釣れ方には、明確な違いがあるのも確か。

どちらがベストか？　唯一その答えを知るのは、その日巡り会う目前のターゲットだけなのだ。

種類、形状によるソフトベイトの大分類

ここからは、さまざまな種類、形状のソフトベイトを大まかに分類してご紹介していこう。

ストレート

ミミズやゴカイのような細長い形状をしたワーム群。ボディー中間～末端の形状が種類に富み、さらに細分化された固有名詞も存在する。扁平に潰した船のオールのようなテールのものをパドルテール、薄く引き伸ばしたようなネクタイテールなどが特殊な形状としての代表格。細身の小魚を模すこともできる。

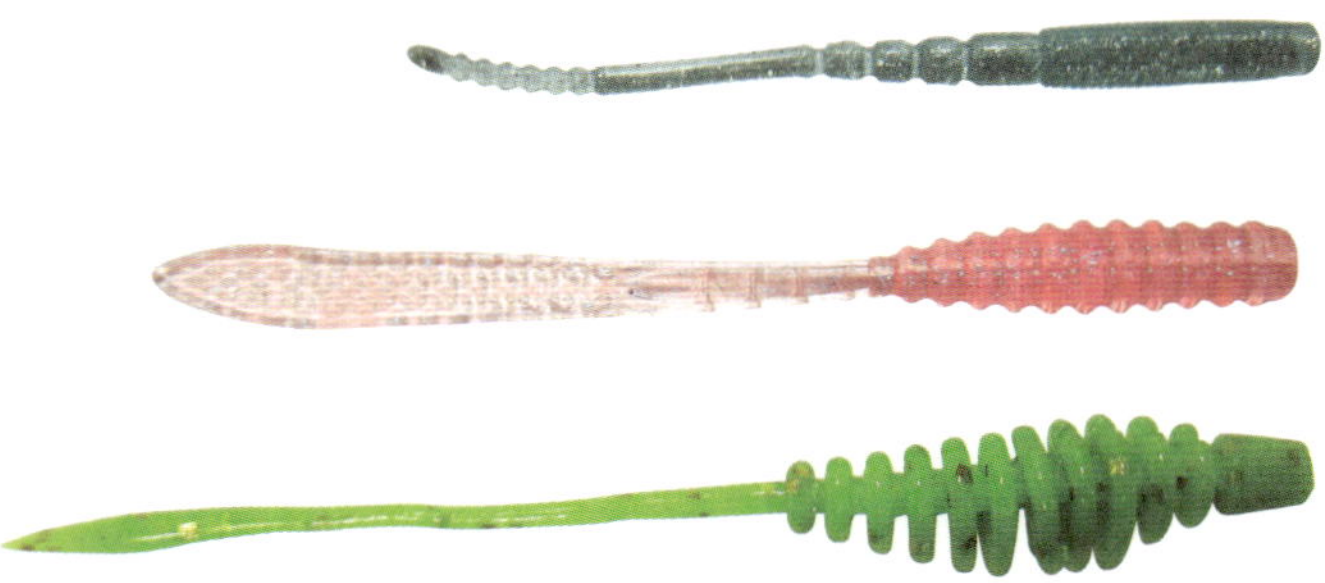

ピンテール

ややファットなボディーに細く短い真っ直ぐな尻尾が付いた形状のワーム群。本体にリブが搭載されたものなど、さまざまなものが存在するが、ボディーは全体的に太く短く2in以内であることが多い。ライトゲームのソフトベイトとしては、定番と位置づけられる形状でターゲットやベイトフィッシュを選ばず使用できる。フィールドで最初に使うパイロットルアーとしても頼もしい形状だ。

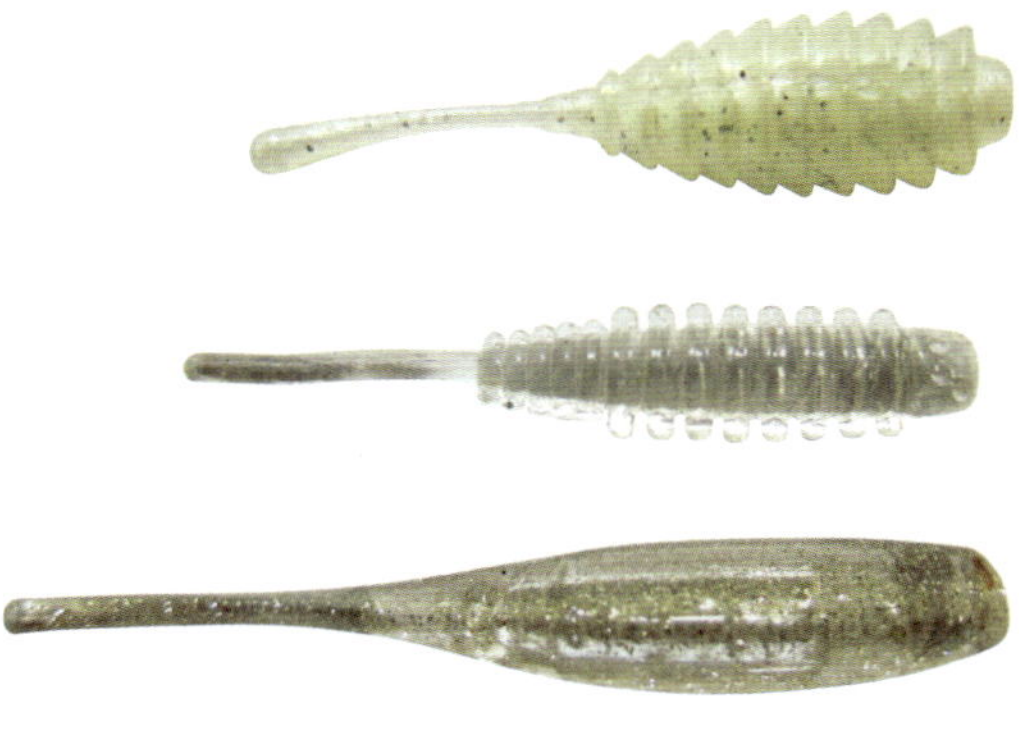

シャッドテール

名称の通りシャッド（小魚）の尾ビレの動きを再現したワーム形状で、靴のようなカタチをした特異なテールを持つ。ボディーとテールの中間を細く絞り込むことによって、テールの振幅を増大するように設計されている。どちらかというと、テールアクション重視のワームであり、動きとしては単調になりやすい傾向にある。また、球体形状をしたテールを持つワームもこの部類に入る。テールの大きさとボディーのバランスによって、アクションの強弱が決まる傾向にある。

カーリーテール

三日月形状の薄く湾曲したテールを保持するワーム群。ボディーに対してのテールのバランスで呼び方が変化し、太く短いボディーにこのテールが搭載されたものをグラブと呼び、細長いボディーに搭載されるとカーリーテールとなる。また、テール自体の厚みや長さの違いによるアクションの違いでも分類されることもあり、厚くしっかりと水を掻きわけるものをグラブ、薄く長くピラピラとした柔らかなアクションをするものをカーリーテールと呼ぶ。シャッドテール同様、テールアクションを重視したワーム形状であり、生み出す波動の強弱によって、シャッドテール、グラブ、カーリーテールと使い分ける。

フィッシュテール

シャッドテールがエサとなる小魚の尾ビレのアクションを再現したものであるのに対し、このフィッシュテールは、そのフォルムをイミテートしたもので、扁平なフィンやキールのような尻尾を持つ特徴的なデザインだ。アクションは、どちらかというとピンテールのような繊細なアクションが多く、フォルムを小魚などに似せつつ、ナチュラルなアプローチを行いたいシーンなどに用いられる。また、テールの付け根部分とフィン先端の厚みを変えることで、自発的なアクションを発生するように設計されたものもある。縦扁平タイプと横扁平タイプに分かれる。

アミ系

この種類に属するワームは、アミエビやメガロパ（カニの幼体）など、1～10㎜程度の小型甲殻類やプランクトン類をベイトとして捕食しているメバルやアジを攻略するために開発されたワーム群だ。分かりやすい特徴としては、ムシのような形状と1in前後の小さなフォルム。万能ではないが、時として抜群の威力を発揮するワームとして、コアアングラーからの支持が高いワームだ。1.0g以下の軽量なジグヘッドリグやフロートリグなどと合わせて使用されることが多い。

クロー系、ホッグ系

エビやカニなどの甲殻類の動きや形状をイミテートして造られたのがこのホッグ&クロー系群。名称のクロー（claw）とは、「爪（ハサミ）」を指し、これがエビやカニを意味する言葉としてルアーの世界では浸透している。また、ホッグ（hog）とは「豚」を指し、ブタのようなズングリと丸く太いフォルムに手足のパーツがあるという、見た目の形状からきたネーミングだと言われている。いずれも、甲殻類に模したようなフォルムが特徴的で、主にロックフィッシュやチヌなど、それらのベイトを主食としているターゲットをねらう際によく用いられる。

その他

その他にもソフトベイトにはさまざまなベイトの形状や動きを模したものが多く存在する。例えば、仔イカのフォルムに似せたものや、ハゼなど固有のベイトフィッシュに似せたもの、形状よりも求めるアクションに対して機能的なパーツ配置を行なったものなど、その種類は多岐にわたる。

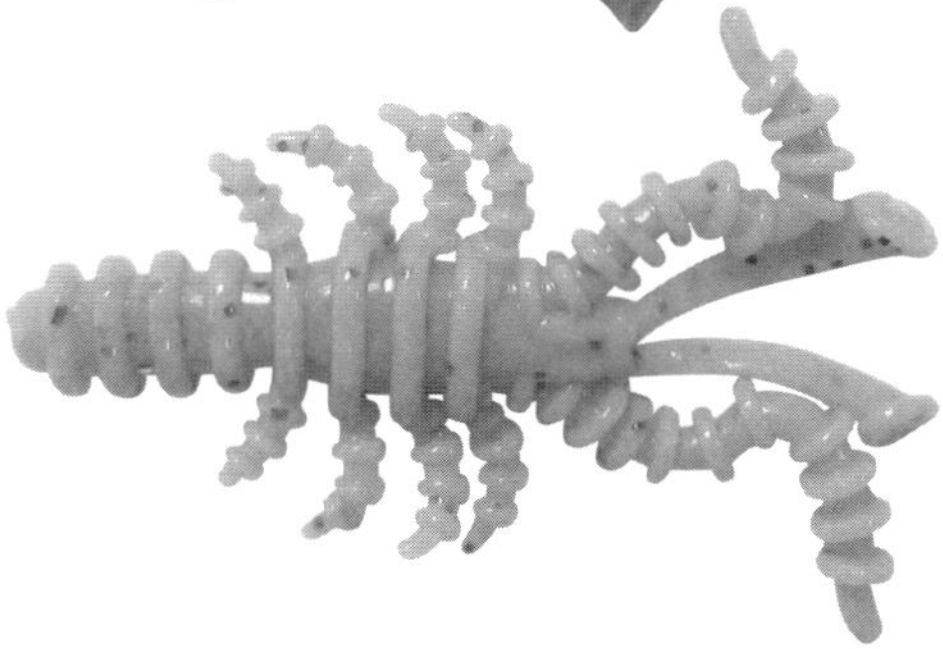

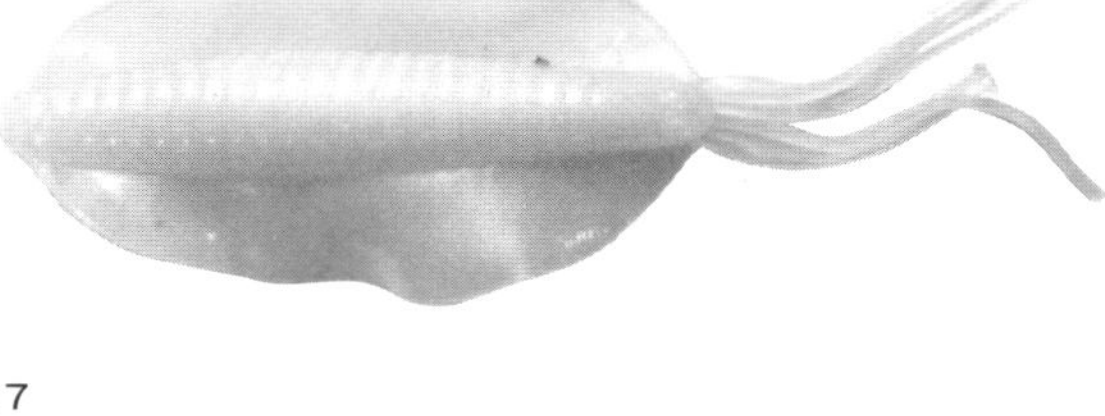

ソフトベイトの素材の違いと特性を知る

ここまで、ソフトベイトそのものの大まかな特徴や種類について説明してきたが、ここからは、より深く掘り下げたソフトベイトの話をしていこう。それが素材についてである。

ソフトベイトの主原料は樹脂であると先にも触れたが、この樹脂についても実に多くのバリエーションが存在する。例え同じマテリアルであっても、メーカーの違いや、求めるワームのアクションや使いやすさによって硬度（柔らかさ）に違いがあるなど、ひと口にソフトベイトといっても、使用されている素材によって特徴も大きく異なる。この項では、ソフトベイト製造に使用されている素材を大きく三つに分け、それぞれの特徴を説明していこう。

塩ビ系

正式には「ポリ塩化ビニール（PVC）」という、工業製品としても広く汎用されている合成樹脂のひとつ。ソフトベイトのマテリアルとしてもっともポピュラーなプラスチック素材である。ソフトベイトを成型する場合、これに素材を軟化させる可塑剤と添加物（アミノ酸や塩などの匂い成分、ラメなど）を混ぜて製造される。成型手法も機械によるインジェクション成型とハンドポワードがあり、この成型手法と可塑剤や添加物の配合などによって、そのワームの素材的な特徴となる硬度や浮力が決定する。塩ビ系ワームのマテリアルは素材そのものの比重は水より重く、基本的には水に沈むものが一般的。ただし、ハンドポワード成型などで意図的に素材に空気を含ませ、水に浮くように製造されたものも存在する。

いずれにしても、プニプニとしたワームらしい触感に加え、変形しにくく扱いやすい、匂いや味といった成分やラメの配合などが製造上容易ということからも、多くのワームがこの素材を主原料として造られており、ワームと言えば、塩ビ系というのが一般的である。

エラストマー系

ここ十数年の間に新たなワームマテリアルとして注目され、登場する機会が増えてきたワーム素材がこのエラストマー系だ。正式には「熱可塑性エラストマー（TPE）」という、ゴムのような弾性が特徴的なプラスチック素材である。

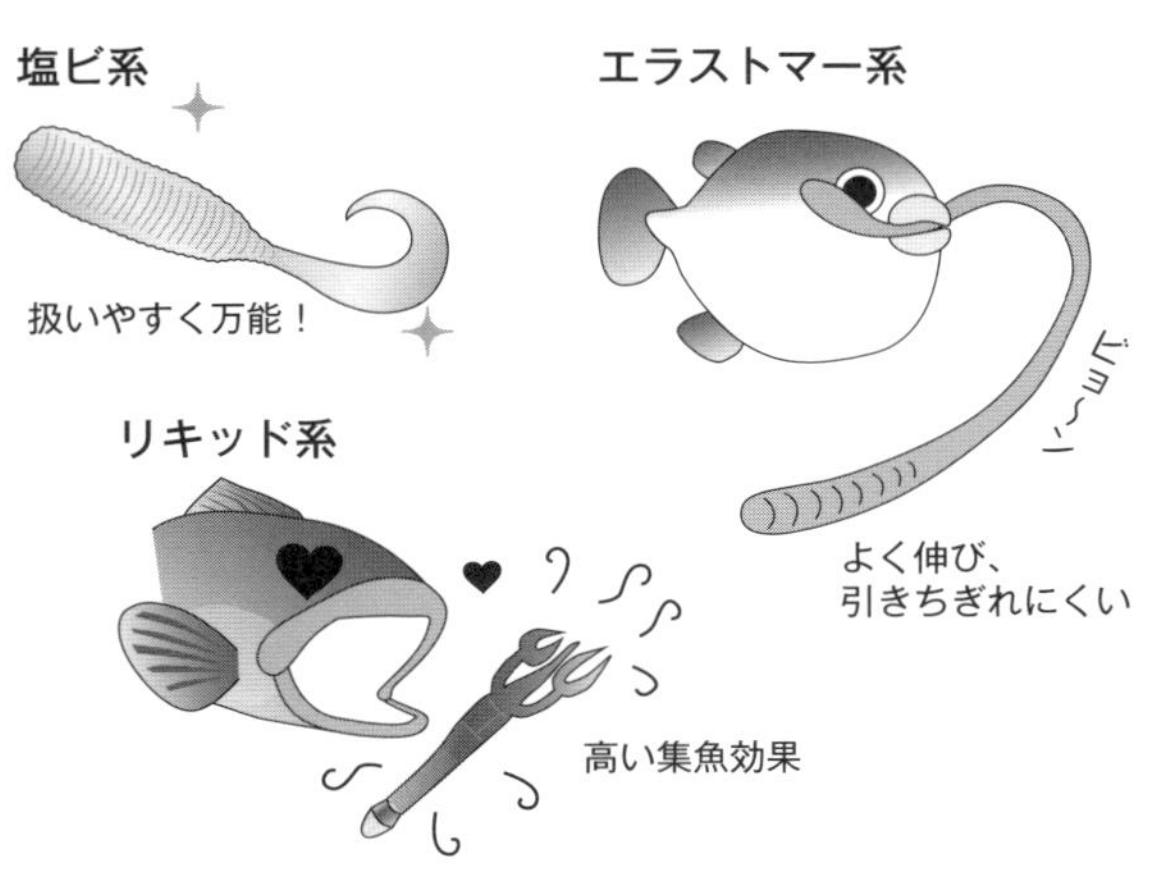

塩ビ系ワームと比べ、柔らかく、非常によく伸び、2倍以上に引き伸ばしても形状破断しにくい耐久性の高さがもっとも分かりやすい特徴と言える。そして、基本的には水に浮くということ。これらの特徴から、水面での使用を前提としたワームや、フグやベラなどが多いフィールドでの使用を想定されるソルトシーンで注目され、採用される機会が増えている素材である。ただし、塩ビ系と比べ、変形しやすい、弾性が高くフックを通しづらい、特有のベタつきがあるなど、現場でやや扱いづらい部分もある。そのため、メリットとデメリットをよく理解した上で、塩ビ系と使い分ける必要がある素材ともいえる。

リキッド系

リキッド系とは、専用の溶液内での保管を前提に製造された、今もっとも新しいワームマテリアルである。バークレイ社のガルプ!シリーズや、エコギアのアクアシリーズなどがその代表格である。これらの素材は、正式に公表されていない部分も多い新素材であるため、私も知らないことが多いのだが、どちらも専用の溶液に浸している状態でその形状を維持する特徴を持ち、水分を失い乾燥すると縮み硬化するという特性がある。

素材特性早見表

	塩ビ	エラストマー	リキッド
素材の柔軟性	○	◎	△
素材の耐久性	○	◎	○
素材の伸縮性	○	◎	×
素材の浮力	△	◎	△
素材の透明度	◎	◎	×
フックの通しやすさ	◎	△	○
フックの保持力	○	◎	△
匂い味 (集魚効果)	○	△	◎
保管・管理	◎	△	△

◎ 大変優れている　○ 優れている　△ やや劣る　× 優れていない

マテリアル自体は塩ビよりも硬く、形状もやや単純なものが多いが、それ以上に専用溶液に多く含まれる匂いや味の成分がターゲットに強くアピールするタイプのワームであり、その確かな威力にファンも多い。だだし、専用の容器で持ち歩く必要があるなど携帯性の不便さ、溶液の匂いや味の成分がフックセット時に手に残るなど、ルアーゲームとしての手軽さに欠ける点を懸念するアングラーも少なくない。

その他、ゴカイやカニなどの形状を人工餌で模造したものなども存在するが、分類的には生エサに属するので、今回は割愛させていただきたい。いずれにしても、これらマテリアルの違いを知ることでフィールドレベルでの素材的使い分けも可能になる。例えば、ボトムステイでアピールしたい場合、浮力による立ち上がりや揺らぎが期待できるエラストマー素材や、置いておくだけでも匂いや味の成分を放つリキッド系などが効果的だろう。ぜひ、素材特性を知り、それをあなたの引き出しとしてフィールドでも活用していただきたい。

形状の違いとその効果を知る

強波動と微波動

大まかなソフトベイトの種類や形状の違いについては前述したが、では、実際にその形状の違いをフィールドでどのように活かすのかという部分について書き進めていこうと思う。

まず、ワームの種類をアピール力の違いでみてみると、しっかりと水を噛みターゲットに強くアピールする強波動タイプと、水を受け流しナチュナルかつ繊細な水押しでアピールする微波動タイプに大別できる。もっと分かりやすくいえば、水中を巻くだけでパーツの一部が目視できるほど自発的にアクションするタイプと、ほとんどその動きの変化が見られないタイプに分けることもできる。

強波動タイプには、シャッドテールや、グラブを含むカーリーテールなどが該当し、ホッグ系&クロー系ワームにもコレらに該当するパーツを持つものも多い。自発的に稼働するパーツが水を激しく撹拌し、その動きと波動でターゲットにその存在を強くアピールする。そのため、パイロットルアーとして広範囲に探るシーンや、活性の高いターゲットを手返しよくキャッチしていきたいシーンなどで活きるタイプのワームといえる。ロックフィッシュやチヌなど群れの規模が比較的小さなターゲットを探しながら釣る場合や、小魚を盛んに追いかけているようなアグレッシブなメバルやアジなどを手返しよく釣ったりするのに持ってこいだ。しかし、ワームが自発的に動く分、そのアピールは単調になりやすく、スレやすいことが欠点とされる。

対して、微波動タイプには、ストレート、ピンテール、フィッシュテールなど、外見にもシンプルな形状のものが多い。ただゆっくり引くだけではアピール力に乏しいので、その存在を強くアピールしたい場合には、アングラーがロッドワークによりアクションをつけることでその生命感を演出する必要がある。アクションでその存在感をターゲットに知らせ、近寄ってきたターゲットに対しては、そのシルエットとワーム本体の凹凸やリブなどから発生する微細な波動で、リアルなエサを演出し、思わず口を使わせるタイプのワームたちだ。

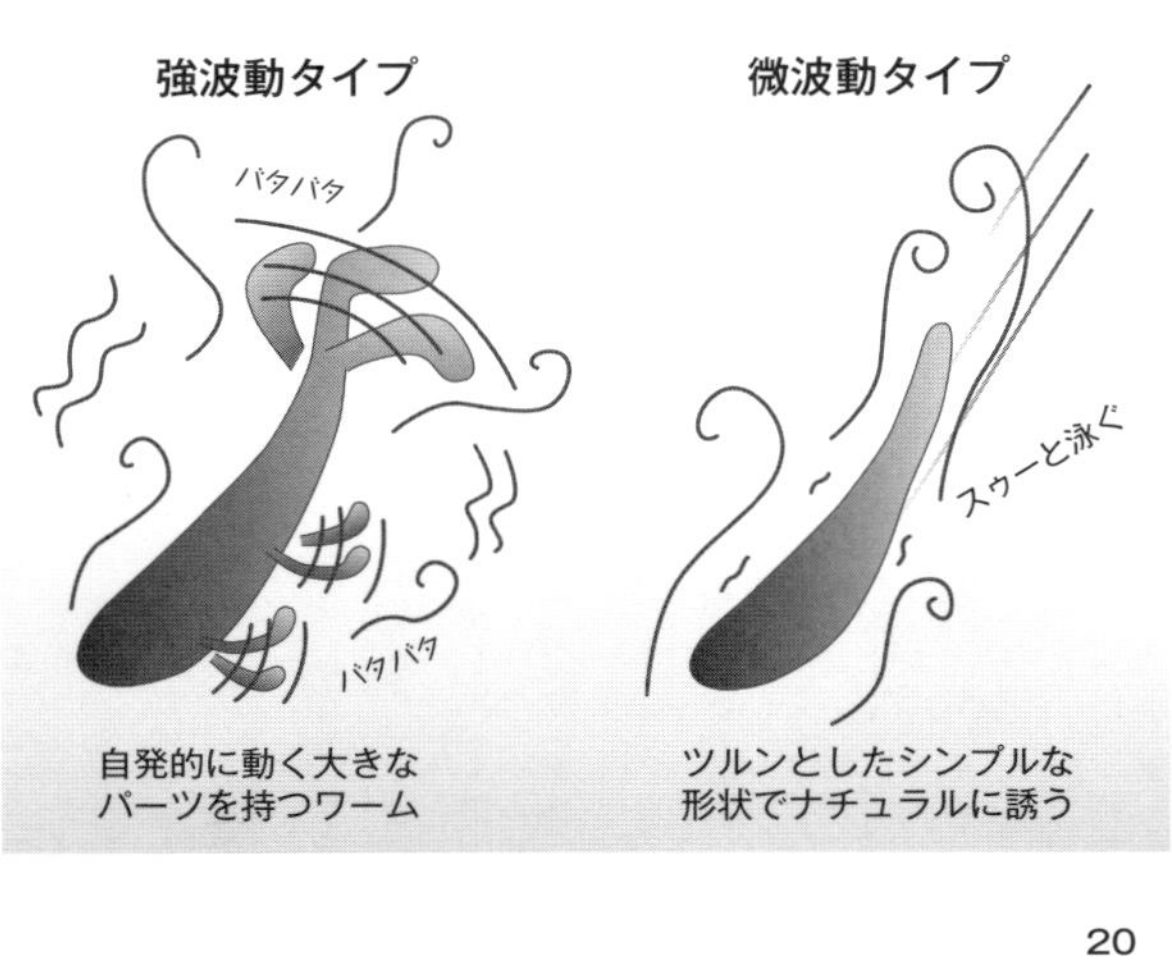

強波動タイプの絶えまない波動に飽きたターゲットには、この微波動＋シルエットによる存在感のアピールが効果的なシーン

は少なくない。ただし、遠くからターゲットを誘引するほどのアピール力はないので、アングラーがターゲットに自ら歩み寄る必要がある。よりエサに近くリアルではあるが、その分、気付かれにくいという欠点もあるといえる。

水をよく掴むということ

また、ソフトベイトは形状による波動の強弱の違いに加え、リブやパーツ、本体の凹凸などによるアピール力の違いで、さらに細分化できる。リブやパーツ、本体の凹凸が多ければ多いほど、大きければ大きいほど、当然、水流を受ける面積が広くなり、その分アピール力は高くなる。サイズこそ小さなアミ系ワームが強い存在感を放つのは、このパーツや本体の凹凸に富む形状のものが多いためだ。シンプルなピンテールワームの本体に深いリング状のリブを設けるだけで、そのアピール力は飛躍的に増大する。動かしてしっかりアピールしたい時にはリブが水を攪拌し、フォールなどのいわゆる静のアプローチの際には、本来の微波動タイプの仕事をする――。そんなメリハリの効いた欲張りなワームも今や市場にはたくさん存在している。

それと、忘れてはいけないのがワームそのもののサイズ（シルエット）による存在感の違いだ。これもアピール力の違いを生む一要。後項で紹介するカラーの話にも直結するので一概には言えないのだが、波動を起こすという観点だけでいうと、当然、ワームサイズが大きいワームのほうが水を押す力が強くアピール力も強い。メーカーによっては同一形状でサイズバリエーションを展開しているワームも多く、単純にターゲットのサイズに合わせてワームサイズをセレクトする以外にも、このアピール力の違いで使い分けることもできる。

ワームのサイズはほとんど同じでもツルンとした表面でストンとスピーディーに落下するものもあれば、多彩なパーツが水をよく掴んでスローにフォールしながらアピールするタイプもある

ワームを語るうえでよく言われるのが「水をよく噛む」という言葉だ。これは誉め言葉であるのだが、同時にそれだけの抵抗をワームが受けるということでもある。どういうことかといえば、空気中ではキャスト時の抵抗も強くなり飛距離に影響を与えたり、横風に流されやすくなったりする。そして、いざ水中に入ればフォールスピードの違いを生み、潮流の影響も受けやすくなる。このように、ワームの形状にはメリットとデメリットが常に表裏一体で存在する。その時々のターゲットやシチュエーションにベストなワームをセレクトし成果を上げるためにも、さまざまなワームを現場へ持参したほうが得策であるということは、お分かりいただけると思う。

マッチザベイトと非マッチザベイト

ベイトにマッチさせる項目

「マッチザベイト」とは、その時々でターゲットが捕食している実際のエサに色・形・アクションを似せたルアーを使用するという考え方だ。本来は、釣れたターゲットの胃の内容物を現場で確認することで最大の効果を発揮するが、現場で目視できる情報や季節的動向から捕食しているであろうエサを予測し行なうことが多い。ターゲットが捕食していると想定したベイトの大きさにルアーサイズとフォルムを合わせる。ベイトが小魚であれば、シャッドテールやフィッシュテール、ハードベイトであればミノーやメタルジグなどをセレクトするとよいだろう。カラーは、実際のベイトに近いブルー系やグリーン系、ワームであればシルバーラメ入りなどをセレクトするといった要領だ。また、ルアーセレクトだけでなく、攻略スピードやレンジもエサの動きに寄せていくことが大切だ。

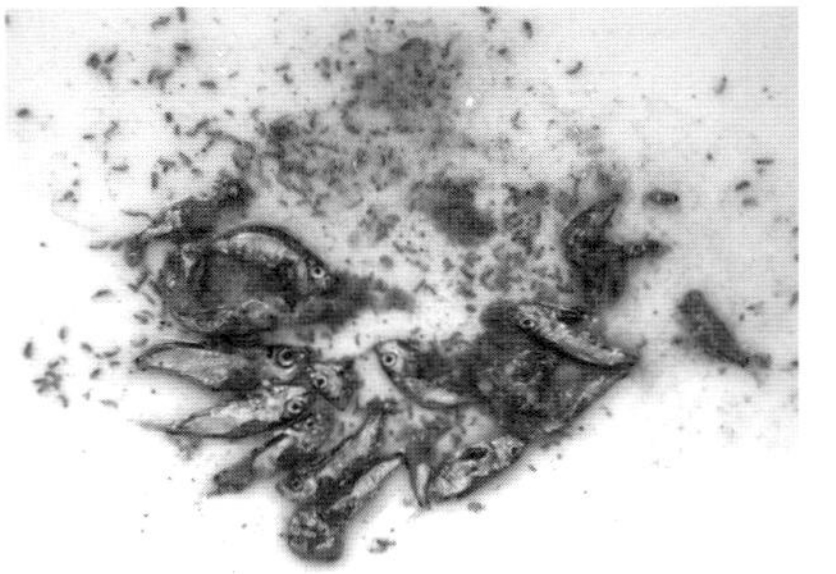

もっとも効果的なのは釣った魚の胃の内容物を調べることだが、実際には目視したベイトや、おそらくこれを食っているであろうと予測したベイトに寄せていく

体長がわずか数㎜しかないアミのサイズにルアーを近づけることはほぼ不可能だが、クリアー系のルアーを漂わすことで集合体を模すというアミパターンも存在する

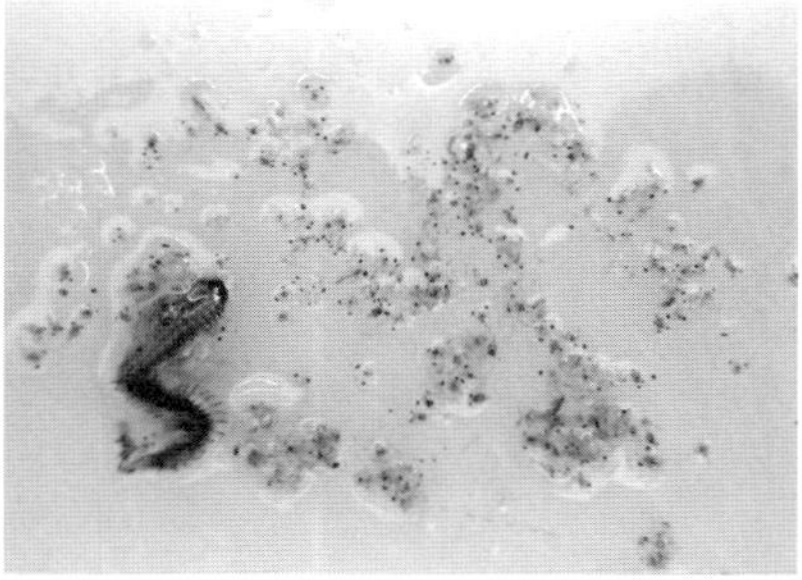

マイクロベイトをマッチさせる？

ライトゲームの世界で、偏食系マッチザベイトの典型として知られるのがアミパターン。1〜5㎜ほどのマイクロベイトを偏食している状況を指すのだが、この状況でルアーをベイトサイズに合わせることは不可能に近い。ここで登場するのがクリアー系ルアーだ。クリアー系のワームやプラグに施されたラメをマイクロベイトの集合体に見立てるのである。遊泳力に乏しいマイクロベイトを模すため、巻くというよりは同じレンジを漂わせるイメージで、魚が意識するレンジをスローに流す。

ただし実際には、動くものならさほど選り好みしない「非マッチザベイト」な状況も少なくない。そもそも、特定のベイトだけを偏食している状況のほうが稀であり、実際にターゲットの胃には多彩な種類のエサを確認できる。偏食傾向のマッチザベイトパターン、選り好みの少ない非マッチザベイト。どちらも確かに存在する。

カラーの違いとその効果を知る

カラーは3タイプに分かれる

ルアーゲームの楽しみのひとつとされるカラーセレクト。市場には実に多くのカラーラインナップが存在する。好きなカラーを使うというのも手だが、ここでは、より実践的なカラーセレクト術をご紹介していこう。

ルアーのカラーには大きく分けて3タイプが存在する。まず、クリアーカラーに代表される透過性カラー。カラーの濃薄によって透過率に違いはあるが、どれも光を透かす効果のあるカラーだ。次に、マット系やソリッド系といわれる無透過性カラー。ビビットなピンクやオレンジをはじめ、ホワイトやブラックなど、光をまったく通さないカラーがこのタイプ。そして、最後が特殊系カラー。夜光、蓄光といわれるグロー系カラーやケイムラカラーなどがこのタイプに分類される。

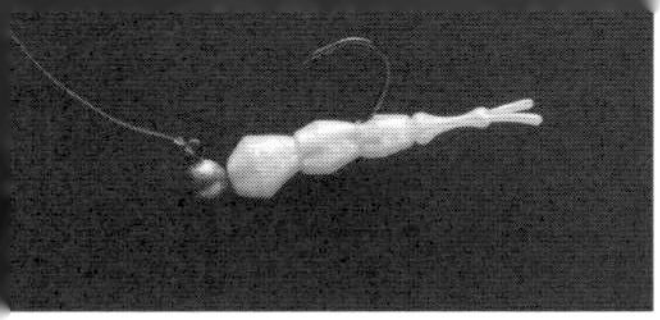

同じ形状、シルエットのワームでも光を透過するタイプ、透過しないタイプ、そしてグローカラーやケイムラカラーではまったくの別モノになる

●透過性カラー

透過性カラーは、光を透過することでそのシルエットやフォルムをぼかす効果がある。また、一定の屈折率で光を反射する側面もあり、アクション時にフラッシング効果を期待できるものもある。

●無透過性カラー

無透過性カラーは、光をまったく通さないことで、そのシルエットとフォルムをターゲットにハッキリと認識させることができる。雨後の濁りや光源の乏しいフィールドなど、まずはルアーの存在感に気付いてもらうことが重要なシーンで登場する機会が多く、カラーとしてのアピール力が強いタイプ。また、ハードプラグの中には、金属的な光沢を放つクロムやゴールド、ホログラムなど、反射によるフラッシング効果を期待するカラーも多く存在する。

●特殊系カラー

特殊系に分類されるカラーは、発色条件が通常のカラーとは異なるタイプのものを示す。グローカラーは、一定の光を浴びせることで、しばらくの間、ルアー自体が発光発色を行なうカラー。光量の有無にとらわれず発色を行なえることが最大の特徴といえるだろう。中でも近年、新たな特殊カラーとして注目を集めているのがケイムラカラー。ケイムラとは漢字で蛍紫と書き、紫外線に対して青白い蛍光色で発色するカラーの総称。その発色はUVライトなどを使用して確認することができる。通常、人間には可視できない波長域に存在するカラーなので、その効果と認識に個人差があるが、魚類などは、これを可視できるとされる研究データもあり、その効果を期待して使用されるカラーである。

いずれにせよ、これらのカラーがどのような条件下で効果的なのかが知りたいところ。次項より、その効果や使い分けなど、さらに掘り下げた私のカラー論をご紹介したい。

カラーの使い分け手引き

カラーは条件に合わせて決める

　ここからは、私自身が実際に日頃からフィールドで行なっているカラーセレクト術をご紹介していこう。

　実際にフィールドに立ちどのようにカラーを選び、変更していくのか？　まず最初に投げるパイロットカラーを決める際は、フィールドの環境要因でセレクトすることが多い。水質がクリアーなのか濁っているのか。夜間であれば、常夜灯や月明かりなどの光源の有無など、ルアーそのものの存在をどこまでアピールしたいかで選ぶ。

　例えば、デイゲームであっても前日の雨の影響で濁りが強く、透明度が低い状況であれば、私なら無透過性のソリッドカラー、中でもピンクやオレンジなどのビビットなカラーを選ぶだろう。あえて透過性カラーの中から選ぶとすれば、カブラグリーンやパープルなど、色が濃く透過率の低いカラーをセレクトする。どちらも、まずはルアーの存在をターゲットに気付かせることが最大のセレクト理由だ。

　また、無透過性カラーと透過性カラーのどちらが効果的なのかを知るために、アプローチしていくルアーの位置がターゲットにとっての順光なのか、逆光なのかも意識して探っている。ボトム攻略などの順光条件では、単純に色彩の違いによる反応の違いを判断しやすい。逆光条件での透過性カラーは、シルエットがぼやけ、存在感がやや気薄になる傾向がある。これにより無透過性のソリッドカラーとの反応の違いをみることができる。どちらも試して、無透過性のソリッドカラーのほうが好反応であれば、その中からさらにホワイトやブラックなど、シルエット効果の異なるタイプのカラーを順に試し、その日のベストカラーを絞り込んでいく。

　対して、透過率の高い透過性カラーのほうに反応がよいのであれば、さらに透明度の高いクリアーピンクなど、透過率の違うカラーへとシフトしてみる。また、逆光条件では、シルエットがぼやけるグローカラーやケイムラなども効果的になることが多く、こちらも、ターゲットの反応を伺いながらローテーションして、その日の当たりカラーを探していくといった要領だ。

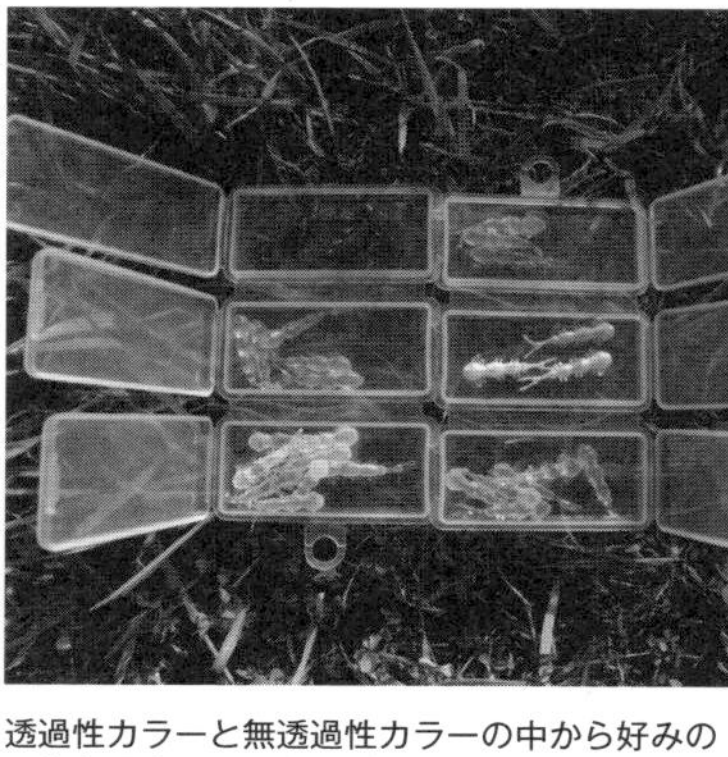

透過性カラーと無透過性カラーの中から好みの一色を用意し、それにグローカラーを追加したタイプの異なる3色から始めるといいだろう

釣れない色も常に釣れる色も存在しない

　ライトゲームの定番とされる常夜灯下でのナイトゲームでは、まずはクリアー系カラーを投じることが多い。もちろん、これを選ぶ際にも水質などの環境要因を事前に確認するのだが、アミパターンなどの偏食パターンにも対応しやすい透明度の高いクリアー系カラーにラメが配合されたものを、

まずはパイロットカラーとして試していくのが私なりのパターン。これで反応がなければ、クリアーピンクやクリアーチャートなど、少し色の付いた透過性カラーを試し、それでも反応がなければ、無透過性カラーやグローカラーへと変更してゆく。

要するに、ターゲットに対しての見え方に着目してパイロットカラーをセレクトしている。まずフィールドで判断すべきは、シルエットがはっきりとする無透過性カラー、シルエットがぼやける透過性カラー、相反する両極端なカラーのどちらに反応がよいのかを知ることがスタートラインだ。そこから、同系色内でのカラーローテーションを行ない、さらに効果的なカラーを絞り込むといった感じ。

ちなみに、同系統内でのカラー差は、モノトーンスケールで確認するとわかりやすくおすすめである。クリアー色が極薄い10％グレーとするならば、クリアーピンクはそれに少し色が乗り濃くなった30％グレーとなる。カブラグリーンなどはかなり濃い80％グレーだ。こうしてカラーをみていくと面白い発見も生まれる。例えば、ピンクとオレンジでは、アングラーからの見た目には異なるカラーに映るが、モノトーンスケールで判断すると、その色彩の差は微々たるものである。この微妙な変化が釣果に影響するか、しないかをフィールドで確認することで、ねらいのターゲットがカラーにシビアな状態にあるかの判断材料になる。

特殊系カラーであるグローカラーは、蓄光させるか、させないかでカラーの概念が大きく変わる。基本的に、無蓄光の場合は、ホワイト系の無透過性カラーとして扱うことが多いのだが、いざ蓄発光させた状態で使用すると、順光条件では膨張色のハイアピールカラー、逆光条件では、ハイライトに紛れるステルスカラーへと変貌する。また、ケイムラカラーは、光量の乏しいローライト時に効果があるとされ、ディープゾーン攻略や朝夕マヅメのトワイライトタイム、雨雲の立ち込める曇天時などに、その威力を発揮することが多いように感じる。

最後に、カラーセレクトの基本はカラーローテーションの中にある。釣れない色もなければ、常によく釣れる色も存在しない。その日その時のフィールド条件やターゲットの活性に応じてローテーションを繰り返し、もっとも反応のよいカラーを探してゆく過程を経てこそ、カラーの差によるターゲットの反応の違いに気付くことができる。まずは、あまり難しく考えずに、透過性カラーと無透過性カラーの中から、好みの色合いのものを一色だけ用意し、それにグローカラーを追加したタイプの異なる3色の違いを知ることから始めることをおすすめする。その違いが表われるシーンを実際に体験することで、カラーセレクトという、アングラーの永久の課題でもある深く面白いカラー論の世界観を垣間見ることができる。

常夜灯の有無によってセレクトするカラーが変わるだけではなく、アングラーの立ち位置によって順光になるのか逆光になるのかでも効くカラーは大きく違う

ソフトベイトの上手な保管、整理方法

5ヵ条を守って正しく保管

ソフトベイトは、チャック付きの袋に入った状態で販売されていることが多い。リキッドタイプの一部にはスクリュー式のボトルケースで販売されているものもあるが、ソフトベイトの保管法として最良な方法は、この市販されているパッケージのままで持ち歩き、保管することである。なぜなら、メーカーは中長期的に店頭で展示販売されることを前提にパッケージングを思案しており、変色や色移り、変形や経年劣化を極力軽減できる最良の状態で販売しているからである。

しかし、フィールドに持ち込むワームの種類やカラーが増えれば増えるほど、かさばるばかりか、フィールドでの使い勝手が悪いパッケージが多いことも否めない。そこで登場するのが、タックルボックスなどのケース類である。

特に、塩ビ系ワームは、素材的に色移りや変形の心配が少なく、ケースによる管理にも向いている。種類や色目が多いのであれば、同形状ごとにまとめてケース管理に切り替えるのも悪くないだろう。

対して、エラストマー素材は、正直ケース保管には向かないタイプのワームだ。変形しやすく、ベタツキがあるので収まりも悪いばかりか、塩ビ系と混合すると侵され溶けてしまう。エラストマー系ワームはできるだけパッケージのままの状態で管理するほうが無難なワームといえる。

最後はリキッド系。これは言うまでもなく溶液が漏れない専用ケースでの保管が前提であり、逆にそれ以外の保管法はない。

これらを踏まえると、ソフトベイトの上手な整理方法は以下のようになる。

1．基本は販売されているパッケージのままで保管すること。

2．異なる素材を同じケース内に混合しないこと。

3．ケースに移し保管する場合は、同形状のものをカラー系統の近似している順に、カラーごとに仕切り等で分け整理する。

4．一度使用したワームは、基本的にパッケージやケース内に戻さない。

5．パッケージの裏書にもあるとおり高温多湿を避けること。

以上の5ヵ条を守って保管、整理すれば、それほど難しいものではない。あとは、小さなお子様をお持ちのご家庭では、誤飲防止のためにも、子供の手の届かない所に保管することは忘れずに。決してグミ菓子など混合しないように。

各社から多彩なワームが発売されている。いずれも中長期的に展示販売されることを前提に作られているのでそのまま使うほうがいい。ただし塩ビ系ワームは色移りや変形の心配が少なく、ケースによる管理にも向いている

第2章
タックルとリグを知る

We should know more about the tackle and rig.

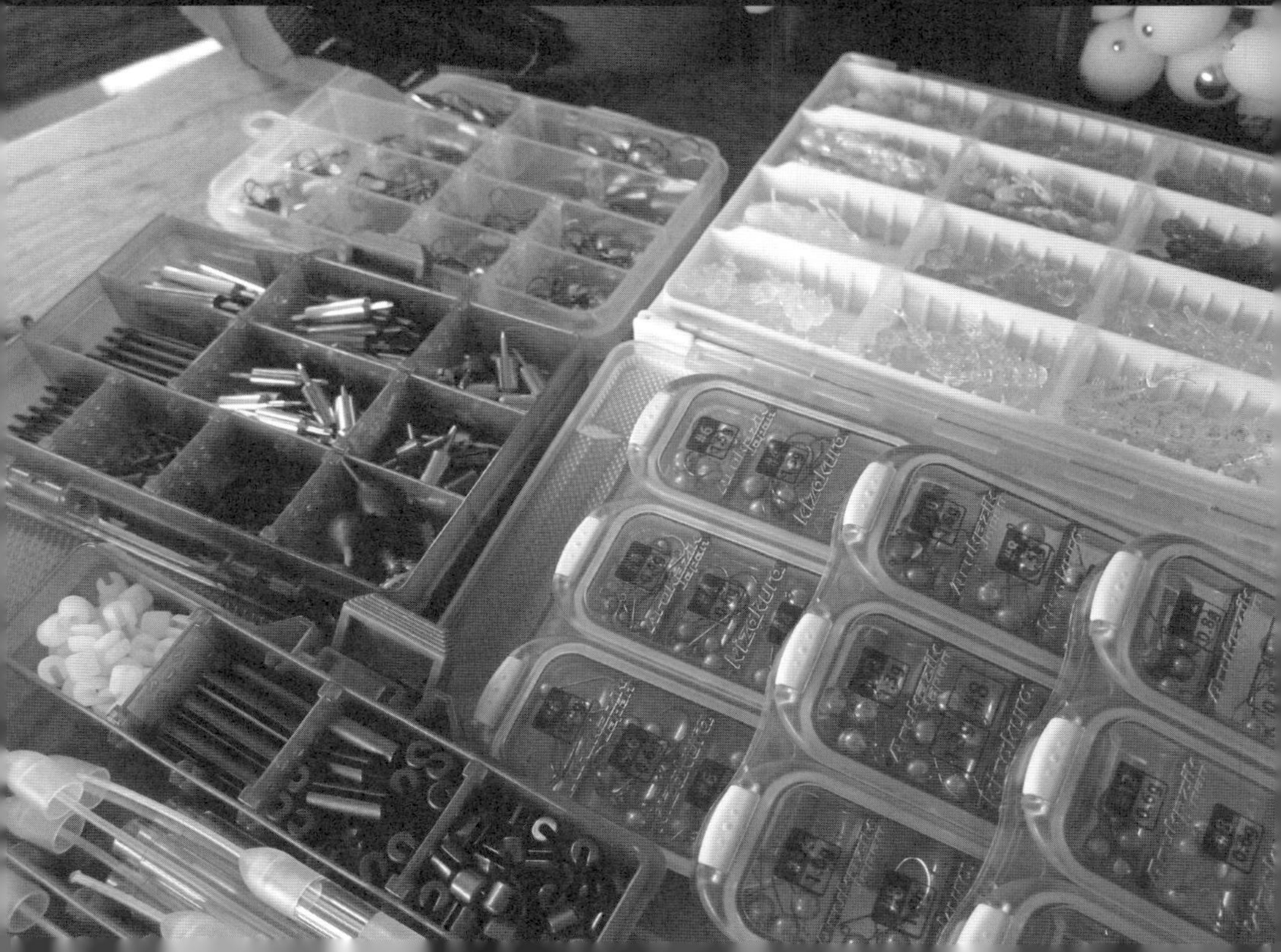

ライトタックルを知る

今や専用タックルが主流

ライトゲームで使用するタックルは、かつてはバスやトラウトのウルトラライトパワーからの流用が当たり前であったが、今や専用タックルを使っての釣りが主流となっている。ロッドに関しては、対象魚別の専用モデルを展開しているメーカーもあれば、ライトゲームというひとつのカテゴリーで使用するウエイトやリグ別にモデルを展開しているメーカーなど実にさまざまだ。ここでは、ロッド、リール、ライン、それぞれのタックルの選び方や使い分け、私なりのオススメについて紹介していこう。

●ロッド

ライトゲーム専用ロッドに関して総じていえることは、他ジャンルのルアーロッドと比べ、圧倒的に細身で軽量であること。今や100gを切るロッドは普通で、専用ロッドさえ使用すれば、入門者でも快適な釣りを行なえるだろう。特にアンダー1.0gの軽量ジグヘッドリグを扱うようなシーンでは、この専用ロッドなしには語れないほど。使用するウエイトが軽量になればなるほど、重くなればなるほど、専用ロッドの必要性を強く実感できるシーンが多くなる。

また、ひと口に専用ロッドといっても、そのモデルバリエーションの多さに驚く方も多いはず。ジグヘッド専用モデル、スプリットショットリグやキャロライナリグなどの分離リグに適したロッド、フロートリグ専用モデル、はたまた、ある程度の応用性を持たせた幅のある万能モデルなど、実に多彩な種類のロッドがズラリと店頭に並んでいる。入門者にとって最初に悩む課題だ。しかし、多くのメーカーがモデル毎に使用するリグやウエイトの適正範囲、どのようなシチュエーションに適切なのかなど詳細を記載していることが多く、ホームページや製品タグを確認すれば、ある程度、目的にあったモデルを自分で選んで買うことができる。また、釣具店のスタッフにおすすめのロッドを聞くのも手。現地のフィールド特性や使用頻度の高いウエイトやリグをよく理解しているので、特に初めての一本を選ぶ際はおすすめである。

繊細な釣りゆえ、ターゲットはもちろんリグ別の専用ロッドも誕生している。リールやラインも含めたトータルバランスが大事になる

●リール

ライトゲームに使用されるリールは、軽量なロッドに合わせることが前提となるため、数ある番手の中でも小型で軽量なモデルを合わせることとなる。おもに1000～2500番までの範囲でロッドの長さや重量に合わせて選ぶとよいだろう。入門者は、ロッド同様、各社が発売しているライ

使用ウエイト別 適正タックル早見表

使用ウエイト	ロッド		リール	ライン	
	全長	上限ウエイト	番手	メインライン	リーダー
0.4～1.5g前後	5ft～6ft後半	MAX2～3gほど	1000番以下	ナイロン＆フロロカーボン1～3Lb	直結、または2～4Lbほど
				エステル＆PE 0.1～0.2号	2～4Lbほど
0.8～2.5g前後	5ft～7ft前半	MAX3～5gほど	1000～2000番	ナイロン＆フロロカーボン1～4Lb	直結、または2～5Lbほど
				エステル＆PE 0.1～0.3号	2～5Lbほど
1.5～5.0g前後	6ft～7ft	MAX5～8gほど	1000～2000番	ナイロン＆フロロカーボン2～6Lb	直結
				エステル＆PE 0.2～0.4号	3～6Lbほど
3.5～7g前後まで	7ft	MAX8～14gほど	2000～2500番	PE 0.3～0.5号	4～8Lbほど
7g以上	7ft後半以上	MAX14g以上	2000～2500番	PE 0.4～0.6号	6Lb以上

トゲーム専用リールをセレクトすれば、まず間違いない。

ジグヘッドリグなどの軽いウエイトを扱うロッドには1000〜2000番の小型リール、重たい分離リグなどを扱う長めのロッドには2000〜2500番ほどのリールを合わせるとよい。また、ライトゲームでは極めて細いラインを使用することがほとんどなので、前途した番手の浅溝スプールモデルを選んで買うようにしたい。

●ライン

現在のライトゲームシーンで使用されるラインは、ナイロンライン、フロロカーボンライン、エステルライン、PEラインの4種だ。それぞれの大まかな特徴は、ナイロンラインは、海水より比重が軽く、伸びがあり、プラグなどのリーダーとして使用されることが多い。フロロカーボンラインは、海水より比重が重く、耐摩耗性に優れる。適度な伸びもあるため扱いやすく、メインラインやリーダーとして広く使用される。エステルラインは、比重がナイロンとフロロの中間ほど。硬く伸びの少ない素材なので、高い感度を誇る反面、瞬発的な力に弱く、やや扱いづらい一面もあわせ持つ。

PEラインは、今やルアーゲームのメインラインとして定番となっており、前途したモノフィラメントライン3種と比べ、同一ライン径においておおよそ3〜4倍ほどの圧倒的な引っ張り強度を保持する。伸びも少なく感度も高いので、細号数のラインを使用できるのが最大の特徴。ただし、耐摩耗性に劣るため、リーダーシステムを組むことが前提で使用する必要性がある。

いずれにしても、これらのタックルはトータルバランスが重要。適材適所、求める要素で必要なタックルも変化するので、実際は、フィールドやリグにあった複数本のタックルを現場に持ち込むアングラーが多い。とは言っても、いきなり数本のタックルを準備するのは難しいと思うので、一例として使用するリグのウエイト別の早見表を準備してみた。使用するアイテムやフィールドによって、タックルを選ぶ際の目安として参考にしていただけると幸いである。

ノットについて

私が愛用する3つのノット

ラインとライン同士、またはラインとルアーをつなぐ際、釣りを行なううえで最低限必要なテクニックのひとつがノットだ。現在、その種類は非常に多く、さまざまなノットが多くのアングラーによって考案されている。ここでは、その中でも私が常日頃から愛用している基本的なノットを3つ紹介しておこう。

●電車結び

非常に簡単に早く結べ、必要最低限の結節強度を確保できるノット。おもにエステルラインとフロロカーボンリーダーなど、モノフィラメントライン同士を結束する際に使用している。

●FGノット

摩擦系ノットのひとつであり、非常に高い結節強度を誇り、ガイドの抜けもよいが、やや慣れが必要。おもにPEラインとリーダーを結束する際に使用する。

●ユニノット

引っ張れば引っ張るほど強く結束するノット。ラインとルアー、ラインとスイベルなどを結節する際に愛用している。

最後に、私がノットを選ぶ基準として言及すれば、まず専用の道具などを使用せずに現場ですぐに組み直せること。そして、そのノットのもつ最大限の結節強度を確保するために完成度を高めることだ。

どんなに優れた強度を誇るノットであっても、現場ですぐに組み直せなければ意味

●電車結び

太さの違うラインを結ぶ場合には、細いラインの巻く回数を増やすことで対応できる。ただし、なるべく太さの近いライン同士を結びたい。

①ラインを重ねる。

②一方のラインの端で図のように輪を作る。

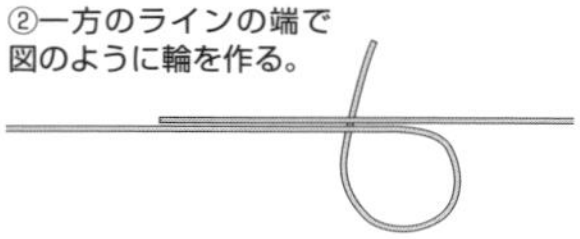

③輪の中にラインの端を通す。

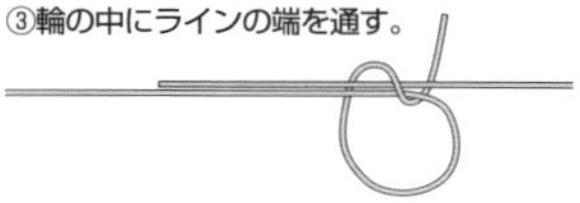

④同様に3～5回通す。

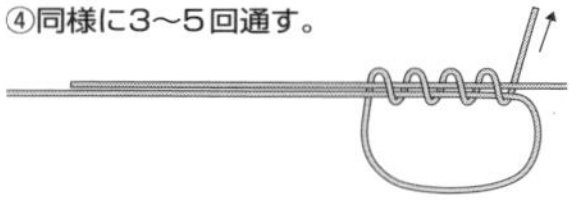

⑤左側のラインの端と本線のラインをゆっくりと締めて結び目を作る。

⑥もう一方のラインも、同様に結ぶ。

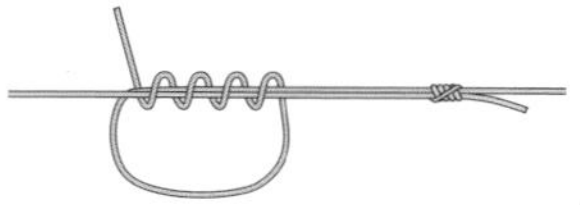

⑦結び目が2つできた状態。

⑧左右の本線ラインをゆっくり引き締めて結び目を1つにする。最後にラインの余りを切れば完成。

を持たないし、その完成度が低ければ強度も確保できない。ノットは必要最低限のものだけを覚え、繰り返し組み込むことで完成度を高めることが大切である。また、結び直しなどは億劫になりがちではあるが、ノットは組んだ直後がもっとも強い。いつ訪れるかわからない千載一遇のチャンスを逃さないためにも小まめに組み直すことをおすすめする。

●ユニノット

ポピュラーな結びでさまざまなジャンルの釣りに用いられている。作業が簡単なので手早く結べる。

①図のようにラインを通し、ラインの端を折り返す。

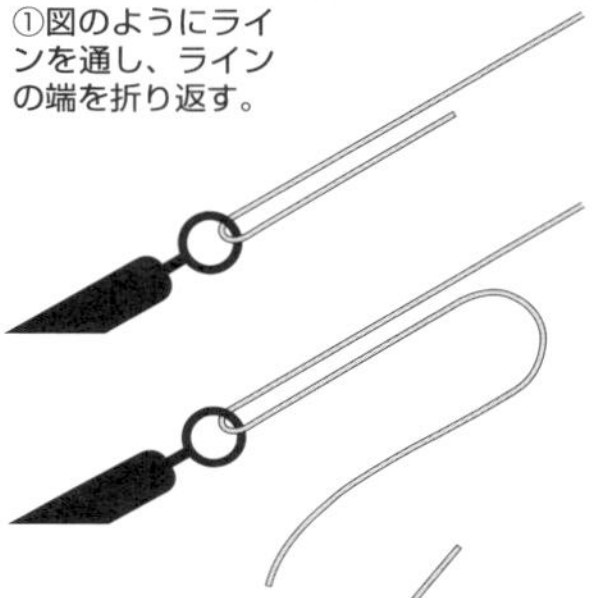

②2本のラインにラインの端を交差させて輪を作る。

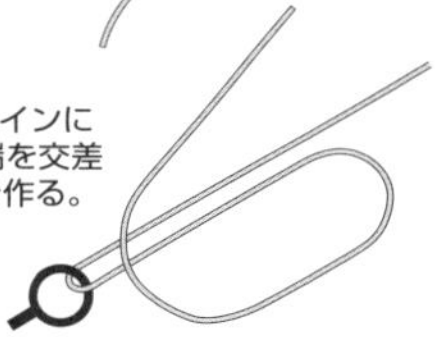

③ラインの本線とラインの端の輪に 5回前後巻き付けていく。

④ラインの端を軽く引き締めて結び目を作る。

⑤ラインの本線をゆっくり引き締めて結び目を移動＆固定する。余ったラインを切れば完成。

● FG ノット

メインラインとリーダーの結束法。屋外だと風が吹いていてやりづらくなるので実釣以外でしっかり練習しておきたい。

①リーダーにPEを10回前後編み込んでいく。

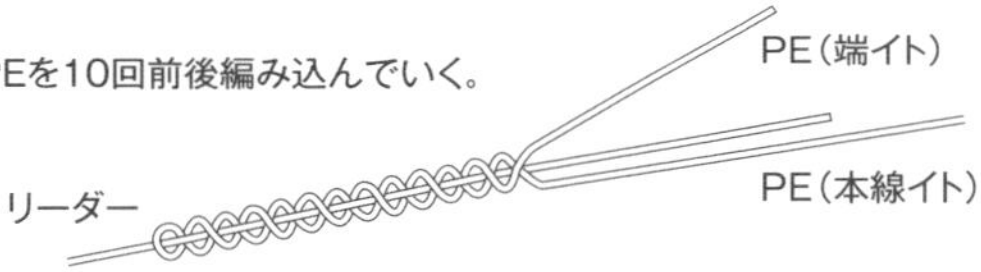

②PEの端イトで図のようにPE本線イト、リーダーを巻き込んで一度留める。

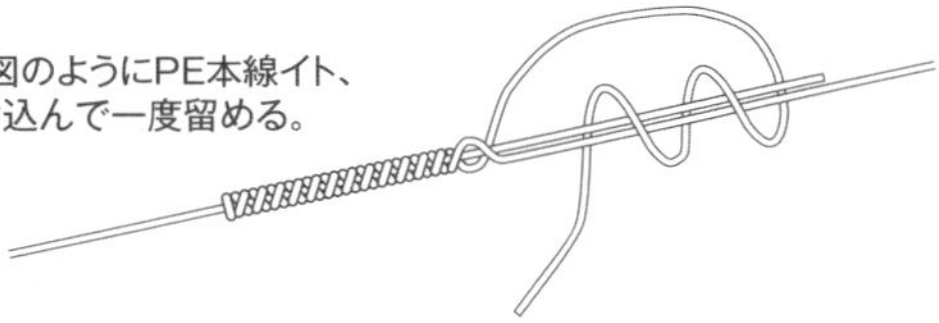

③PE端イトでふたたびPE本線イト、リーダーを巻き込んでハーフヒッチ。1回ずつしっかり締めながら10回同じ作業を繰り返す。

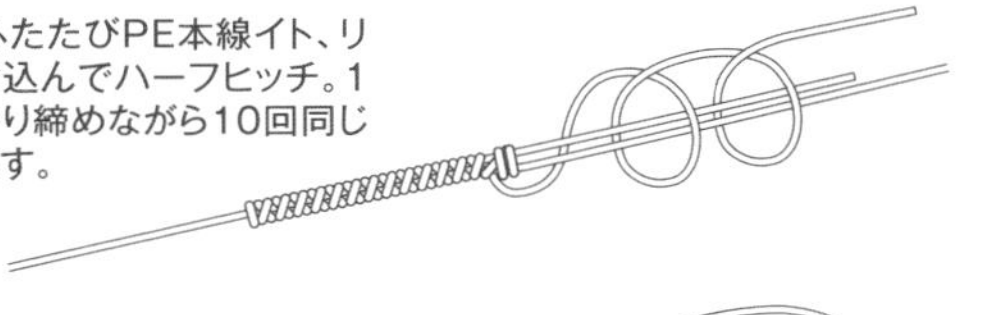

④最後は図のようにPEの先端でリーダー、PE本線イトを3回巻き込むようにして結ぶ。

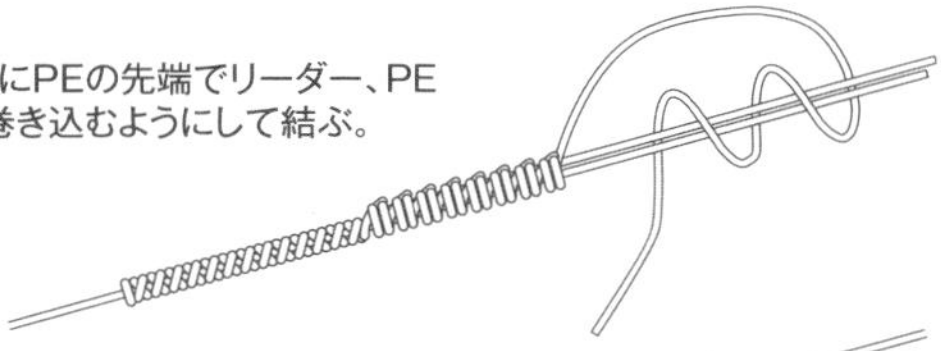

⑤ゆっくり引き締めて余りを切れば完成。

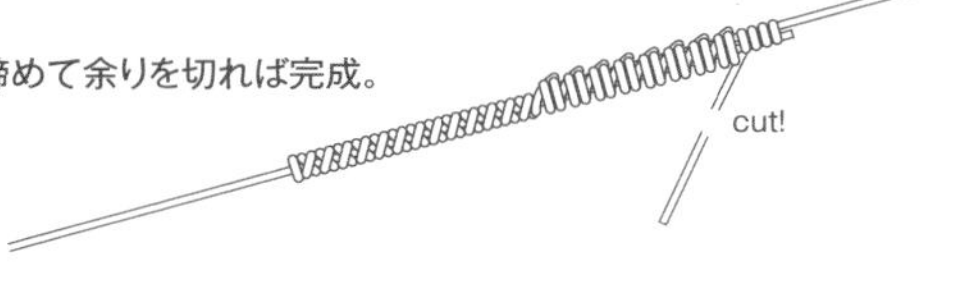

リグを知る

ライトゲームで使用されるリグには、「四大リグ」と呼ばれる4つの主軸リグが存在する。

その中身は、ジグヘッドリグ、スプリットショットリグ、キャロライナリグ、フロートリグの4種である。それぞれ、フィールドのシチュエーションや求める攻略スピードやレンジによって、適材適所で使用することで最大限の威力を発揮する。ここからは、それぞれのリグについて説明していこう。

もっともシンプルで奥が深く使用頻度がもっとも高いジグヘッドリグ

ジグヘッドリグ

四大リグのトップバッター

ジグヘッドリグとは、名前の通りジグ（オモリ）のヘッド（頭）を持つフックを使用したリグを指す。フックにシンカーが固定された一体構造となっており、そのフック部にワームをセットして使用する。ライトゲームの世界では「ジグ単」の愛称で親しまれ、現在のライトゲームシーンでもっとも多く使用されるリグといえる。

ライトゲームで使用されるジグヘッドのウエイトは、0.2～7.0ｇとねらうターゲットや使用するタックルによって幅がある。中でも1.0～1.5ｇのウエイトは、ライトゲームの双璧とされるメバル、アジねらいのベースウエイトとして位置付けられており、もっとも使用頻度の高いウエイトといえる。このベースウエイトを基準に、フィールドの状況や求めるアクションに応じて、ウエイトをローテーションしながら、その場に最適なウエイトを探し出していく展開が、ジグヘッドリグでの基本的な釣りの組み立てである。

1.0ｇ以下の軽量ジグヘッドが効果的なシーンもあれば、逆に素早くフォールする2.0ｇ以上の重たいジグヘッドがハマるシーンもある。ベースウエイトこそあるものの、それなりの細かいウエイトローテーションで状況に対応しなければならない場面も多く、コアなアングラーほど、わずか0.2ｇ単位のウエイトバリエーションを豊富に取り揃えて、眼下のターゲットに挑み続けているのである。

ジグヘッドリグの特性

ジグヘッドリグはフックとシンカーが一体であることが最大の特徴である。他のリグと比べ、ロッドとジグヘッドの間に余計な干渉物が存在しないので、煩わしいリグ組みの工程がない手軽さと、ダイレクトにルアーを操作できるアクションレスポンス、そして高い感度がこのリグ最大の持ち味といえる。

しかし、この構造により、メリットとデメリットが表裏一体で存在することを忘れてはならない。選んだジグヘッドのウエイトが、リグそのものの飛距離やフォールスピード、アクションなどに直結するリグともいえる。

つまり、ウエイトを軽量化すればスローな釣りが可能になるが、必然的に飛距離は落ちる。逆にウエイトを重くすれば飛距離こそ伸びるが、どうしても早いテンポでの釣りを強いられるなど、使用するジグヘッドのウエイトにより、対応できる釣りそのものの許容範囲が自ずと決定されるリグなのだ。スローな釣りを展開したいが、ターゲットのヒットゾーンは遠く飛距離が必要なシーンなど、どうしても、ジグヘッドリグだけではカバーしきれない状況も少なくない。だからこそ、他の分離リグとの使い分けとその必要性が生じるわけである。

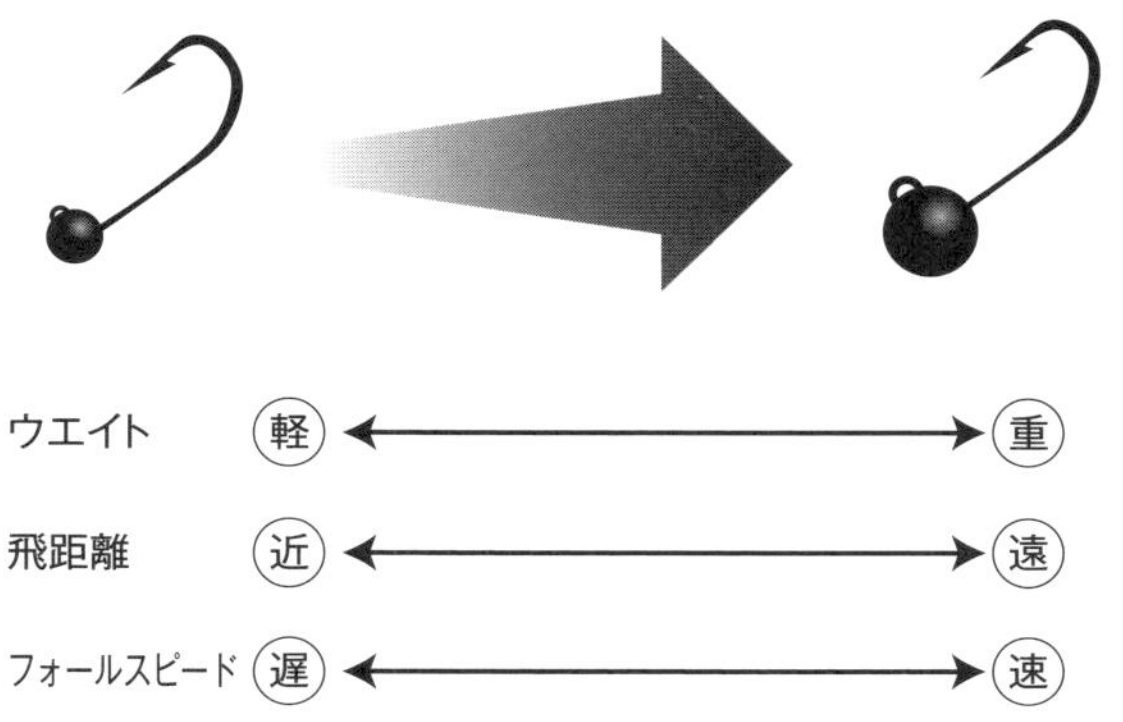

これらの特徴を踏まえると、ジグヘッドリグは、近～中距離でのリニアかつ繊細な操作を要求されるシーンで最大限の真価を発揮するリグといえる。繊細かつダイレクトにリグを操作し、ターゲットのバイトを引き出すルアーゲームらしいゲーム展開は、癖になるほど面白く、私自身も大好きなリグのひとつである。ジグヘッドリグでライトゲームの楽しさや釣りを覚えたというアングラーも非常に多く、今やライトゲームの登竜門的存在のリグといえるだろう。

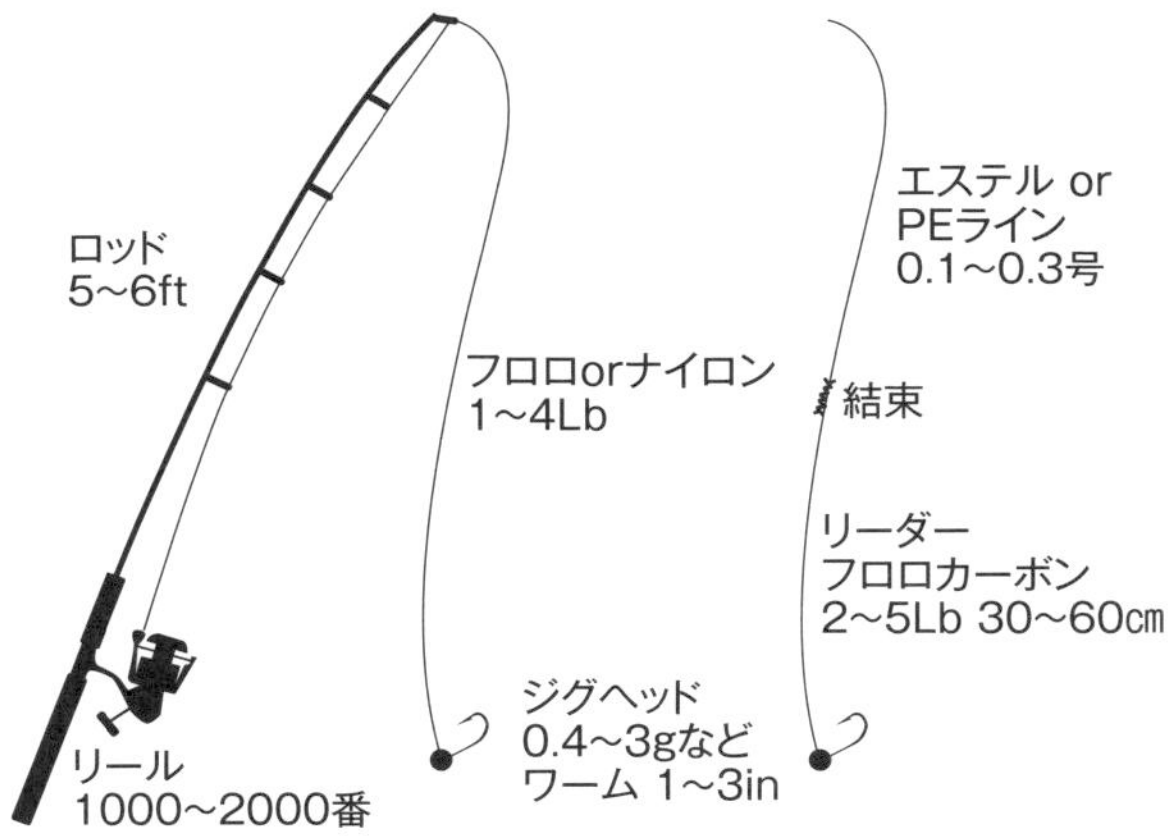

ジグヘッドリグを扱うタックル

ジグヘッドリグを扱う専用タックルは、ライトゲームの中でもっとも豊富なラインナップが存在する。実際は、メインで使用するウエイトやフィールドの状況などによって長さや調子をセレクトするのだが、ソルトシーンで使用されるタックルの中でもっとも繊細なタックルであることは間違いないだろう。総じて細く軽いセンシティブなモデルが多いので、破損等、取扱いには充分注意して欲しい。タックル全体の構成は、掲載されている仕掛図を参考にしてほしい。

ヘッド形状による違い

ひと口にジグヘッドと言っても、そのヘッド形状は実にさまざまだ。オーソドックスなラウンド型や砲弾型、デルタ型など、求めるアクションによって様々な形状のジグヘッドが販売されている。中でも、ベースともいえるヘッド形状がラウンド型だろう。

球体型のシンプルなヘッドは、素直なアクションレスポンスとフォール性能が最大の持ち味で、特徴がないのが最大の特徴といえるほど、余計な挙動が生じない。そのため、水中でのアクションをイメージすることが容易であり、特に分離リグとのコンビネーションでは重要な役割を果たす。

次に砲弾型のヘッド形状。こちらはスイミングなどの横移動のアクションを得意とし、同レンジ内での細やかなアプローチで多用する。

デルタ形状は、面を有する独特のヘッド形状で、三角形状であれば安定したフォール性能とトリッキーなダートアクションを得意とし、逆三角形状のものは、高いレンジキープ力を発揮する。

このようにジグヘッドは、ヘッド形状により、それぞれが得意とするアクションやシチュエーションが存在する。今一度、自身のタックルボックスにあるジグヘッドを見返し、ヘッド形状にあったシチュエーションや使用法を模索してみるのも面白いだろう。

フック形状による違い

ジグヘッドのフック形状には、大きく分けて三種の形状がある。まず、ベースとなるのがストレートタイプ。針先が真っ直ぐアイのほうに向いたフックタイプで、非常に使い勝手のよい万能タイプといえる。

二つ目が、アジングブームで一気に注目を集めることとなったオープンゲイプタイプ。フックポイントがアイより外向きに開いた特異な形状のフックで、一見しっかり掛かるのか不安になるが、オートマチックな刺さりと、高い初期掛かり性能が持ち味のフックである。

三つ目が、ネムリ形状のフック。フックポイントがアイより内向きに曲がっており、本来、魚の閂（カンヌキ=ジゴクとも言う）を確実に捉えるために生まれたフックである。そのため、チヌやマダイなど歯の発達したターゲットや、フッキング後に確実にキャッチしたいターゲットなどに効果的なフック。

いずれも一長一短があり、ターゲットの種類や活性によって使い分けることで、それぞれが最大限の性能を発揮してくれる。

ウエイトを操る

ここからは、ジグヘッドリグの基本的な操作方法などを、実釣時の時系列で紹介していこう。

ジグヘッドリグは、使用するウエイトに

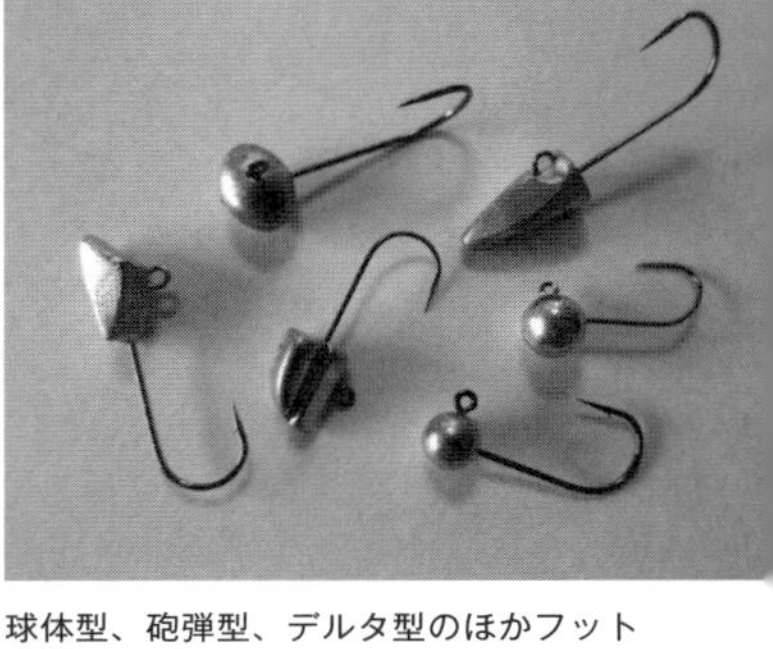

球体型、砲弾型、デルタ型のほかフットボール型などもあり、根掛かりしにくいオフセットフックタイプなどもある。こうしたタイプやウエイトの違いを上手に使いこなすことが上級者への道だ

より対応できる釣りそのものの許容範囲が自ずと決定されるリグである。そのため、ある程度のウエイトバリエーションをフィールドへ持ち込み、状況にあったベストなウエイトを探し当てていく釣りを展開する。風などの天候的なマイナス要因がなければ、まずはベースウエイトとなる0.8～1.5gからスタートしてみよう。ここで重要になるのがボトムから攻めるか、表層から攻めるか。これは魚種によって多少の優先傾向があり、アジならボトム、メバルなら表層といった定説もある。パイロットとなるウエイトを決めたら、カウントダウン釣法でターゲットの反応があるレンジを探ってゆく。

カウントダウン釣法とは、その名のとおり、リグの着水から任意のレンジまでを1、2、3…とカウントし、レンジを把握する方法。例えば、着水からボトムまで30カウントかかるフィールドなら、これを3～6分割し、5～10カウント毎にレンジを分けて攻略していく手法で、今やライトゲームの基本戦術ともいえる釣法である。

これですぐにターゲットからの反応があればよいが、反応がなければ使用しているウエイトを変更していく。ウエイトを変更すれば、当然、ボトムまで到達するカウントも変わる。軽いウエイトをセレクトすれば、近距離に的を絞った、より細かなレンジ探索ができ、重くすれば、より遠くのポイントまで素早くサーチできる。その日、その状況に合ったベストなウエイトを探し出すことがジグヘッドリグの釣果アップの秘訣といえるだろう。

多彩なリグを繰り出すアジングにおいても、メインはジグヘッド単体の釣りである

ジグヘッドリグのアクションについては、ヘッドの形状によっても得意不得意こそあるが、基本は、ねらいのレンジを水平に通してくるイメージが大切。私がよく行なうアクションのひとつがリフト&フォールだ。ひと口にリフトといっても、ロッドでスッと持ち上げたり、シェイクしながらリフトしたり、やや激しめのトゥイッチでリフトするなど、毎投バリエーションを持たせ、どのアクションに一番反応がよいのかを探るようにしている。

また、フォールに関しても、フリーフォール、テンションフォール、カーブフォール、はたまた水平移動など、アクション後のフォールにも幅を持たせるようにしている。リフトとフォールのアクションの組み合わせ+カウントダウンによるレンジ+ウエイトによる攻略スピードと許容範囲など、これらの複合的な要因が上手くハマるとターゲットの反応が格段によくなることがライトゲームの面白いところ。まずは、自分なりのルーティンを設定して攻略していくのも悪くない。

ジグヘッドリグは、扱いやすく手軽である反面、奥深さも併せ持つ。ダイレクトかつ繊細にウエイトを操るアングラーの技量が釣果に直結するリグともいえるだろう。

スプリットショットリグ

固定式の中間シンカーがキモ

　スプリットショットリグとは、軽量ジグヘッドの手前30～60㎝ほどの位置に、中間シンカーを固定したリグを指す。キャロライナリグとの違いは、この「固定した」という部分にあり、シンカーが遊動式になるとキャロライナリグに属する。元々は、バスフィッシングの世界で誕生したリグシステムなのだが、ソルトシーンに合わせて独自の進化を遂げて、今のリグ構造となっている。

　中間シンカーの役割は、先端に結ばれたジグヘッドの飛距離やフォールスピードを補うためにほかならない。単純にウエイトが重くなればなるほど、遠深のポイントまでリグをスムーズにエスコートしてくれる。また、現在では、ウエイトの両端をゴムで挟み込み固定するものなど、ワンタッチでウエイトを交換できるシンカーが人気であり、フィールドでの素早いウエイトチェンジが可能となった。重量のあるシンカーによるスピーディーなレンジサーチ力と、素早いウエイト交換による状況対応力の高さが、このリグの持ち味といえる。

スプリットショットリグの特徴

　スプリットショットリグ最大の特徴は、なんといっても固定された中間シンカーにある。これをフィールドのシチェーションや状況に応じて臨機応変に素早く交換していくことで、ジグヘッド単体リグとは比べものにならないスピードで、広範囲のレンジを素早くサーチすることが可能となる。そのため、「フィールドに着いたら、まずはスプリットショットリグから」というアングラーも少なくない。

　実際、フィールドでは1.8g以上のウエイトを選択するシーンが多く、ジグヘッド単体リグで攻略しきれない状況をカバーする目的で使用されることがほとんど。特に、足もとから水深の深いフィールドや初めてのフィールドで、まずはターゲットの付き場や反応を探りたいといった状況にもっともマッチするリグといえる。

　また、固定されたシンカーの特性を最大限に活用すれば、遠深のポイントで先端の軽量ジグヘッドのフォール演出を行なうことも可能。コアなアングラーの中には、「フィールドで使うリグをひとつだけ選ぶとすればスプリットショットリグ」というアングラーもいるほど、その人の技量で高い応用力を持ち合わせるリグである。

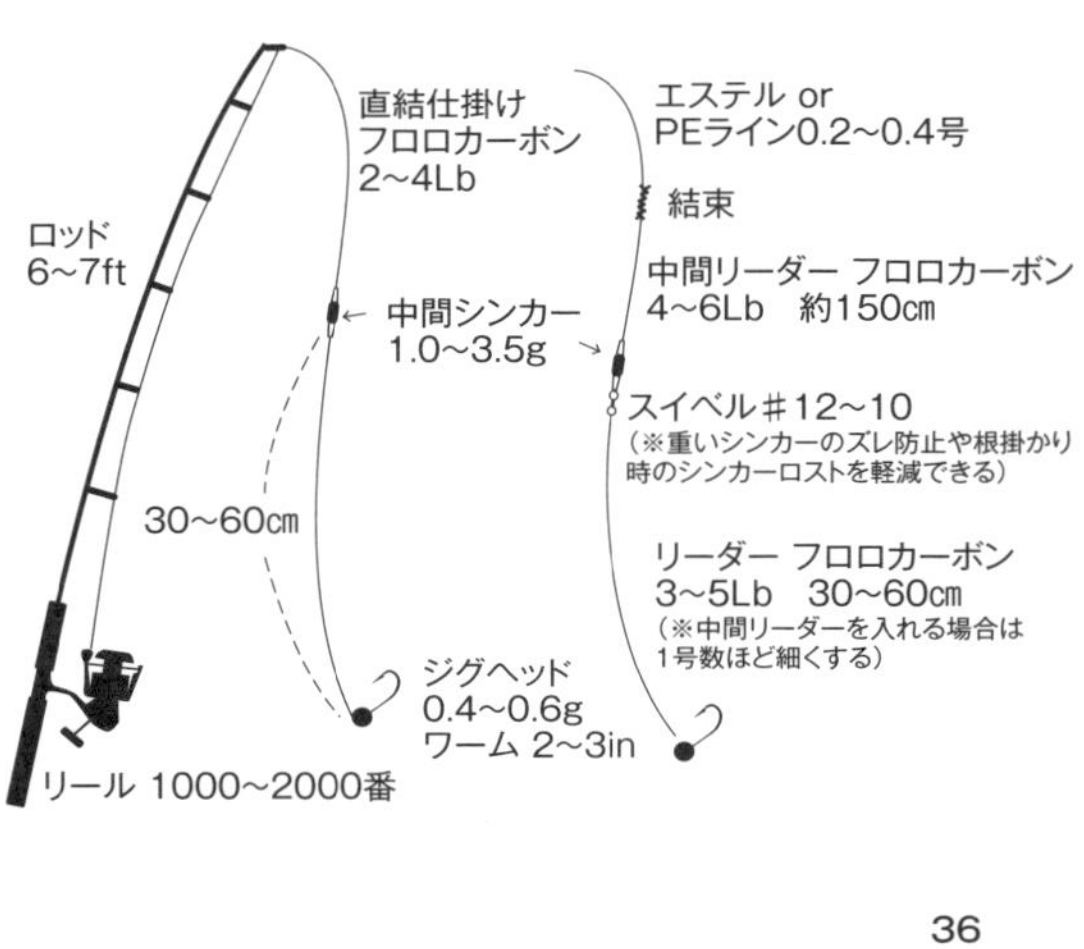

先端が軽量ジグヘッドである意味

スプリットショットリグに限らず、ライトゲームで使用される分離リグ全般に言えることなのだが、リグの先端に結ぶルアーは「ノーシンカー+ワーム」ではなく、「軽量ジグヘッド+ワーム」であることが多い。これは何故なのかと疑問をもつ入門者も少なくないだろう。その理由のひとつとして挙げられるのがルアーの安定性である。海中という複雑な流れの中でリグを安定させるために、わずかではあるが重量の存在するジグヘッドを使うことで、アクション後のフックの向きやルアーの姿勢などを素早く落ちつかせる効果がある。また、二つ目の理由として、ラインテンションを保ちターゲットのバイトを感知するという目的。分離リグの終着点であるルアー部に重量をもたせることで、自ずとリグ全体の直線性が確保され、ショートバイトなどのわずかな変化も感知しやすくなるのだ。

つまり、先端のジグヘッドは、必ず軽くなければならないというわけではない。実際、1.0gほどの普段はジグヘッド単体リグで使用する重量のジグヘッドをセットする場面もある。しかし、やはり基本は可能な限りノーシンカーへ近づけるほうが、ターゲットの反応がよい傾向にあるのは確か。分離リグの先端が軽量ジグヘッドである意味は、食わせやすさと扱いやすさの両立を可能にするための選択といえる。

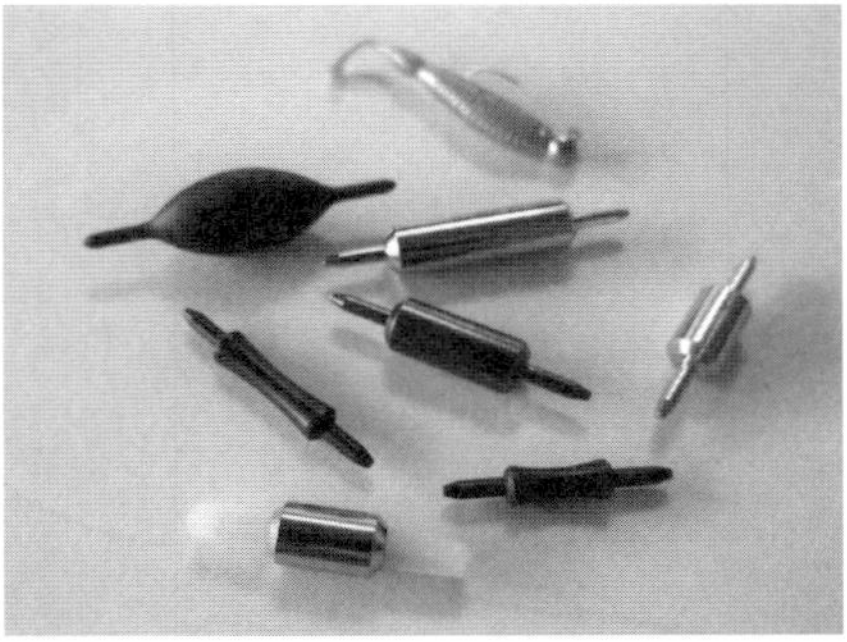

小型のジグヘッドワームとメインラインの中間に多彩なシンカーを固定する。固定といってもラインをカットせずに交換できる便利なシンカーも次々に開発されている

スプリットショットが得意とする状況

ひと口にスプリットショットリグといっても、そのウエイトバリエーションは実に豊富であり、それぞれ登場する場面が若干異なる。

まず、1.8g以下のウエイトを用いたスプリットショットリグは、ジグ単の釣りのフォロー的な役割が大きい。飛距離やレンジの概念だけを考えれば、ジグ単で充分カバーできる状況なのだが、あえて同重量ほどのスプリットショットリグを投入するケースがある。ターゲットからの反応こそあるものの、バイトが浅くジグ単ではなかなかフッキングが決まらない時などは、食わせを担うジグヘッド部と飛距離やレンジキープの役割を果たすウエイト部が分離しているこのリグが有利になる。ジグヘッドを軽くすることでショートバイトに対応しやすくなるだけでなく、シルエットも小さくなるのでより食わせやすくなる。

対して、1.8g以上のウエイトをセレクトする場合は、通常のジグ単では攻略そのものが非効率なシーンで登場する。潮の流れが速いフィールドや、遠く深いスポットを直撃したいシーンなどがスプリットショットがもっとも得意とする場面。キャロとは違い、任意のレンジをスピーディーかつ小技を効かせながら積極的にアプローチできるのが何よりの強みとなる。

基本操作は「シャクリ&フォール」

スプリットショットリグの基本操作はシャクリ&フォール。これをカウントダウン釣法で定めた任意のレンジ内で繰り返し行ないアプローチしていく。シャクリは、アクションの意味合いもあるが、どちらかというとフォールの間をつくるためにリグを持ち上げるイメージが大切。エギングのように大きく2～3回ほど巻きジャクリ、その後のフォールでバイトを待つ要領だ。そのため、このアプローチでは、しっかりとシンカーを持ち上げることが重要であり、使用するウエイトを楽に操作できるスペックのロッドを使用することが好ましい。また、やや張りがあるロッドのほうがシャクリの際にシンカーを持ち上げやすいことを覚えておくとよいだろう。

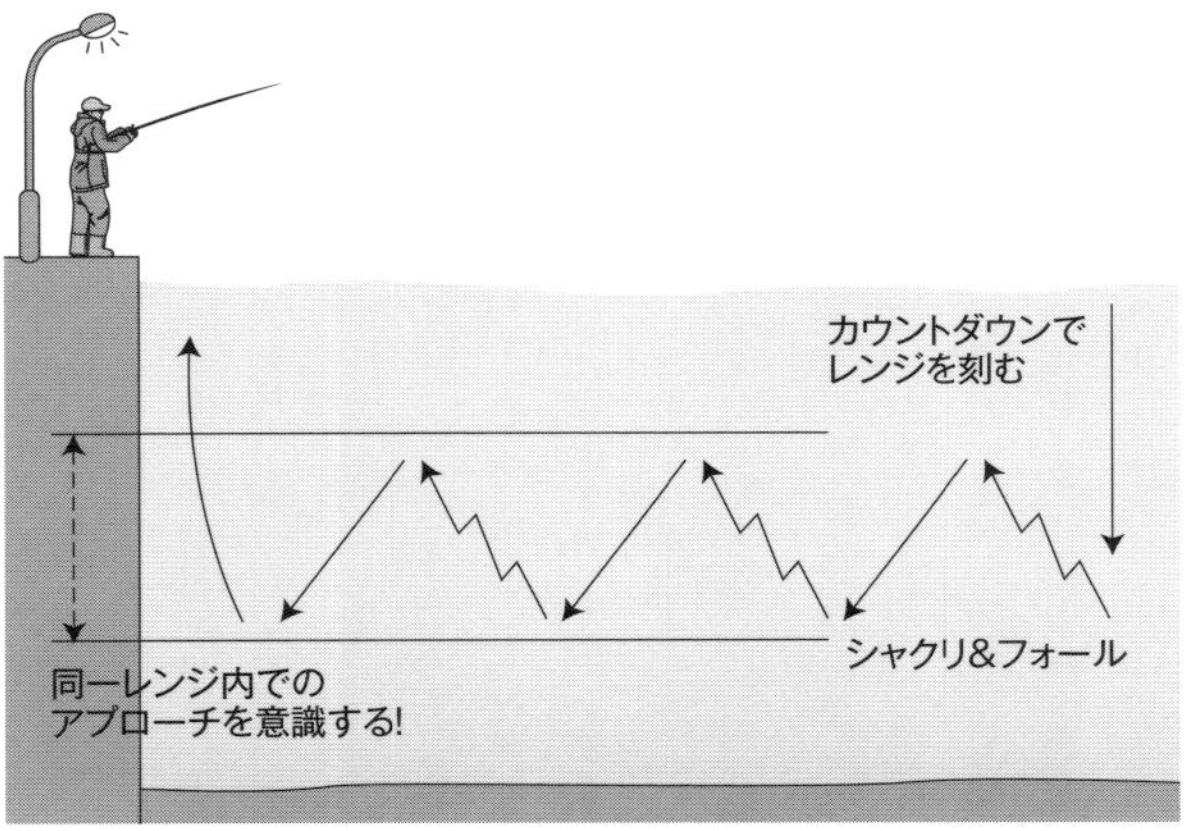

ラインスラックを操る

スプリットショットリグは、中間シンカーと先端に結ばれた軽量ジグヘッドそれぞれの性能を理解し活用することで、その真価を最大限に発揮するリグである。

頭に入れておきたいのは、必ずジグヘッドより中間シンカーのほうが重たい状態でリグを組むこと。そうしなければ、このリグ本来の利点を失うどころか、ウエイトを分散する意味すら皆無に等しくなる。実際にジグヘッドのほうが重たい状態でセットしてもらえばわかるが、ジグ単よりアクションレスポンスが悪くなり、感度も下がるばかりか、キャスト時も中間シンカーとジグヘッドが喧嘩し回転することで、思ったような飛距離アップも叶わなくなる。あと少しの飛距離を稼ぎたい一心で、このようなセットを行なってしまうと逆に釣りが難しくなるので注意して欲しい。

次に、水中でのそれぞれのアイテムの位置関係を知ることが大切。ロッドティップ

図1　テンションがかかった状態でのアイテムの位置関係（テンションフォール&カーブフォール時）

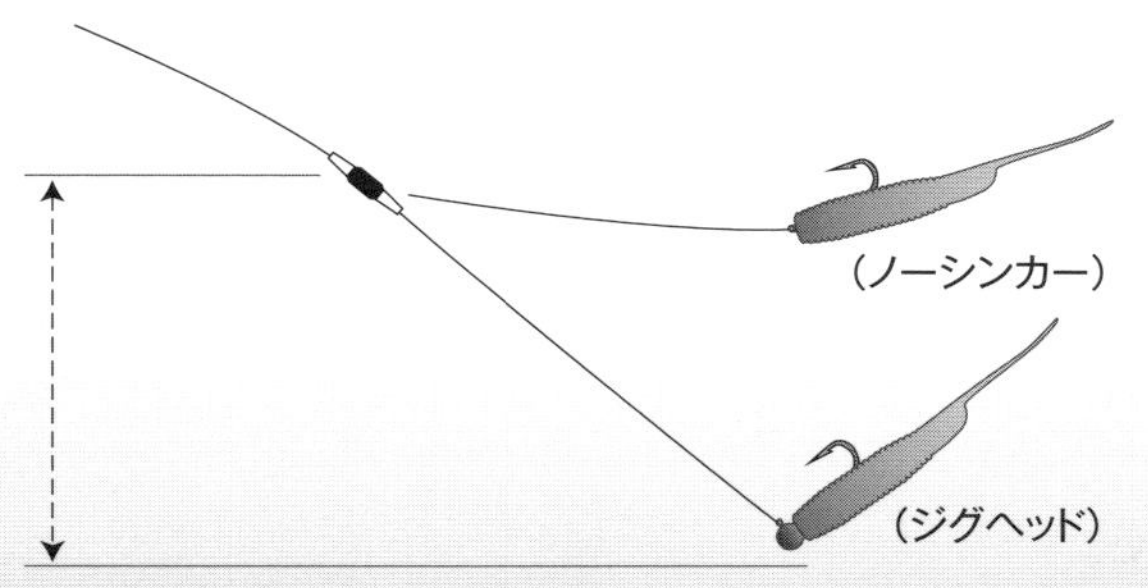

※中間シンカーより必ず下の位置にジグヘッドがある

を支点にぶら下がる中間シンカーに対し、先端のジグヘッドは中間シンカーを支点にぶら下がっている。ラインテンションを掛けてフォールさせている状態であれば、中間シンカーより高い位置にジグヘッドが来ることはまずない。ノーシンカー状態で中間シンカーとほぼ水平、ジグヘッドではワームとジグヘッドの体積や重量により差があるものの、必ず中間シンカーよりは低い位置にジグヘッドが定位する（図1）。

対してフリーフォール時は、ウエイトの重たい中間シンカーがジグヘッドを牽引するかたちで沈下するので、V字の状態でリグがフォールする（図2）。

このフォールの違い、つまりラインテンションの掛かり方による各アイテムの位置関係の差を利用することで、先端の軽量ジグヘッドが単独のフォールアクションを演出する間を作り出すことが可能となる。

キャスト時、フリーフォール時、テンションフォールやカーブフォール時、どれも基本は、固定された中間シンカーの重量に従ったスピードでの釣りが展開される。

しかし、中間シンカーとジグヘッドを結ぶ

図2　テンションが抜けた状態でのアイテムの位置関係（フリーフォール時）

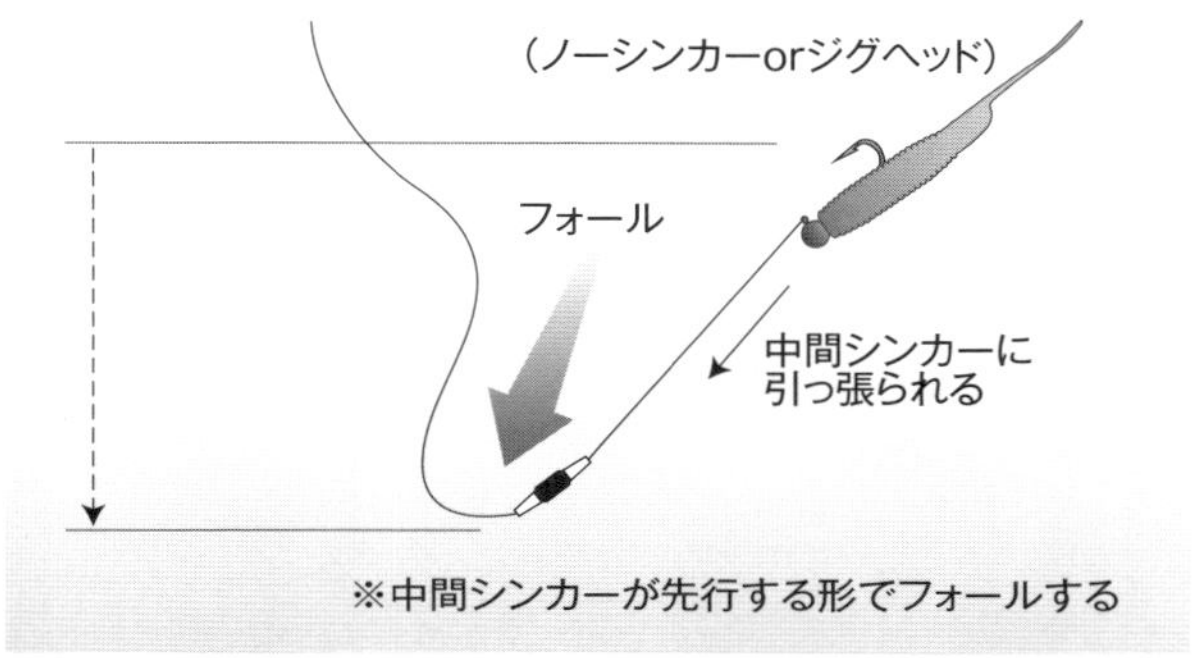

図3　ノックオフテクニック

※テンションを掛けている状態から一瞬、
前にロッドを叩くようにテンションを抜いて間を作る!

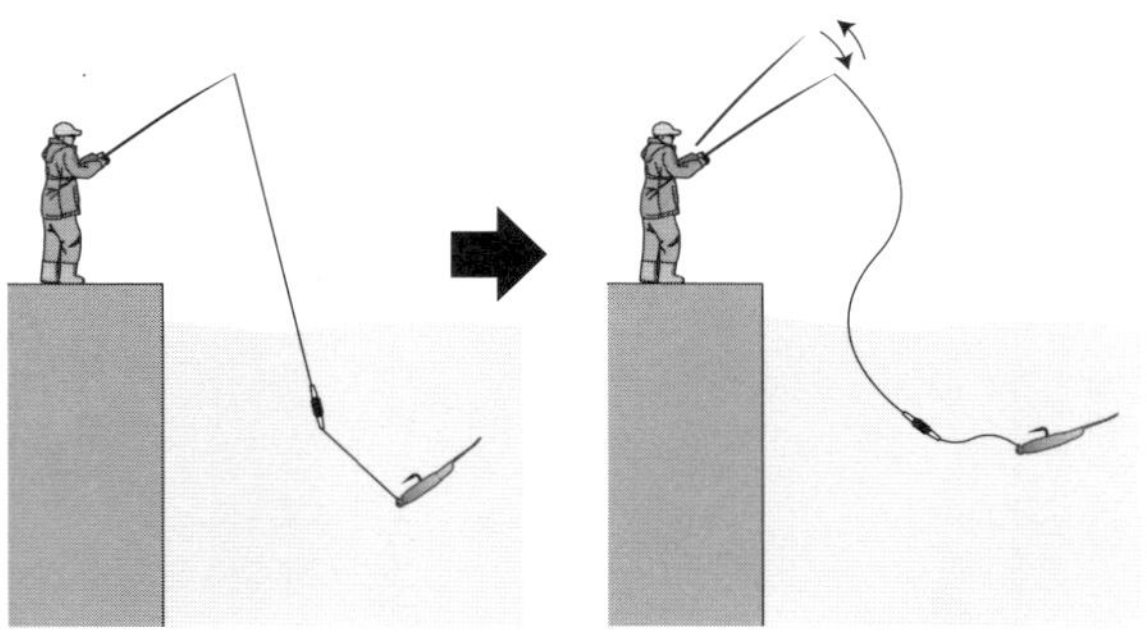

図4

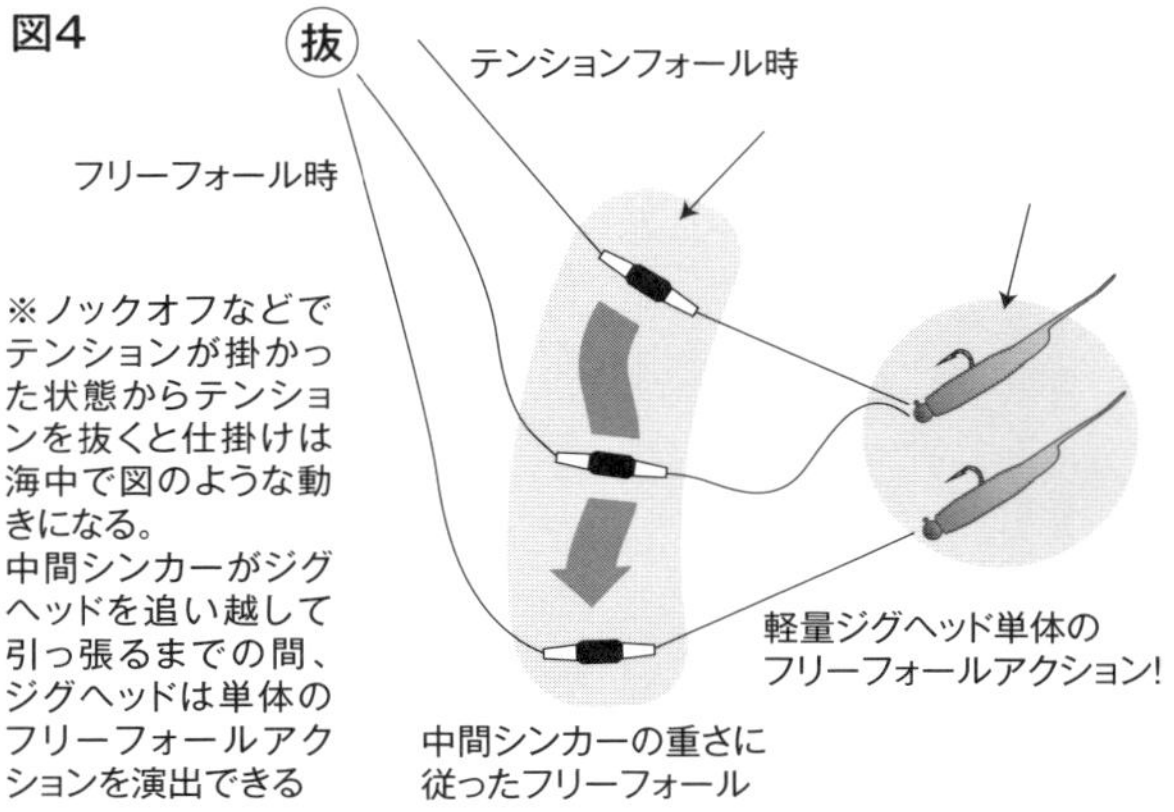

※ノックオフなどでテンションが掛かった状態からテンションを抜くと仕掛けは海中で図のような動きになる。
中間シンカーがジグヘッドを追い越して引っ張るまでの間、ジグヘッドは単体のフリーフォールアクションを演出できる

リーダーのテンションが緩む瞬間だけは、中間シンカーとジグヘッド、それぞれが単独の性能を演出する間が生じる。この「間の演出」こそ、スプリットショットリグの真骨頂。テンションフォールやタダ巻きの間に、ロッドワークによるテンションのオンオフを意図的に行なうことで、この間を作り出すことができる。「ノックオフ」と呼ばれるテクニック（前頁図3）だ。

ロッドをリグの進行方向と反対に叩くように操作し、あえてリグのテンションを抜く動作を行なう。この操作により、中間シンカーとジグヘッドを繋ぐラインが緩む瞬間が生まれ、これを上手く連続的に行なうことができれば、先端の軽量ジグヘッド単独のフォールアクションを演出する間を多く作り出すことが可能となる（前頁図4）。

ラインテンションにおける中間シンカーとジグヘッドの位置関係差を理解し操る。これがシンカーの固定されたスプリットショットリグを最大限に活用する上級テクニックである。慣れこそ必要ではあるが、その威力は折紙付きなので、ぜひとも習得したい。

キャロライナリグ

シンカーが遊動式である意味

キャロライナリグとは、ジグヘッドの手前60〜100㎝ほどの位置に、遊動式のシンカー（キャロシンカー）を取り付けたリグを指す。スプリットショットリグとの違いは、シンカー部が固定式か遊動式かという部分にあり、フロートリグとの違いは、リグの沈むスピードの違いといえる。

シンカーが遊動式であることで、その重量に干渉されることなくターゲットのバイトを感知しやすい。そのため、遠深のスポットからターゲットを着実に引き出す際に使用されることの多いリグである。

キャロシンカーの種類

キャロシンカーには、浮力や体積の大きい専用シンカーと、ピノキャロに代表されるオモリに糸通しパイプを設けたものの二種類に大別される。後者は専用シンカーと比べ、同重量での沈下スピードが速く飛距離を稼ぎやすいが、遠深でのスローな演出は前者の専用シンカーが得意とするところだ。専用品のいわゆるキャロシンカーは差別化も含め、体積の大きいモデルが多く、よりスローな釣りが可能になる。同じ遠深のスポットを攻略する際でも、その攻略ス

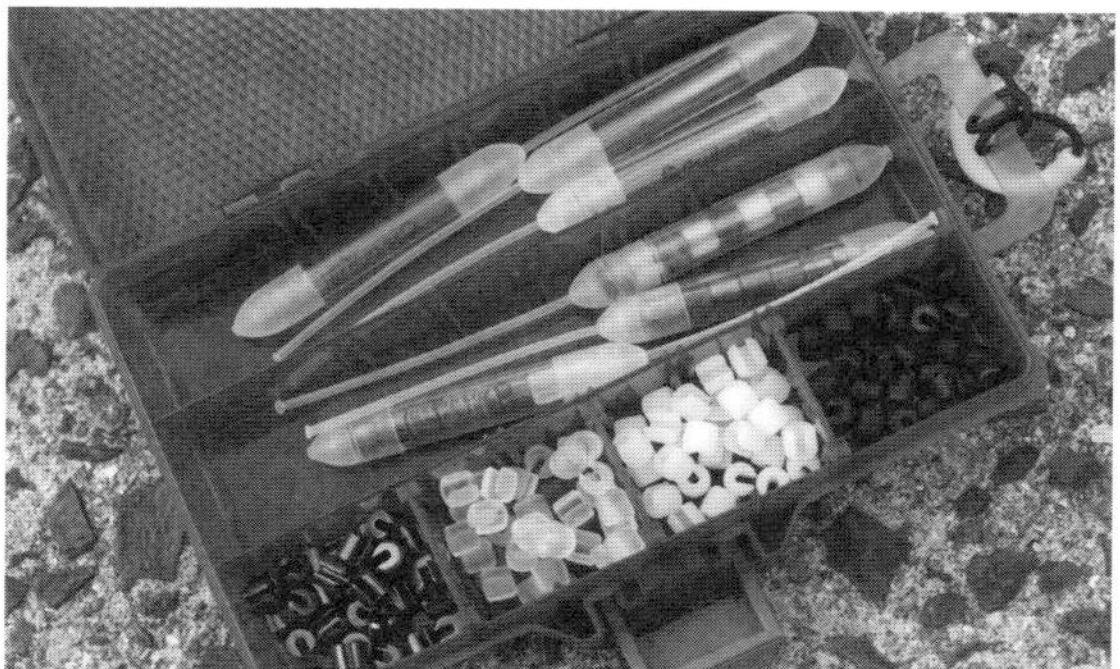

アングラーの好みによってウエイトや比重を自由にアレンジできるAr.キャロフリーシンカー。自重だけでなく沈下姿勢や速度までも思い通りに演出できる

ピードやリグの流動性（ドリフト）の違いにより、スプリットショットリグやピノキャロとの使い分けが明確化している。

特にアジングやメバリングなど、任意のレンジを攻略する必要があるシーンでは、この専用シンカーの利点が活きる場面が多く、キャロライナリグの利点を確立することに貢献している。

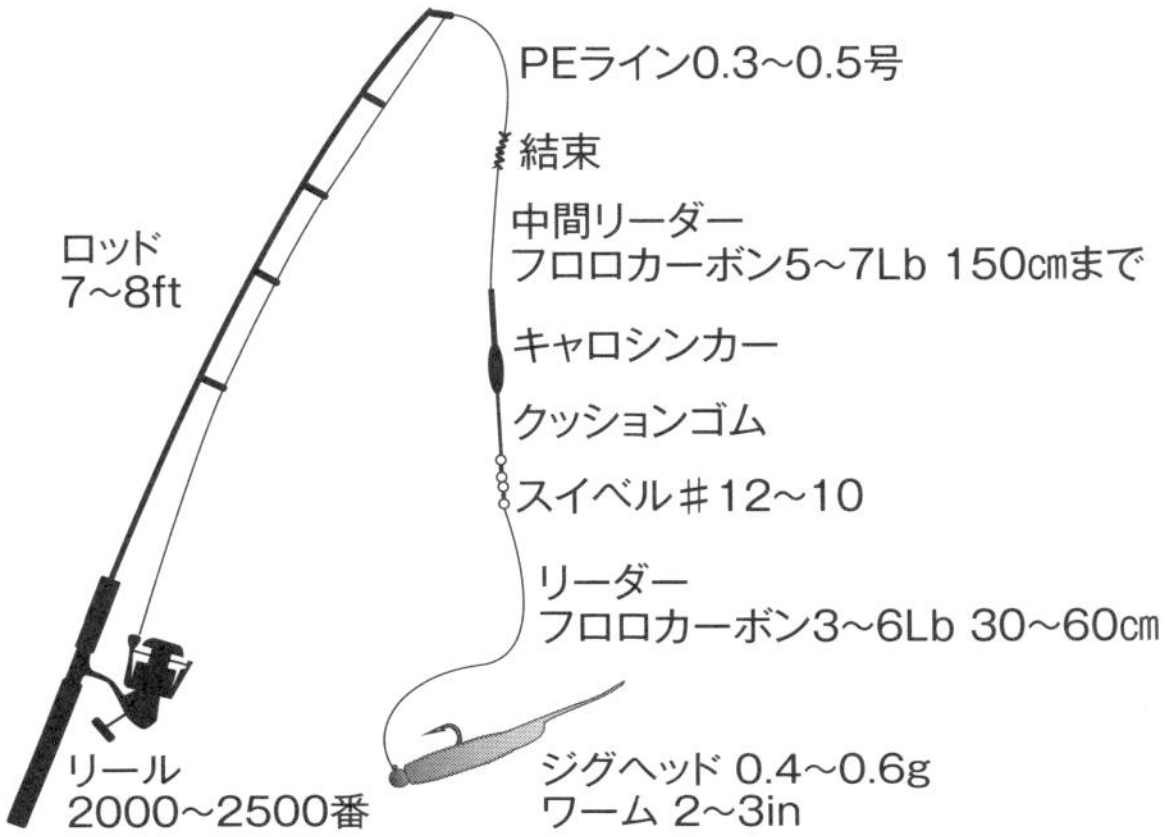

基本操作

キャロライナリグは、ライトゲームで用いられる分離リグの中でも遠投系リグの代名詞的な存在である。シンカー部が遊動式である最大のメリットは、キャロシンカーの重量に干渉されることなくターゲットのバイトを感知しやすいことにあり、その特性を活かして遠深のスポットを攻略するのに適したリグといえる。

しかし、リグの構造上、スプリットショットリグほどの小技を効かせたアプローチは苦手な一面もある。そのため、基本的な操作は「ただ巻き＋アクション」、「シャクリ&カーブフォール」といったラインテンションの変化が少ない、やや単調なアプローチが主流となる。

「ただ巻き」は、表層付近やボトムからの巻き上げなどで広範囲を手広くサーチする。これにトゥイッチなどのアクションを織り交ぜ、ターゲットのバイトを誘う。私の場合、マヅメの高活性時やターゲットのレンジ幅が不確定なシーンで行なうことの多いアプローチだ。先端の軽量ジグヘッド＋遊動式のシンカーによる抵抗の少なさがバイトの取りこぼしを軽減してくれるので、遠投が必要な場面でのただ巻きでは他のリグより勝るシーンが多い。

「シャクリ&カーブフォール」は、他リグでも多用するアプローチのひとつではあるが、積極的にフリーフォールの演出を織り交ぜるスプリットショットリグやジグヘッドリグに対し、キャロライナリグでは

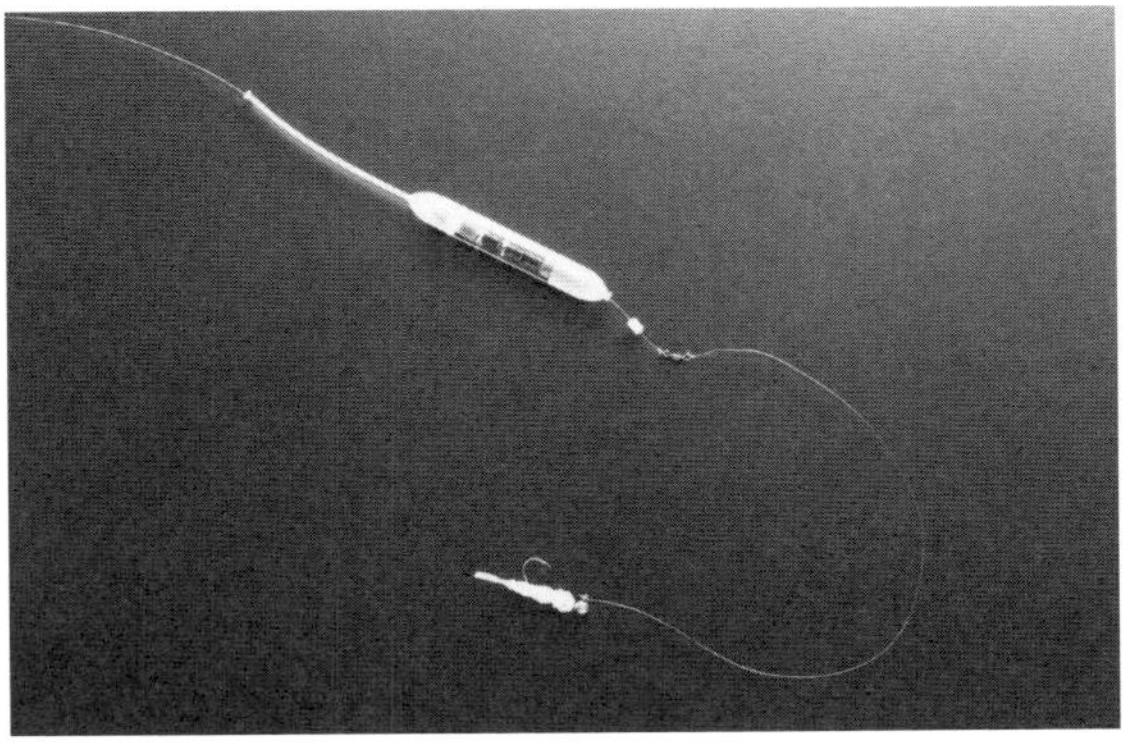
遊動式のキャロシンカーの下にクッションゴム、スイベル、リーダー、ジグヘッド＋ワームというのが基本のセッティング

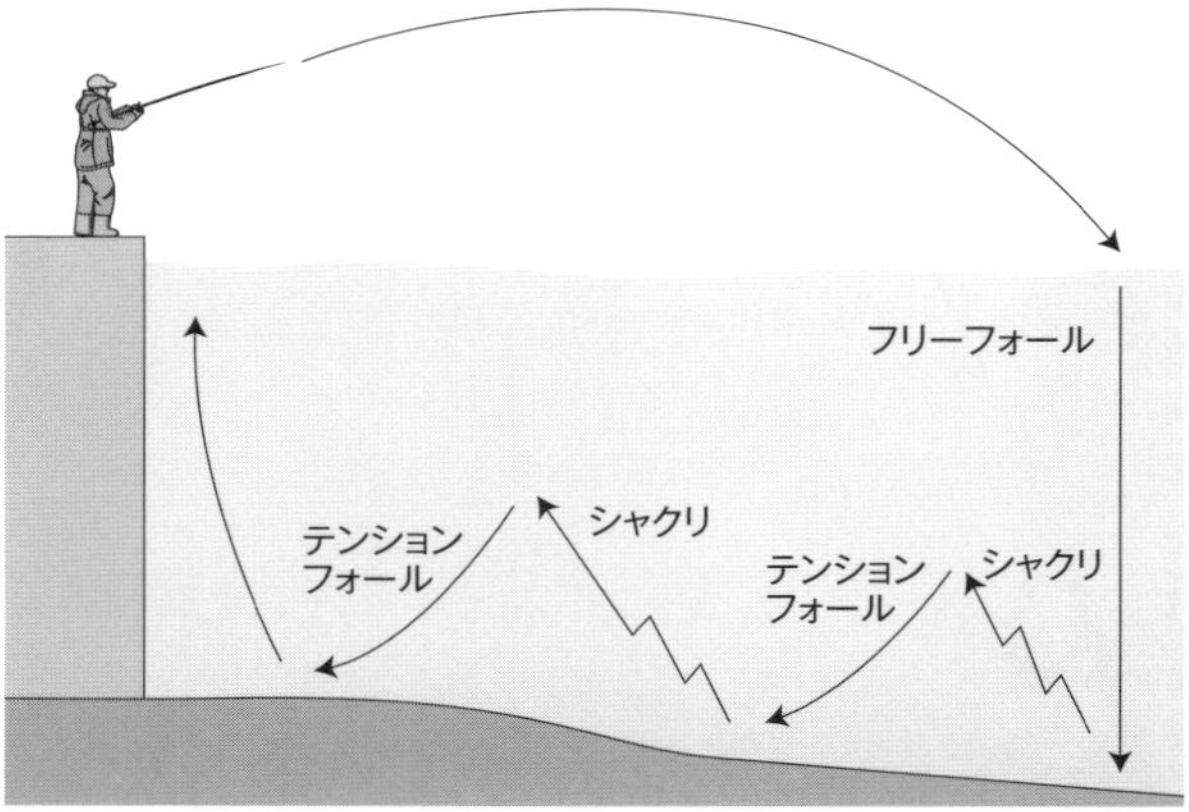

カーブフォールのみで攻めきることが多い。その理由として、フリーフォール時にシンカーがリーダーを伝って前後方向へスライドしてしまう現象が発生するためだ。もちろん、この遊動式シンカーならではの現象を利点としてアプローチに組み込み、バイトを誘発するテクニックもある。

しかし、私の経験上、特にターゲットに対しバックスライドで迫ってくるシンカーについては、その挙動がマイナス要因となると感じており、あまりおすすめできるリグ演出ではない。それよりも体積の大きいキャロシンカーが得意とする、沖のボトム周辺でのスローなカーブフォールや、潮を受けることで横に流されながら沈下する「ドリフトフォール」といったアプローチが効く場面での活用が多い。専用シンカーならではの持ち味が活きるシーンこそ、このリグの真価が発揮される場面だと感じている。

遠深を極める

キャロライナリグがもっとも得意とするシーンといえば、遠深のスポットを丁寧かつナチュナルに攻める必要がある場面だろう。正直、前項で触れた「ただ巻き」によるアプローチは、釣れはするもののキャロライナリグである必要性があるのか?と問われると疑問符がつく場面も多いのが事実。ターゲットまで到達するための飛距離を稼ぐだけの目的であれば、スプリットショットリグやフロートリグなどでも対応できるケースは多く、このような場面では、それぞれが得意とする攻略スピードやレンジの違いでリグをセレクトする必要がある。

ズバリ、フロートリグとスプリットショットリグのちょうど中間を埋める攻略スピードがキャロライナリグの得意とするところだ。そういった意味では、カバーできるレンジやスピード域の幅が広く使い勝手のよいリグである。しかし、このアプローチだけに終始するには、もったいないリグともいえる。

適度な水深と流れのあるフィールドのディープゾーンをキャロライナリグで攻略してキャッチした尺オーバーのアジ

キャロライナリグで使用する専用のキャロシンカーは、適度な体積と浮力を有するように設計されている。これはシンカーとしての遠投性やフリーフォール時の沈下能力を保持しつつ、ラインテンションをかけた状態でのフォールアクションをできるだけスローかつナチュラルに演出するためのもの。特に足もとから水深のあるフィールドで、沖の中層以深のレンジを丁寧に攻略する場面では、この専用シンカーを用いたキャロライナリグが最適といえるだろう。

また、本体に浮力と体積があることで流動性が生じ、潮の流れにリグを乗せるアプローチ「ドリフト釣法」が行なえるようになる。これがスプリットショットリグや他のシンカーとの大きな違いであり専用シンカー最大の持ち味といえ、適度な水深と流れのあるフィールドで、その流れを利用した流動的なディープゾーン攻略こそ投入すべきシチュエーションだ。

中小型を手返しよく釣っていくこともできる。その際には小さめのランディングネットがあると便利だ

具体的には、シンカーを持ち上げるように2~3回ほどシャクリ上げ、フォールを行なうための水深を稼ぐ。その後、ラインテンションを保った状態でカーブフォール。そこに潮の流れがあれば、アングラーを支点に扇状にスライドするかたちでドリフトしながら沈下するので、より広範囲をフォールサーチできる。このアプローチは、遊泳力の乏しいマイクロベイトを捕食しているメバルやアジに抜群の効果を発揮する。

また、潮流の緩んだ時は、ロッドティップでシンカーを手前にゆっくりと引っ張るように操作しロングカーブフォールを演出する。スプリットショットリグがスピード感あふれる攻撃的なアプローチを得意とする反面、キャロライナリグは同レンジ内をナチュナルかつ流動的に攻めることを得意とするリグ。どちらが効果的かはその時々で違うのだが、どちらかだけにターゲットの反応が出るシーンは決して少なくない。同じディープゾーン攻略であっても、それぞれのリグが得意とする攻略スピードやアプローチを使い分けることで、より明確なターゲットの傾向を知ることにでき、より着実な釣果をあげるための切札ともなるだろう。

フロート、キャロ、ジグ単、スプリットと多彩なリグを上手に使い分けたい。キャロはフロートとスプリットの中間的な位置づけだ

フロートリグ

構造はキャロ。シンカーが飛ばしウキに

フロートリグとは、海面に浮く、もしくは極めて遅速で沈下する専用の飛ばしウキを用いたリグを指し、おもに遊動式と固定式の2タイプに大別される。遊動式フロートリグのリグ構造は、キャロライナリグのキャロシンカー部をそのままフロートに取り換えるシステムだ。一方、固定式フロートリグは「Fシステム」と呼ばれるリグがその代表であり、フロートリグの釣りを飛躍的に進化させた画期的なリグシステムとして脚光を浴びている。

フロートリグは、ゴロタ浜やサーフエリアなど、他リグでは攻略困難なほどの遠浅フィールドを得意とする。海水に浮くフローティングタイプのフロートを使用すれば、設定したリーダーの長さより深くリグが沈下することを制限できるので、表層付近のレンジに的を絞った釣りが誰でも簡単に行なえるようになり、根掛かりを恐れることなくシャローエリアを攻略することが可能となる。また、ターゲットが海面でベイトを捕食しライズが頻発しているような状況にも強い。特に沖の表層付近をデッドスローにアプローチする必要がある場面では、これに代わるリグは存在しないと断言できるほどである。

おもに表層から5mほどまでのレンジがフロートリグのもっとも得意とする攻略ゾーンであり、そのレンジ内でのスローもしくはデッドスローなアプローチこそ、フロートリグの最大の持ち味である。

マルチに使えるが、とりわけ沖の表層付近をデッドスローにアプローチする際はフロートリグの独壇場になる

Fシステム

フロートリグの釣りは、ここ数年の間だけで目覚ましい進化を遂げている。大阪湾で産声をあげた固定式フロートリグ「Fシステム」の登場により、この釣りにおけるアングラーの認識がガラリと変わってしまったのだ。

Fシステムとは、大阪在住のプロアングラー・藤原真一郎氏が考案した固定式フロートリグシステム。リグの作り方は、PEラインとリーダーを直結する際に通常ならカットしてしまうリーダー側の端イトを10〜15cmほどと長めに残し、その余った端イトの先に環付きタイプの専用フロートを結ぶ。あとはPEライン側の端イトを通常通り短くカットし、本線であるリーダーの先端部にジグヘッド＋ワームを取り付けるだけ。仕掛図だけを見るとなんだか異色な雰囲気で初めは躊躇してしまうかもしれないが、リグ組みの際に必要なパーツやノッ

トが少なく、慣れてしまえば意外なほど簡単だ。

また、このリグシステムで中級者ほど気にする点がライン絡みなどのトラブルだろう。しかし、心配はご無用。使っていただければすぐに実感できるが、驚くほどトラブルレスなのだ。恐らく、トラブル面だけでいえば他の分離リグよりもはるかに優れていると断言できるほど。

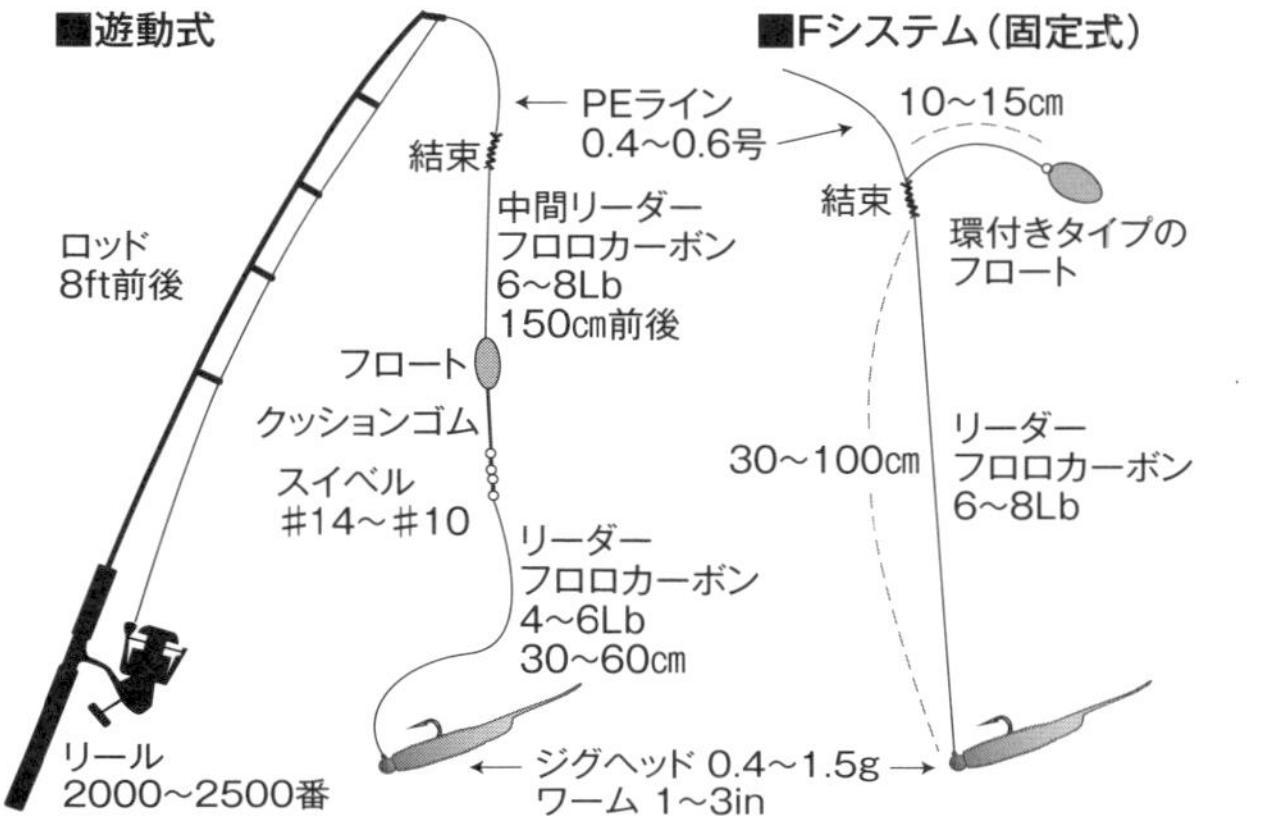

このリグ最大の利点は、先端に結ばれたジグヘッドをダイレクトに操作できることにある。ロッドティップからジグヘッドまでの直線上にはノット以外の干渉物が存在しない。飛距離とレンジコントロールを担うフロート部は、枝別れした端イトの先にあり、直接的にジグヘッドへ干渉しなくなる。これにより、ジグ単並みのアクションレスポンスをルアーに与えることが可能となり、必然的に感度も向上する。

この操作性の高さは、これまでの分離リグでは得られなかった領域であり、私自身初めて使用した際には感動を覚えたのが記憶に新しい。まさにジグ単をそのまま沖のポイントで演出しているような状態となる。細かいシェイクアクションやリニアなフォールの演出など、このリグが瞬く間に脚光を浴び、全国各地で普及したのは、もはや使えばわかる必然なのだろうと感じる。

Ｆシステムの考案者である藤原真一郎さん

タイプ別の基本操作

ここからはフロートリグの基本操作について解説していこう。フロートは、その名のとおり単体では海面に浮く設定がなされたものである。ルアーの通過するレンジを定めるのはリーダーの長さであり、フロート本体は常に海面に浮いた状態で使用する。基本操作は「スローなただ巻き」。潮流よりやや早い速度、もしくは、フロート本体が引き波を発生させないギリギリのスピードでゆっくりとハンドルを回す。これに加え、時折ロッドワークでフロートが飛び出さないほどのアクションを与えたり、そのままステイで潮に乗せたりしてアプローチする

（図１）。

　このアプローチの際に注意したいのは、あまりにも潮の流れと同調させるアプローチを行なうと、ターゲットがルアーをゴミなのかエサなのか認識できないこと。だからステイさせる際や巻く速度には注意が必要なのだ。

　また、遊動式フロートリグに関しては、フロートを視点に先端のジグヘッドのみを任意のレンジまで沈め、その場で上下のリフト＆フォールを演出することができる。これは、遊動式のフロートリグシステムでしか実演できないアプローチであり、潮の中や止水域でサスペンドしているメバルやアジに効果がある。

　フロートが沈まない範囲のウエイトのセレクトは必要だが、一点で同じアプローチを繰り返し行えるメリットは大きく、絶大な威力を発揮するシーンがあるので、ぜひ覚えたいテクニックだ（図２）。

　シンキングタイプのフロートリグの基本操作は、「スローなリフト＆フォール」に加え「トゥイッチ＆フォール」といったアプローチを行なう。シンキングタイプといえど高い中性浮力を有するのがフロートリグの特徴なので、あまり早く巻き過ぎるとすぐにねらいのレンジからリグが外れてしまう。そのため、ハンドルを巻いて引くのではなく、ロッドをゆっくりと起こしてリグを横移動させ、その場でステイ（フォール）

図1

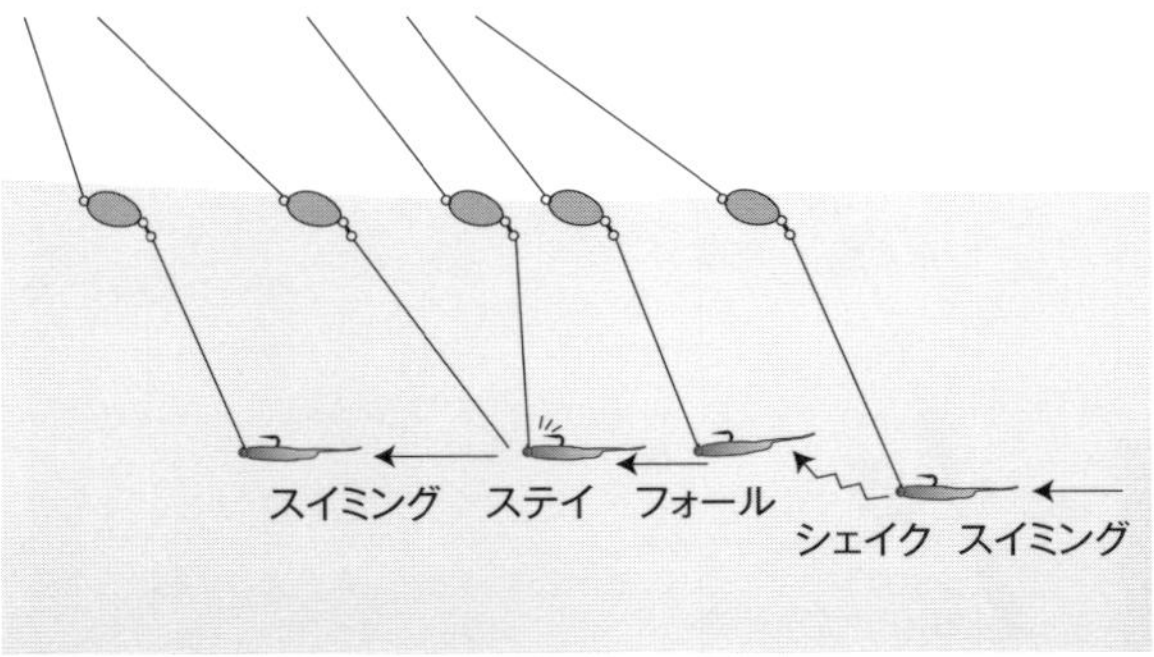

図2

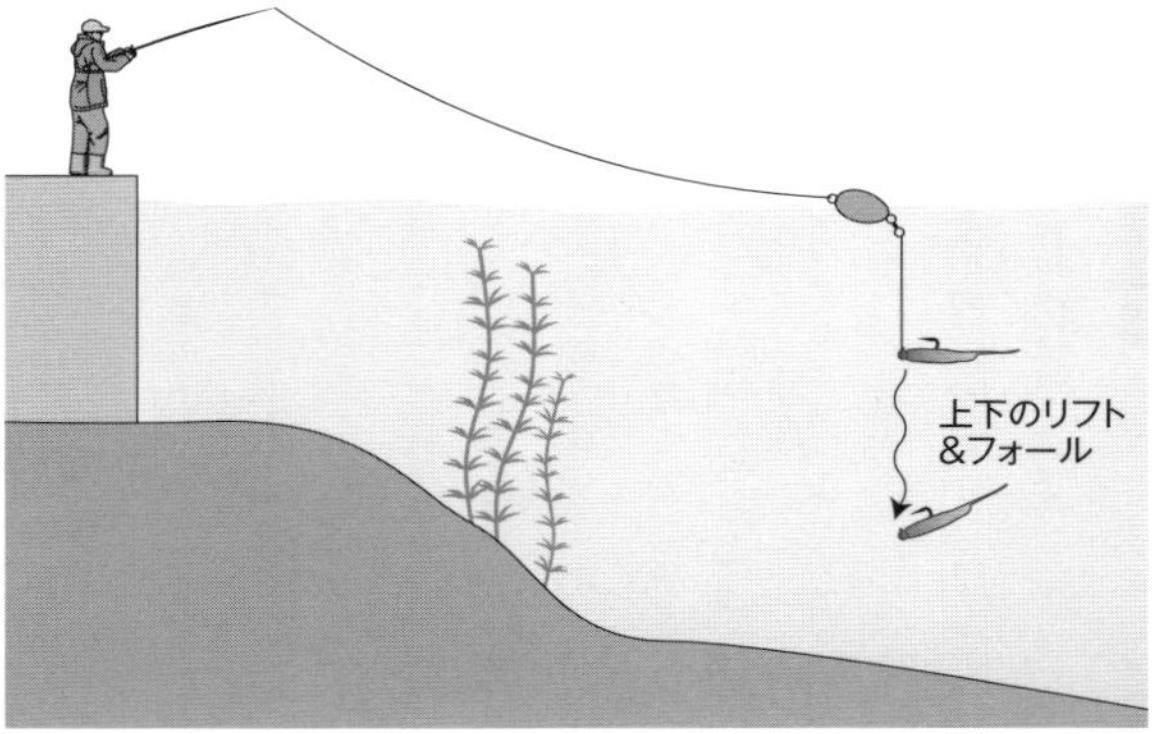

図3

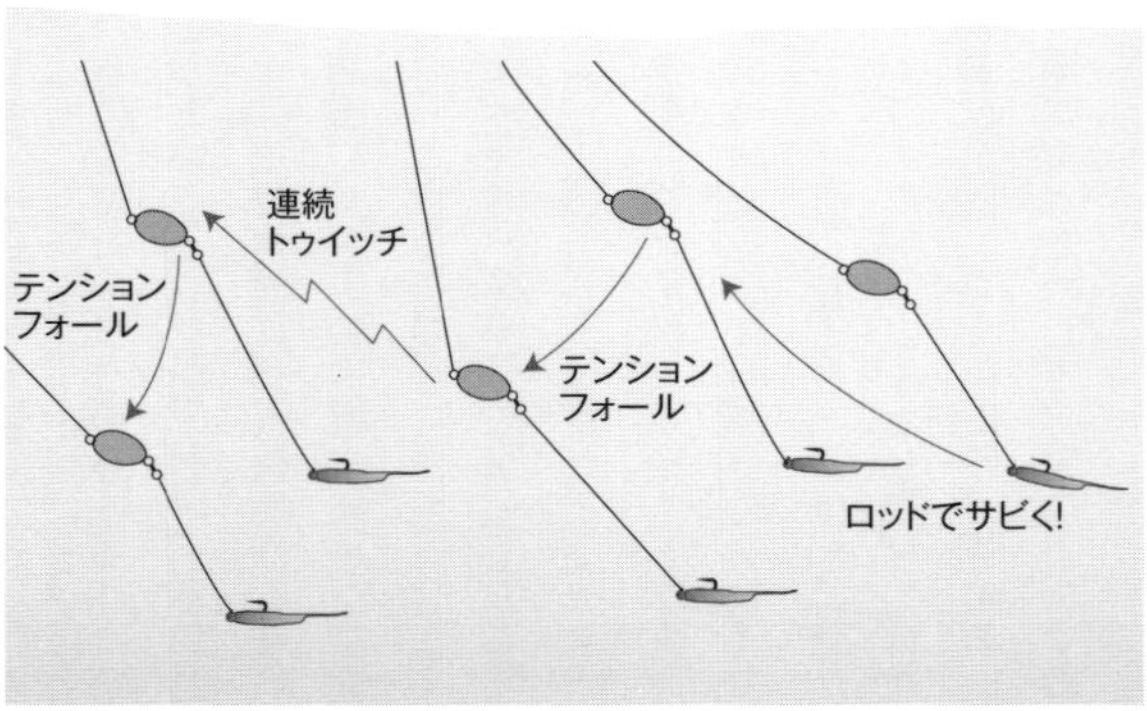

させるイメージでアプローチする。または、ロッドティップで優しく煽るように2〜3回ほど連続的なトゥイッチを入れ、リグが持ち上がった分だけフォールさせる（図3）。

いずれのアプローチも、張らず緩めずのラインテンションをキープし続けることが大切。この細やかなラインメンディングこそが、フロートリグを扱う操作の中核を担い、釣果にも直結する重要な操作となる。特にフローティングタイプのフロートを扱う際は、他リグよりもラインの抵抗となる要素が圧倒的に少ないため、ラインテンションのキープには細心の注意を払いたい。テンションが緩み過ぎると貴重なターゲットのバイトにも気づけなくなる。逆にテンションを張り過ぎても、ねらいのレンジやゾーンからすぐにリグが外れてしまうなど、張らず緩めずのラインテンションを常に意識して操作することこそが、フロートリグ上達の秘訣といえる。

フロートリグには中通しタイプと環付きタイプがあり、どちらかひとつではなく、用途が異なるので上手に使い分けたい

シャローを攻める

フロートリグ最大のメリットは、沖の表層付近のレンジに的を絞り、そのレンジを極めてスローなスピードのアプローチで攻略できることにある。これは遊動式でも固定式のFシステムでも同じことが言え、このスローからステイまでのアプローチにしか反応しないターゲットは決して少なくない。特にライトゲームの双璧とされるメバルやアジは、遊泳力の乏しいプランクトンなどのマイクロベイトを常食としていることも多く、例え同じレンジを攻略していても、そのレンジを素早く通過してしまう他のリグにはまったく反応せず、フロートリグの独壇場となる場面すらある。

特に遠浅なゴロタ浜などでは、根掛かりを懸念し、リグを投入すること自体を躊躇してしまうようなシチュエーションも少なくない。しかし、こうしたシャローエリアには、海藻などのストラクチャーも多く、ターゲットやベイトたちの住処、寝床ともなるので、活性の高いターゲットたちと巡り会いやすいスポットともいえる。

また、レンジ攻略の概念からしても、シャローレンジはボトムレンジに匹敵するほどの好ポイントであり、ターゲットがベイトを捕食するメインステージだ。ライズが頻発している状況など、アングラーがターゲットの捕食活動を直接目撃するシーンも決して少なくないはず。そのため、フィールドの水深に関わらず、軽量ジグヘッド単体リグで攻略不能な範囲のスローな表層攻略の際は、このリグの出番となる。

意外と見落としがちな盲点だった表層というステージを意識的に攻略することで、新たなフィールドの開拓や出会えるターゲットの増加など、近年のライトゲームの世界を飛躍的に拡張させたリグと言っても過言ではないだろう。

四大リグ以外のリグ

ここまでは、ライトゲームの主軸リグとして使用される頻度の高い「四大リグ」について解説してきたが、それ以外のリグにも有効なリグは存在する。確かにライトゲームの双璧とされるショアからのメバルやアジねらいではあまり登場することのないリグもあるが、チヌやカサゴなどにまでターゲットを広げると、むしろこちらのほうが基軸とも言えるリグも数多い。ここからは、そんな四大リグ以外のリグたちについて、その特徴や得意とするシチュエーションなどを踏まえて解説していこう。

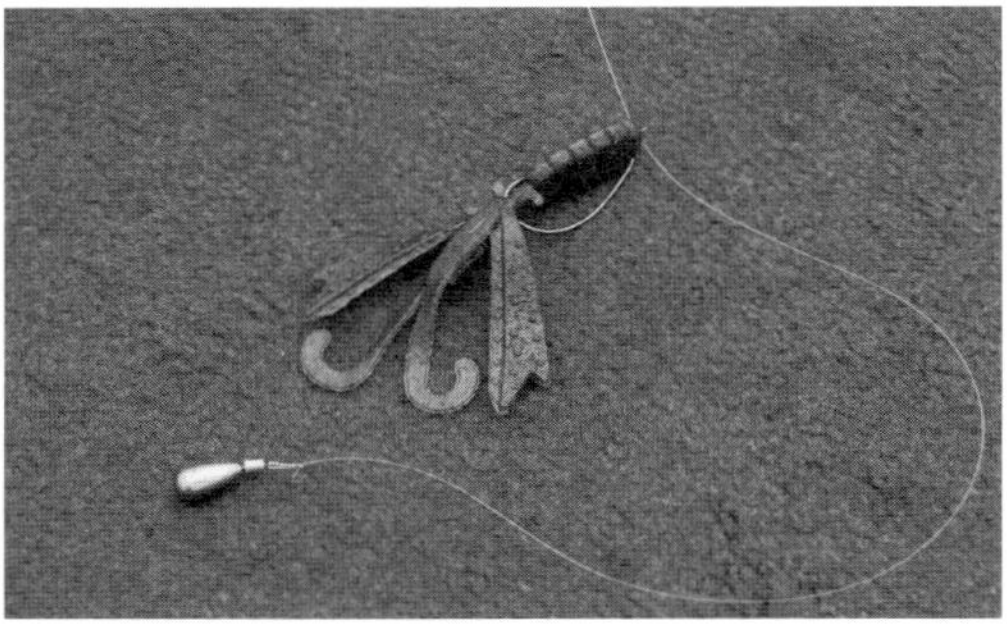

上にフックとワームがあり、フックを結んだ端イトの先にシンカーがある。至ってシンプルな構造のリグだ

ダウンショットリグ

幹イトの有無

ダウンショットリグは、フックとシンカーが別れた分離リグの一種である。リグ構成は、フックの下部にリーダーを介してシンカーがぶら下がった状態にあり、フックを結んだ際に通常ならカットしてしまう端イトを20～30㎝残し、その端イトの先端に専用シンカーやカン付きのオモリをセットする。

通常、フック部は直結させることが多いが、オフショアでのアジングやメバリングなどではフック部に幹イトを出すドウツキ仕掛け形式で構成したり、フック部に軽量ジグヘッドを使用するケースもある。このような幹イト式のダウンショットリグは、ルアー部の吸いしろと軽量ジグヘッドのフォールアクションを演出するための間を設定したい時に使う。

ダウンショットリグの特性

ダウンショットリグは、フックと離れた下部にシンカーがあることで、フックのボトムへの干渉を軽減できるリグシステムである。ロッドティップとシンカーの間にフックとワームがある特異な構造は、余程

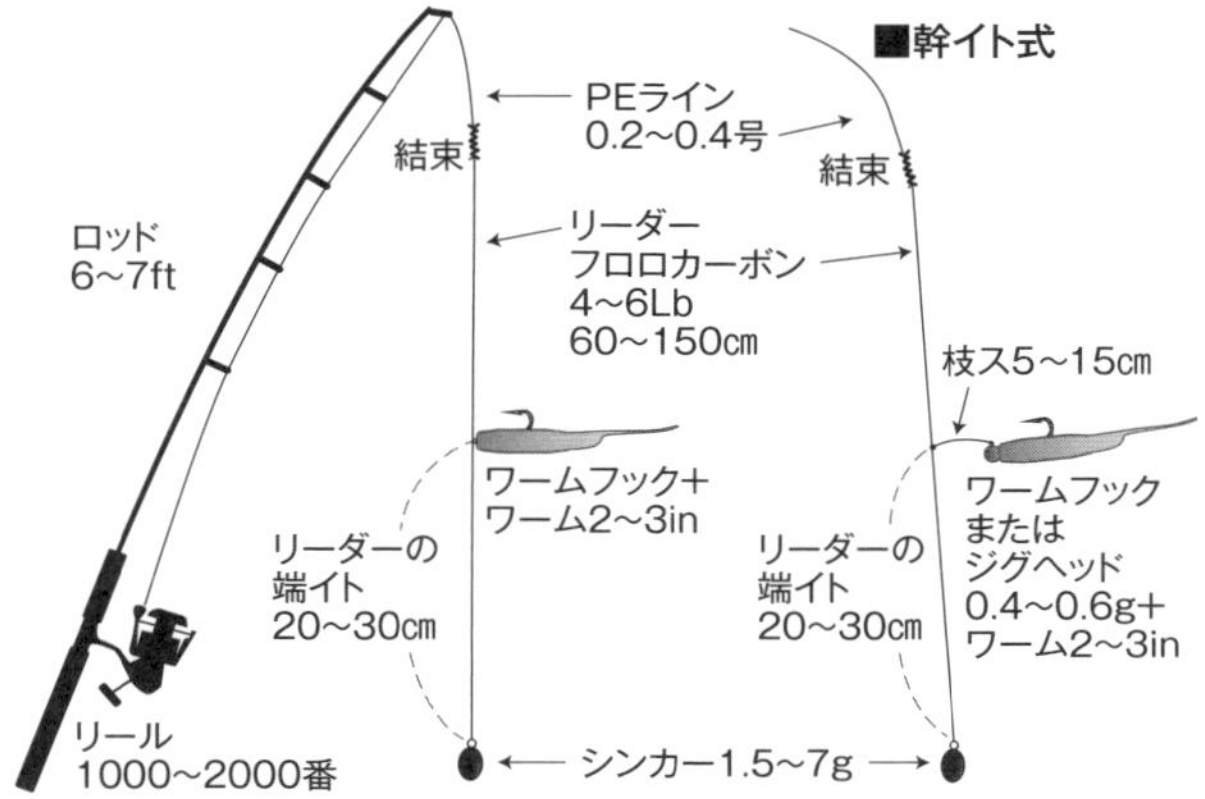

ラインテンションをフリーにしない限りフック部がボトムに着底することがなく、ルアーは常にリーダー長で設定された任意の中層に定位する。そのため、フックの根掛かりを軽減できるだけでなく、ロッドからフックまでの間に干渉物を介さないことで高い感度と操作性を誇る。

ダウンショットリグは、下部に設けたシンカーを着底させた状態で使うことから、ボトムレンジに的を絞った攻略を行なう際に登場する機会が多い。極力シンカーを移動させず、任意のスポット内でのシェイクやステイなどの繊細なアクションを演出できる点がこのリグ最大の持ち味といえる。シンカーが着底していればバイト時や操作時にシンカーの重みが伝わらないためターゲットが吸い込みやすく感度にも長ける。そのため、ストラクチャー際をタイトに攻略する際や、ねらいのスポットがピンで分かっているとき、あるいは制限のあるオフショアでの登場が多く、ピンスポットでの細かい誘いと食わせを得意とする。

さらに、ルアー部が常に中層に定位する特性を活用して、ボトムから任意のレンジ内での移動距離の少ないアクション演出が行なえる。例えば、起伏の激しい岩礁帯など、通常のリグでは着底毎にルアーが岩陰に入り込み、ターゲットがルアーを見失ってしまうような状況を避けることができる。そのためボトムレンジ内でのシルエットによるアピールは非常に優秀である。ズル引きやリフト＆フォールなどの横移動の誘いに加え、ここぞというピンスポットではシェイクやステイなどの細やかなアクションでバイトを誘発する、アングラーの操作次第で非常に強力な武器となるリグである。

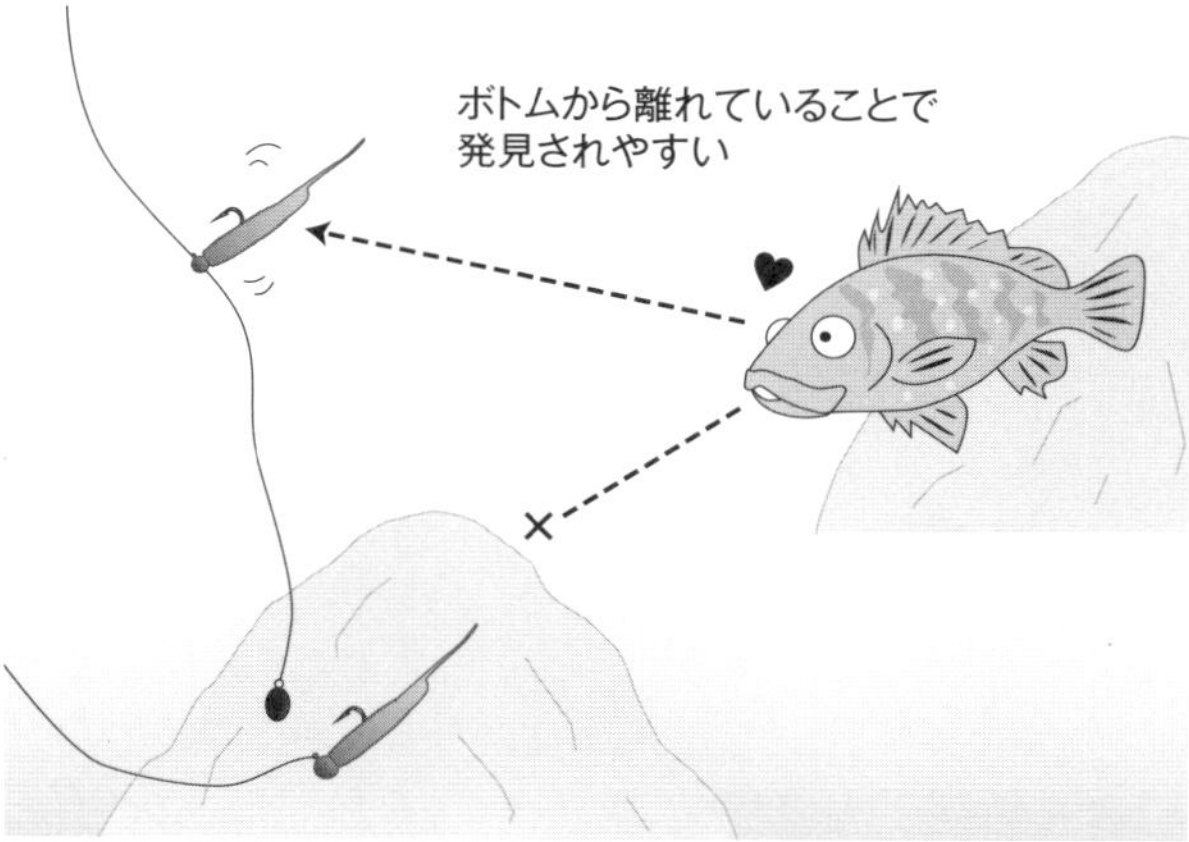
ボトムから離れていることで
発見されやすい

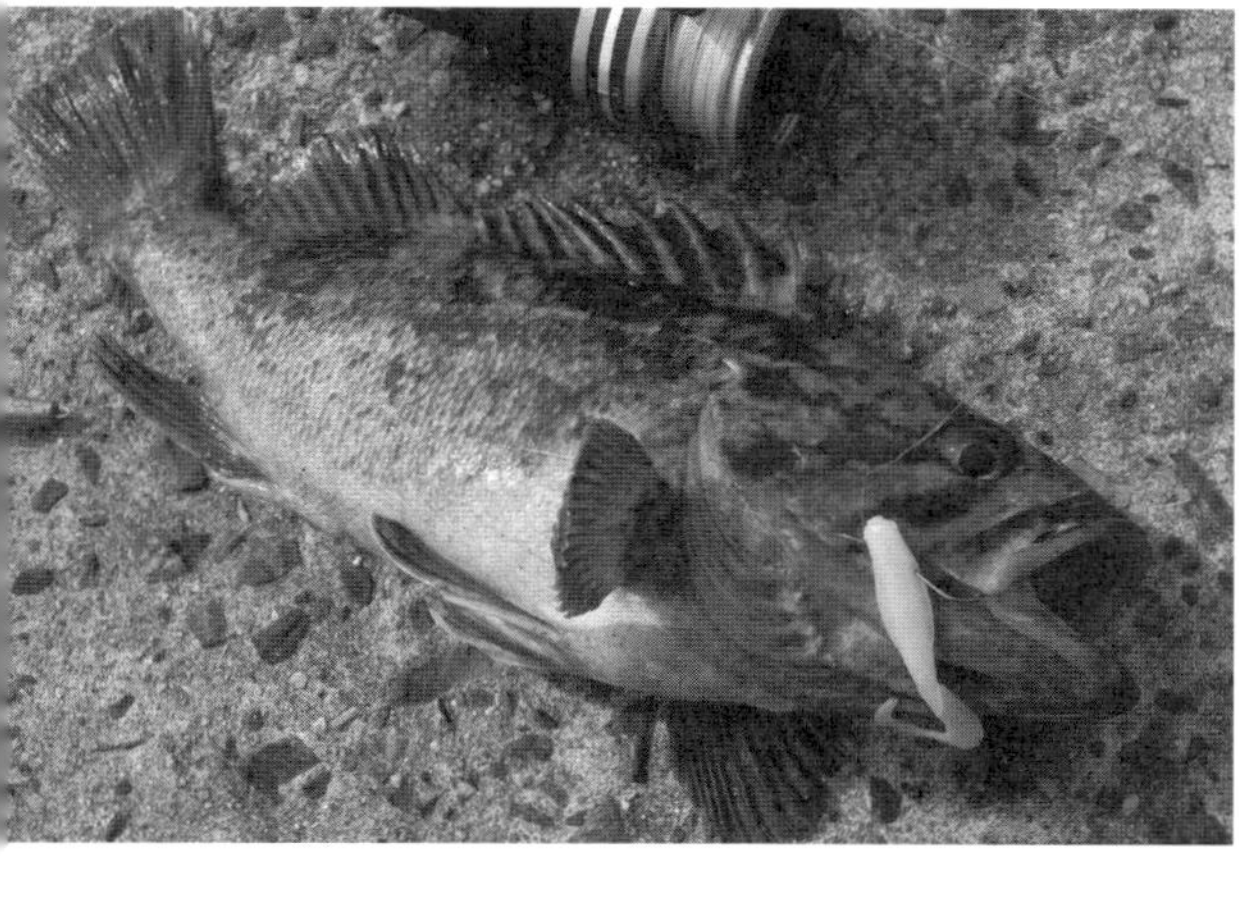

沖堤防の捨て石周りをダウンショットリグで探ってキャッチしたクロソイ。フックはワームサイズが大きめならオフセットタイプのワームフック、小さめならマスバリタイプのワームフックを使う。極小ジグヘッドを使ってフォールを演出するのもアリだ

テキサスリグ

根掛かりを回避して ボトムを重点的に探る

テキサスリグとは、バレットシンカーと呼ばれる専用の中通しオモリにラインを通し、その先におもにオフセットフックを結んだリグである。非常にシンプルかつ簡単な仕掛けだが、実際には集魚効果をねらったビーズやノット保護のためのクッションゴムなどをシンカーとフックとの間に入れて使用することが多い。また、シンカーの遊動域を制限するためにシンカー上部に専用のペグ止めゴムを装着することが多い。

　ボトムを攻略する際に用いられるリグであるため、ライトゲームシーンでは、カサゴやハタなどのロックフィッシュやチヌなど、ボトムへの反応が顕著なターゲットをねらう際に用いられることがほとんどである。専用シンカーであるバレットシンカーは、ボトムの障害物をスリ抜けて回避しやすい形状になっており、オフセットフックもハリ先をワームに隠して使用できる。これらを組み合わせることで根掛かりを軽減し、快適にボトムでの釣りを行なえるように進化してきたリグである。

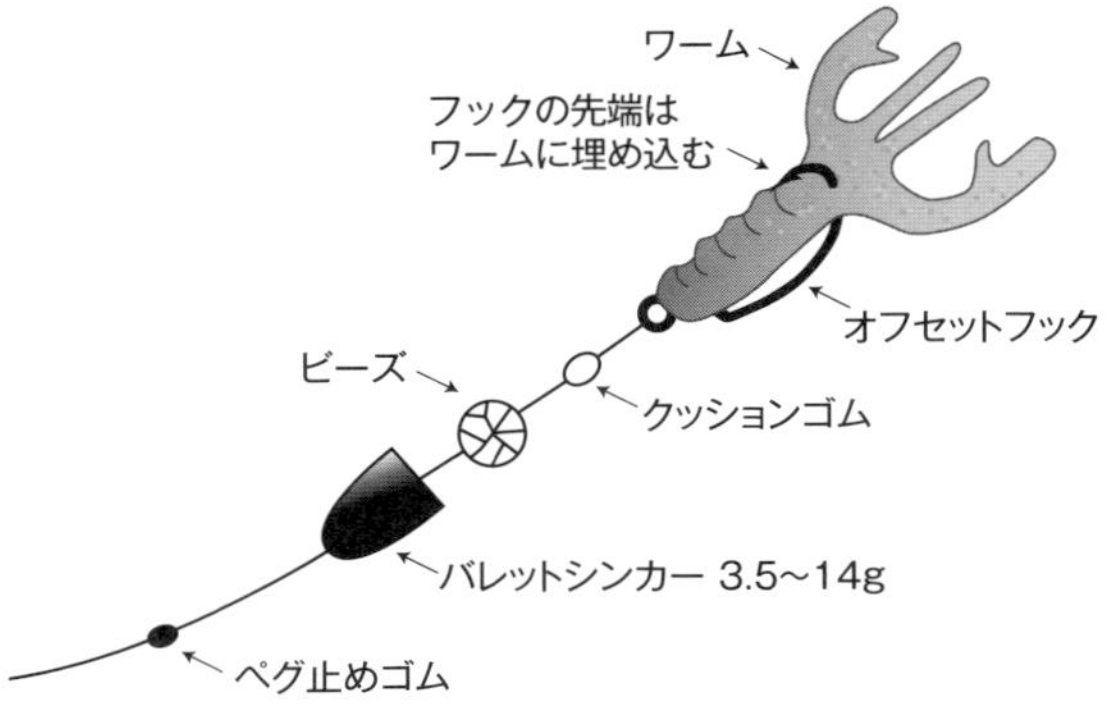

カサゴやハタなどボトムメインのロックフィッシュねらいでは欠かせない

　基本的な操作方法はズル引きやボトムバンプが一般的。また、ペグ止めをしない、もしくは遊動域を長めにペグ止めをしたテキサスリグでは、アクションやフリーフォールの際にシンカーとフックが離れることにより、ワームがノーシンカー状態を演出する間を与えることができる。特に、シンカーの着底後にタイムラグでこのノーシンカーのフォールアクションを演出するセッティングは抜群の威力を生むシーンがある。ぜひ、一度試して欲しい。

リーダーレスダウンショットリグ

ワームの姿勢と動きがよりナチュラルに

リーダーレスダウンショットリグとは、環付きオモリとフックのラインアイをスプリットリングなどで連結したリグのことで、その名のとおり、リーダーの存在しないダウンショットリグである。

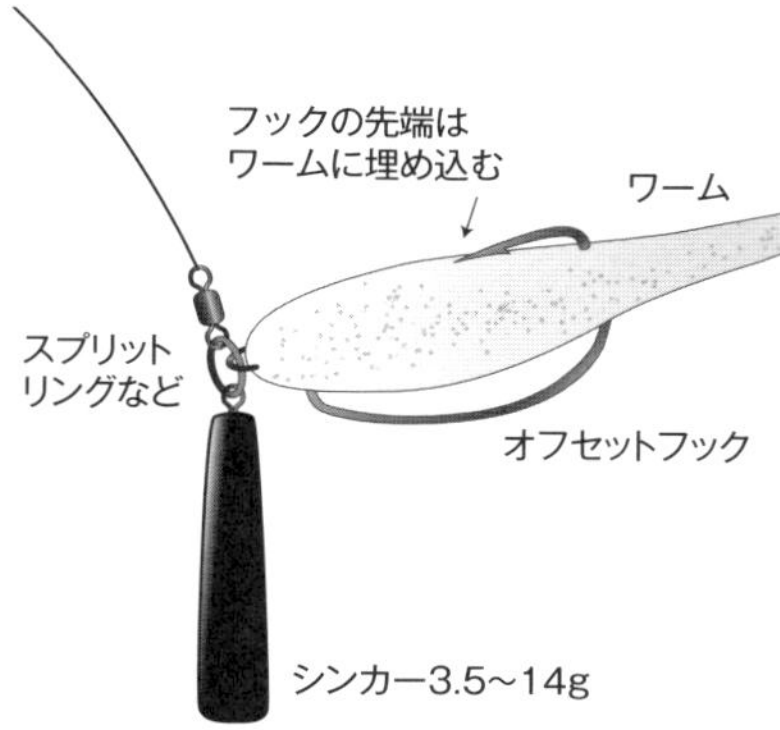

感度が高く、根掛かりしにくく、ワームのアクションが向上するため使用するアングラーが増えているリグだ

ダウンショットリグやテキサスリグと同様、おもにボトムを攻略する際に用いられることの多いリグである。また、キャストやフォールの際にシンカーが先行するかたちを取るので、飛距離の向上や素早い垂直なフリーフォールアクションを得意とする。

ジグヘッドリグのようにシンカーとフックが一体となった構造ではあるが、鋳込まれ固定されているわけではないので、ワームの可動域が広くアクション演出にも長ける。また、リングを介してフックとシンカーが繋がっているだけなので、素早いフック交換やウエイト変更が行なえるのもこのリグの特徴。

基本操作はズル引きやボトムバンプ、リフト&フォールなど。ボトム着底後にステイやシェイクなどのアクションを織り交ぜるとより効果的だ。ワームの手前にシンカーが存在するテキサスリグとは異なり、細かいアクションの演出に長けるのもリーダーレスダウンショットリグの特徴。そのことを踏まえて、テキサスリグと使い分けたい。

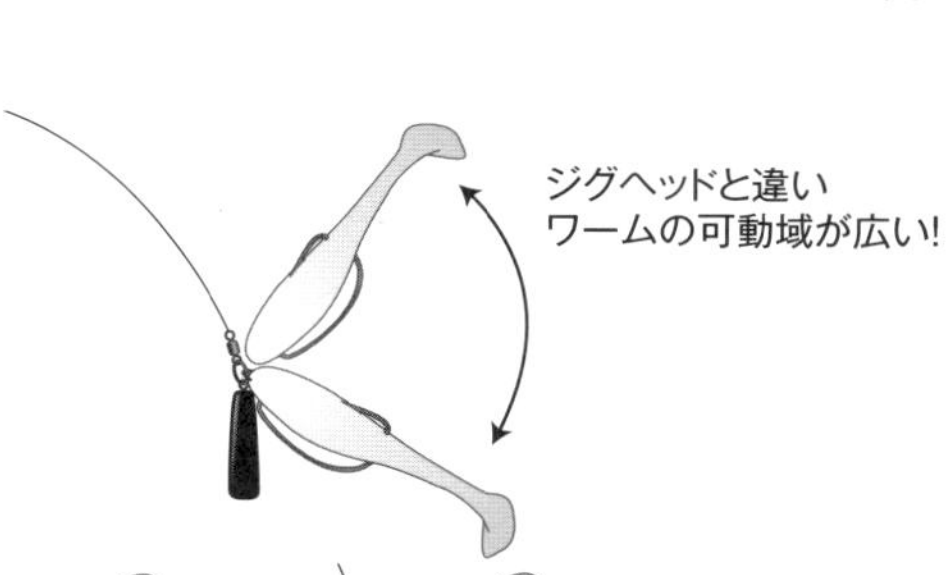

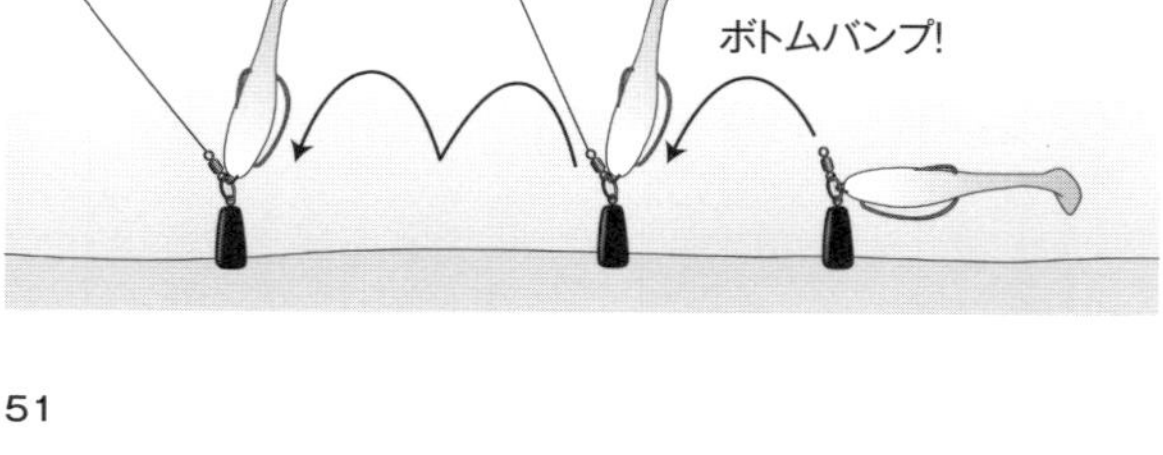

ノーシンカーリグ

ラインの先端にフックを結んだシンプルリグ

ノーシンカーリグとは、シンカーを使わない、フックとワームだけのもっともシンプルな構造のリグである。ただしライトゲームシーンでこのリグの出番は多いとはいえない。ワームが小さいとジグヘッドやシンカーをセットしなければ飛ばせられないからだ。

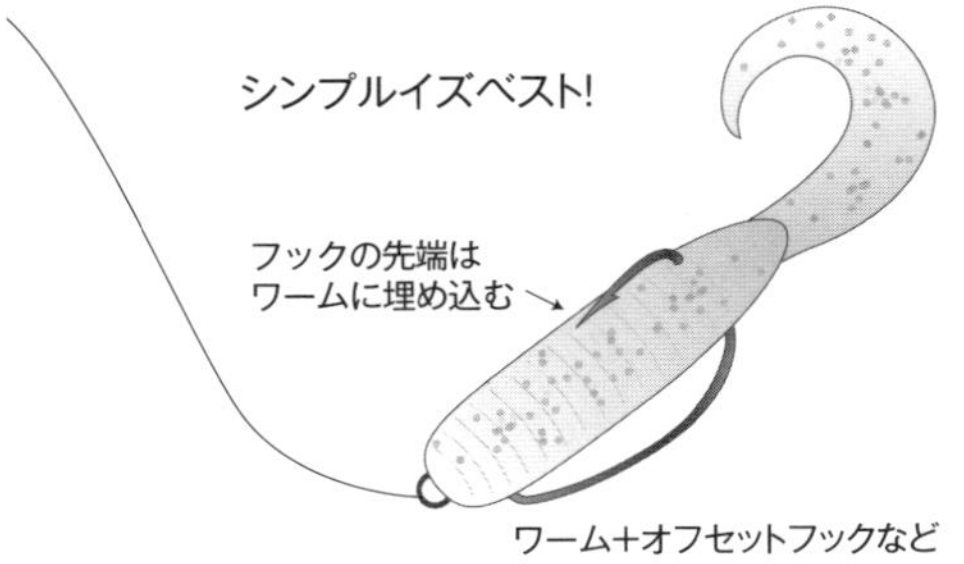

私がこのリグをライトゲームで使用するシーンも夏期のチニングなどに限定される。ノーシンカーでの使用を前提として開発されたブラックバス用の高比重ワームをセットしての防波堤での落とし込みメソッドや、近距離のインレットや橋脚撃ち、はたまた、グラブを組み合わせたグラビンバズと呼ばれる表層ただ巻きのトップウォーターゲームがそれに当たる。

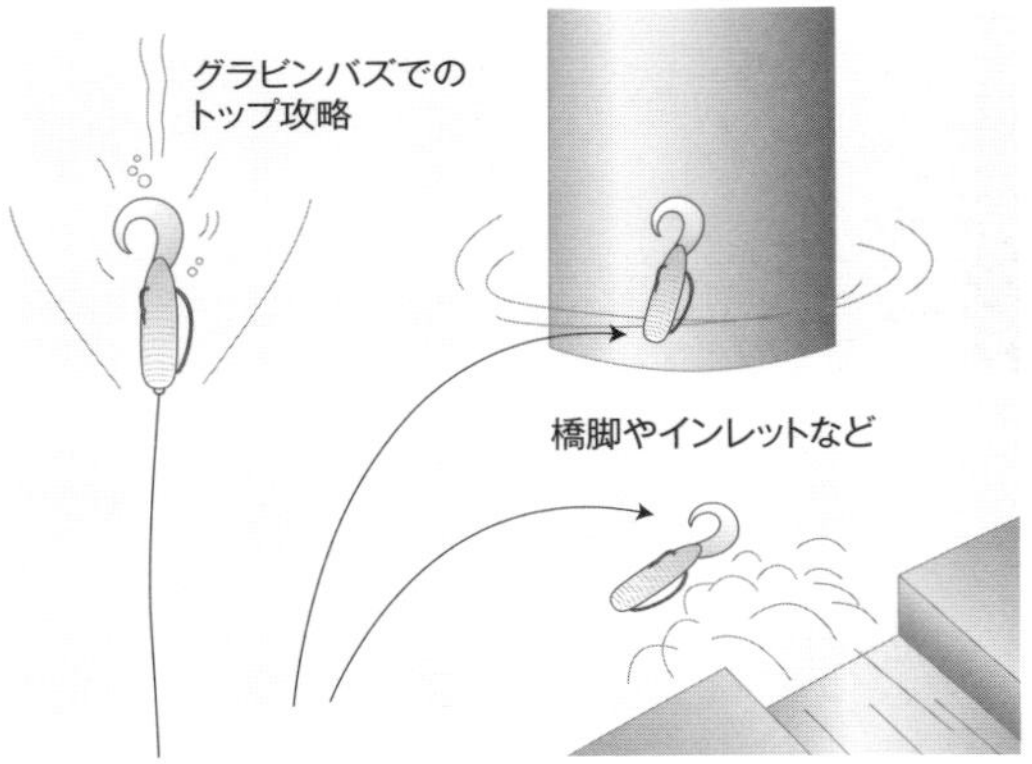

いずれにしても、ワーム本来のナチュラルな食わせのフォールアクションを演出することがノーシンカーリグ最大の持ち味であり、必然的に比較的浅いレンジ内での近距離攻略の際のみに使用することがあるといった程度である。しかし、バスなどフレッシュウォーターではこのリグの威力に目を見張ることもあり、ソルトシーンでも大きな可能性を秘めたリグであると感じている。

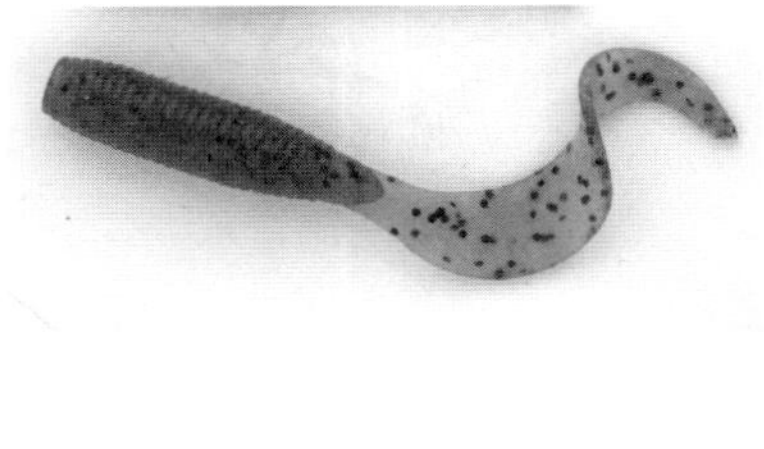

カーリーテールの波動で表層に引き波を立てながら誘うグラビンバズはバス以外にチヌでも効くことがある。また、バチ抜けのタイミングはノーシンカーリグの表層引きで引き波を立てシーバスを誘うというテクニックもある

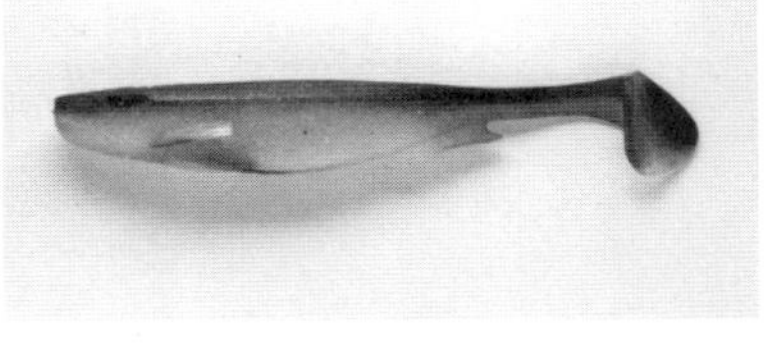

こうしたスイムベイトはボリュームもあってシーバスねらいなどでノーシンカーでねらうこともあるが、ライトゲームというよりもヘビー寄りになる

第3章
ハードベイトを知る

We should know more about the hardbait.

ライトゲームとハードベイト

ワームとは異なる魅力

ライトゲームの世界でもハードベイトを用いたゲーム展開は非常に人気がある。私自身もハードベイトとソフトベイトのどちらでも釣れるようなシーンでは、積極的にハードベイトを投じることが多く、それほど趣が深く面白い釣りなのだ。

煩わしいリグ組みもなく、ルアーを交換する際もスナップひとつで非常に簡単に行なえる点も多くのアングラーに支持される理由のひとつだろう。ワームを用いたリグシステムとは違い、カラーやウエイトの種類などフィールドに持ち込むアイテム数を極力軽減できる点も、手軽なライトゲームの世界観にマッチしているといえる。

もちろん、着実な釣果をあげるためにはハードベイトとソフトベイトの双方を併用したほうが間違いない。しかし、釣果だけでは語れないルアーゲームらしい趣が、ハードベイトの世界には確実に存在している。

メバルもサブサーフェイスではワームを圧倒する釣果を叩き出すこともある

メバル&アジねらいでのハードベイト

ライトゲームの双璧として脚光を浴びるメバルやアジねらいのシーンでも、実にさまざまなハードベイトが使用されている。メバルゲームでよく使用される小型のミノープラグやトップウォータープラグでのサブサーフェイスゲームなどは、ワームを圧倒する釣果を叩き出すシーンも決して少なくはない。海面もしくは、その僅か5㎝下のサブサーフェイスレンジで顕著な反応をみせるメバルたちには、ワームを用いたリグよりそのレンジ内をキープしやすいプラグたちの独壇場となることもある。また、アジングでは金属製のメタルジグやメタルバイブなどが多用される。これは、ボトムから任意のレンジを探る必要があるアジングシーンにメタル系ルアーがマッチするからだ。

攻略のテンポこそワームのようなスローアプローチは得意ではないが、だからこそワームと使い分けると効果を発揮する。

いずれにしても、ハードルアーにはそのルアーが得意とするレンジやアクションが存在する。トップウォータープラグなどの表層専用ルアーのように、ハードベイトはその種類によって主戦場が異なり、それを理解し使い分けていくゲーム展開になる。

このサイズのハタになるとワームのスローな釣りでボトムで食わせることができても、その後に根に潜られてしまう可能性も高い。ハードベイトなら魚を浮かせて食わせられるため掛けてからのやり取りが有利になる

ハードベイトが主役となるターゲットたち

ライトゲームの多彩なターゲットの中には、ワーミングの釣りよりハードベイトの釣りをメインとして進化してきたターゲットも少なくない。夏期にトップウォータープラグで行なうトップチヌゲームは余りに有名だ。地域によって絶大な人気のあるメッキも、ワームよりハードベイトの使用率が高いゲームといえるだろう。

いずれも、ランガンして広範囲をスピーディーにサーチする必要のある釣りで、ターゲットの個体数自体がそもそも少ない、もしくは大規模な群れを形成しづらいターゲットをねらう際に使われることが多い。つまり、その居場所や活性を特定する目的で使用されることが多いルアーがハードベイトなのだ。

また、朝マヅメなどの限られた時合の中でのゲーム展開の際にも、アピール力が強くサーチ力に優れるハードベイトたちが重宝される。エサに似ても似つかないハードベイトを用いた釣りが有効的なシーンは、ライトゲームの世界にも多く存在する。ついついワームを投じてしまうアングラーにこそ、ぜひ取り入れて欲しいゲームがハードベイトの釣り。そこには、ワーミングとはまた違った魅力があるのだから。

幅広いレンジを探る必要があるアジングではメタル系の出番も多い

もはや夏の定番としてすっかり定着したクロダイもポッパーやペンシルベイトで釣るのが楽しい。ただし、オールシーズンで考えればワームを使ったボトムゲームに圧倒的に分がある

ポッパー

波紋と泡の中に置くイメージで

ポッパーとは、ラインアイ部に大きなカップ状の窪みが設けられたトップウォータープラグの一種だ。おもにこのカップから発生する音と泡によってターゲットの興味を惹きつけ、バイトを誘発するタイプのプラグであり、そのカップの大きさによっておおよそのアピール力が決まる。

小さなカップを設けたペンシルポッパータイプは、その動きと音でターゲットを誘うのだが、どちらかというと小気味よい連続的なアクションで直線的にターゲットを誘うタイプのルアーである。

対して大きなカップを設けたタイプは、その音と泡、飛沫や波紋でターゲットを惹きつける。そのため、連続的なポッピングの間にステイを演出するのも効果的。アクション後に発生した波紋と泡の中にルアーを置いておくイメージで、揺らぐシルエットをターゲットに見せて食わせるといったテクニックもある。

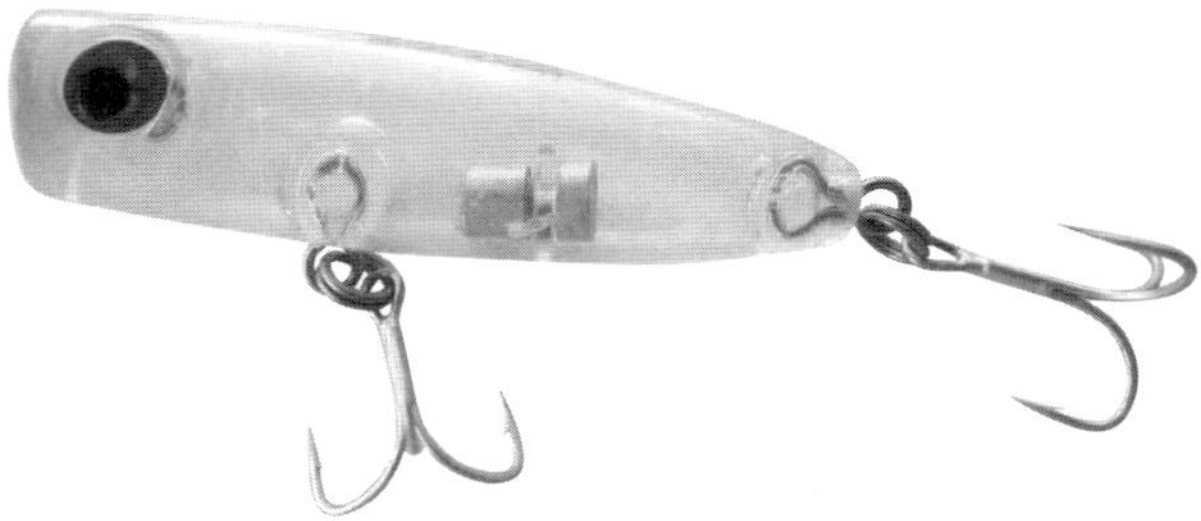

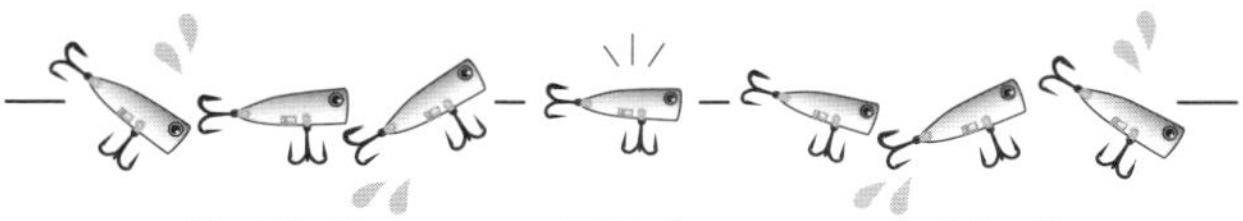

ライトゲームのターゲットの中では、メバルやチヌ、メッキアジなど、ポッパーに反応のよいターゲットは少なくない。小魚などを海面まで追いつめ捕食する「ライズ」を行なうターゲットには非常に有効的なルアーである。しかし、アジだけはこのタイプのルアーへの反応がよろしくない。海面付近でライズこそ行なうが、なぜかトップウォータープラグでの釣果はあまり耳にしないし、私もあまり釣った経験がない。アングラーからは海面に見える捕食活動も、完全なるトップウォーターとサブサーフェイスレンジとの差があり、その僅かなレンジの差を見抜いてルアーを選り好みしているのかもしれない。

ポッパーはポッピングと呼ばれるアクションで生まれる音と飛沫で魚を誘う。夏のクロダイなどに非常に有効であり、目にも楽しい釣りだ

ペンシルベイト

ドッグウォーキングアクションとダイビングアクション

ペンシルベイトとは、その名のとおり、鉛筆のような先細りで細長い形状をしたトップウォータープラグの一種である。ソルトシーンではペンシルベイトのシンキングタイプ、いわゆるシンペンもよく使われるが、こちらはフローティングタイプのペンシルを指す。

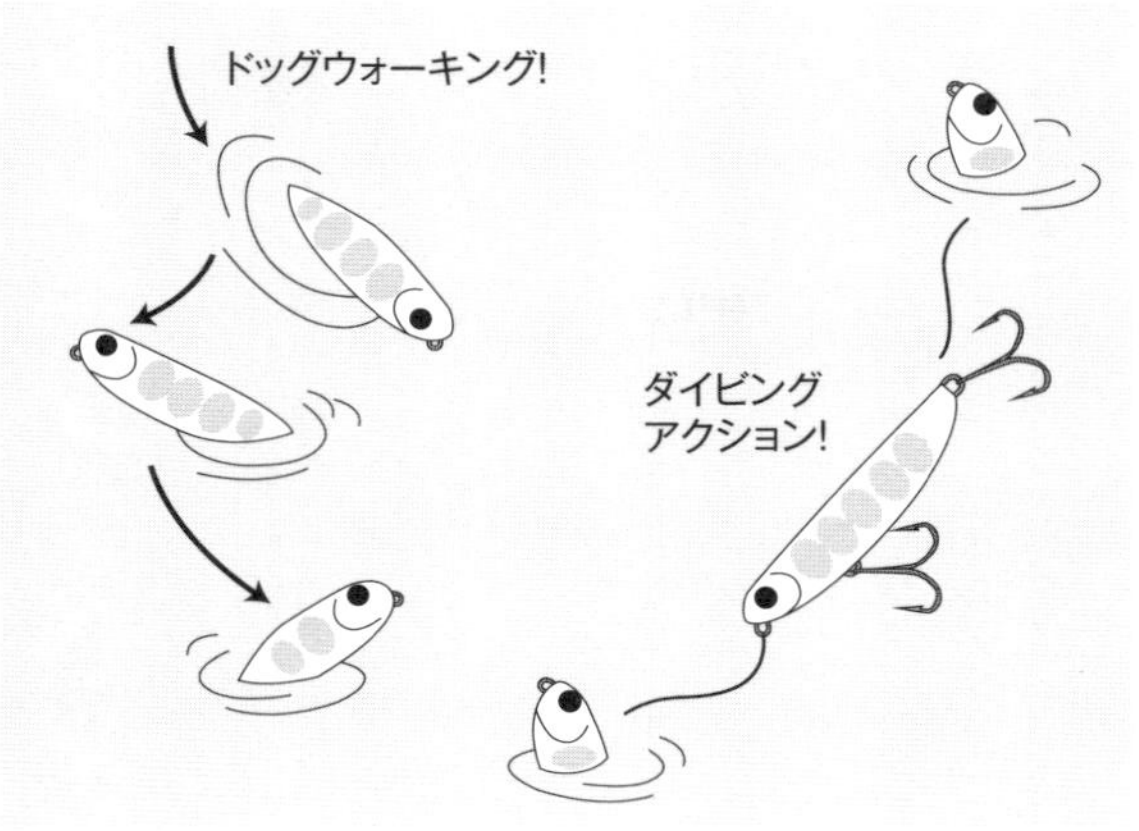

基本的にドッグウォーキングと呼ばれる首振りアクションでターゲットを誘うルアーなのだが、このアクションが実に艶かしくナチュナルな波紋を生み出す。そのため、ポッパーと比べ、よりナチュナルなアプローチを行ないたい際に登場することの多いルアーである。

また、ペンシルベイトは、海面での浮き姿勢が垂直なタイプと水平なタイプのふたつに大別でき、それぞれ使用方法が異なる場合がある。

垂直浮きタイプは、移動距離を抑えたドックウォーキングやダイビングアクションが得意で、海面からサブサーフェイスまでを攻略できる。水平浮きタイプは、より広範囲に波紋を広げながらターゲットを惹きつけるタイプのルアーで、連続的な首振りアクションを与え続けることで広範囲をスピーディーにチェックできる。

ターゲットに関してはポッパーと同じく、メバルやチヌ、メッキなど。よりナチュナルなアプローチを得意とするペンシルベイトは、シャローレンジの水面を通すのに打って付けのルアーで、フィールドの水深などによってもポッパーと使い分けたい。

垂直浮きタイプのペンシルベイトでキャッチしたヒラセイゴ（ヒラスズキの若魚）

シンキングペンシル

連続トゥイッチからのシミーフォールはシンペンならでは

シンキングペンシルとは、ペンシルベイトのシンキングバージョンを指す。フローティングタイプが水面でのドッグウォーキングを得意とするのに対し、シンキングペンシルは、ゆらゆらと振れながらフォールするシミーフォールアクションや、ただ巻き時のS字アクション、ロールアクションなどを得意とするルアーである。

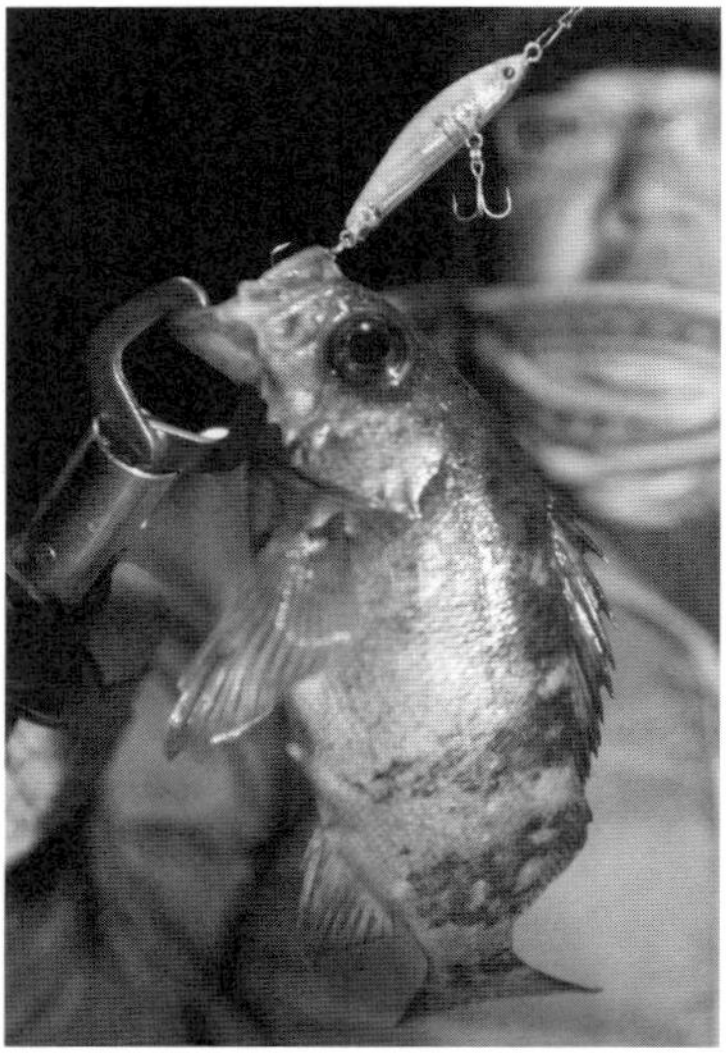
真冬の防波堤でシンキングペンシルをただ巻きするとメバルやアジが入れ食いになることもある

リップを搭載したミノープラグと比較して、水を受け流すナチュラルなアクションがシンキングペンシル最大の持ち味。このフィッシュライクなシルエットと動きに思わずターゲットがバイトしてしまうのだ。

得意とする泳層はシャローからミッドレンジ。シンキングタイプのルアーの中では浮き上がりが早い傾向にあり、ディープレンジを上手くトレースするにはそれなりのテクニックを要する。ライトゲームシーンではサブサーフェイスからシャローレンジを攻略する際に登場する機会が多く、メバルやアジはもちろん、シーバスやメッキなど幅広いターゲットに効果的なルアーである。基本操作は、ただ巻きやトゥイッチ&フォール。特に連続トゥイッチからのシミーフォールアクションは、シンキングペンシルならではのアプローチであり、フォール中に自発的なアクションを演出できる珍しいハードベイトである。

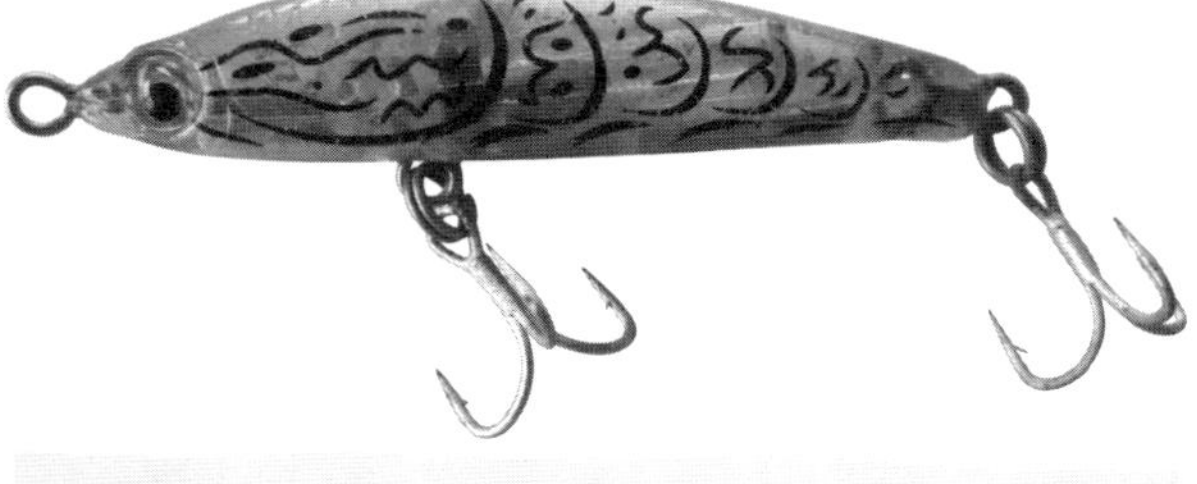

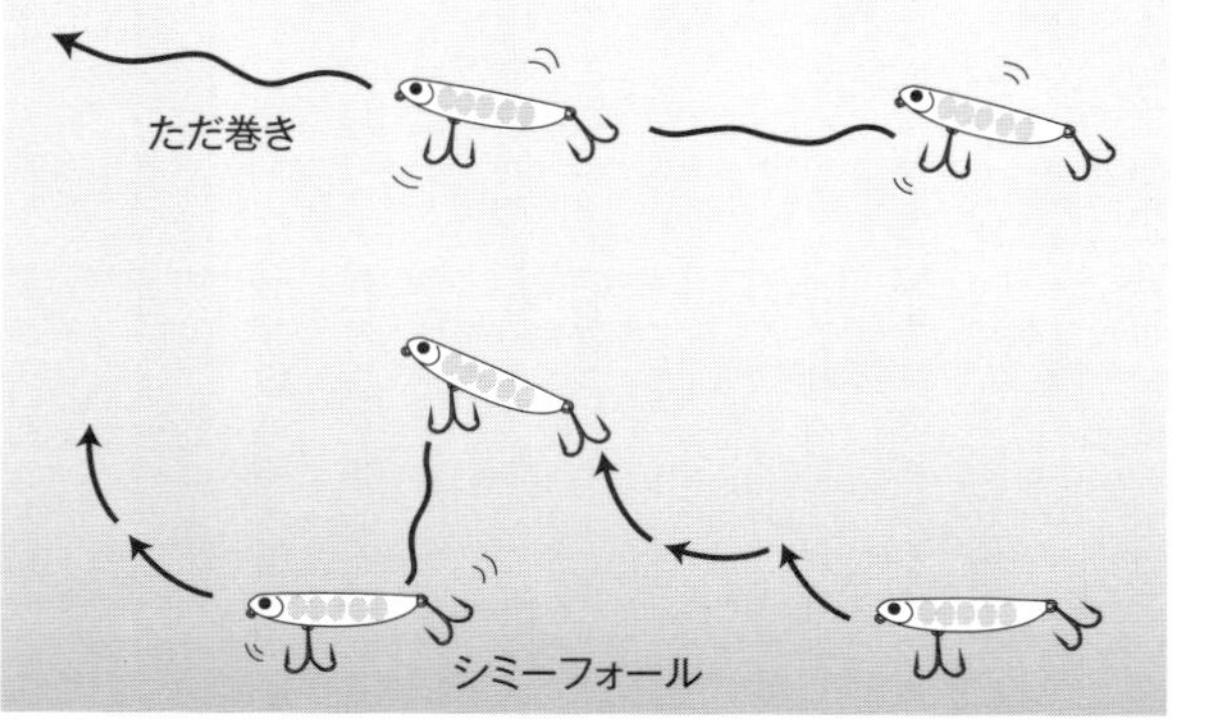

ミノー

小魚を模したハードベイトの代名詞

ミノープラグと言えば、ハードベイトの代名詞ともいえる。ペンシルベイトのヘッド下部にベロのような「リップ」と呼ばれる突起を搭載したルアーである。このリップが水を受けることでルアーが潜行し、受け流すことでキビキビとした動きを与える。

ミノープラグの中には非常に多くの種類があり、まず大きくフローティングタイプとシンキングタイプに大別できる。さらにはリップレスミノーと呼ばれるヘッドの一部がリップの役割を果たすタイプもあり、ニュートラル時の浮力バランスや潜行深度、ルアーそのもののサイズや形状などによって細かなバリエーションが展開されている。

いずれも基本的にはリーリングやロッドアクションを入れることでリップに水流を当て、その抵抗によって潜行したりアクションをする。そのため基本は、巻くか止めるかのルアー操作が主であり、これにトゥイッチなどのアクションを織り交ぜて使用することが多い。

対象魚に関しては実に多彩。タイプさえ使い分ければ、ほぼすべてのフィッシュイーターに効果的なルアーだといえるが、あえて得意なレンジをあげるとすれば、シャローからミッドレンジを攻略する際だと感じる。

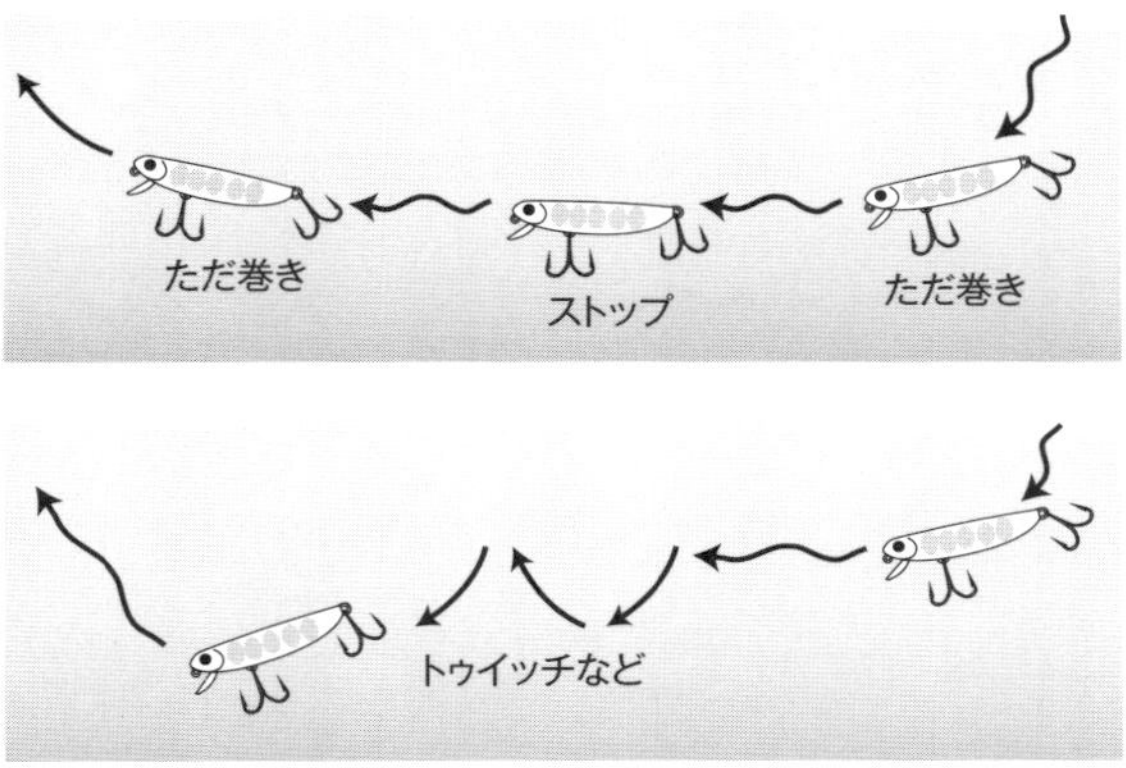

巻いて止めてガツン。連続トゥイッチでガツン。ベイトフィッシュを意識しているときはそんな感じで食ってくる

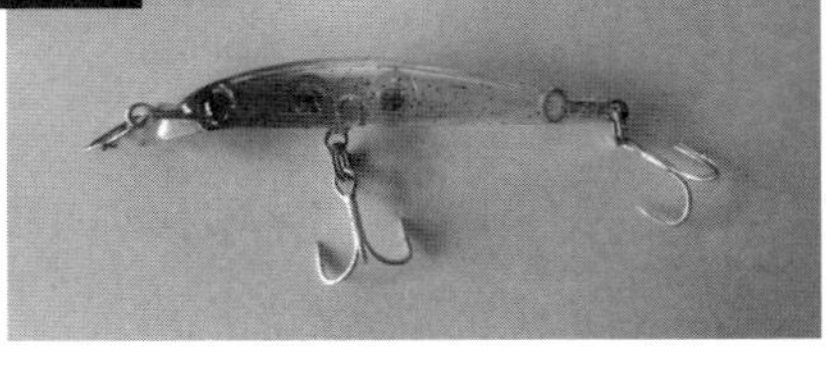

リップレスミノーと言っても実際はリップレスではない。リップの役割を果たす部分がヘッドに内蔵されており、そのため抵抗が少なく飛距離が伸びる

シャッド

リップは大きめ、浮力は低め

シャッドは、ミノーよりさらに深い中層レンジをスローに攻略するために開発された小型ルアーを指す。ミノーより大型のリップを搭載しつつ本体は小粒。浮力を低めに設定することにより先行した中層レンジ内での連続トゥイッチ&ステイなど、本来は静と動のメリハリを効かせたアプローチでターゲットを惹き付けて誘うタイプのルアーである。

ソルトのライトゲームシーンでは、ミノーの一段下のレンジを攻略したい際に、ただ巻きやトゥイッチ&ステイで使用されることが多い。また、リップラップなどの護岸やテトラ帯などにコンタクトさせながら誘う、クランクベイトのような使用法もある。

おもにメバルやチヌねらいで用いられることの多いルアーであるが、ミノー同様ターゲットの幅は広い。比較的、近距離のシャローレンジからミッドレンジを攻略したい際にミノーやクランクベイトと併用して投入することが多い。ストラクチャーへのコンタクト時における根掛かり回避率は、ミノーとクランクベイトの中間クラスといったところである。

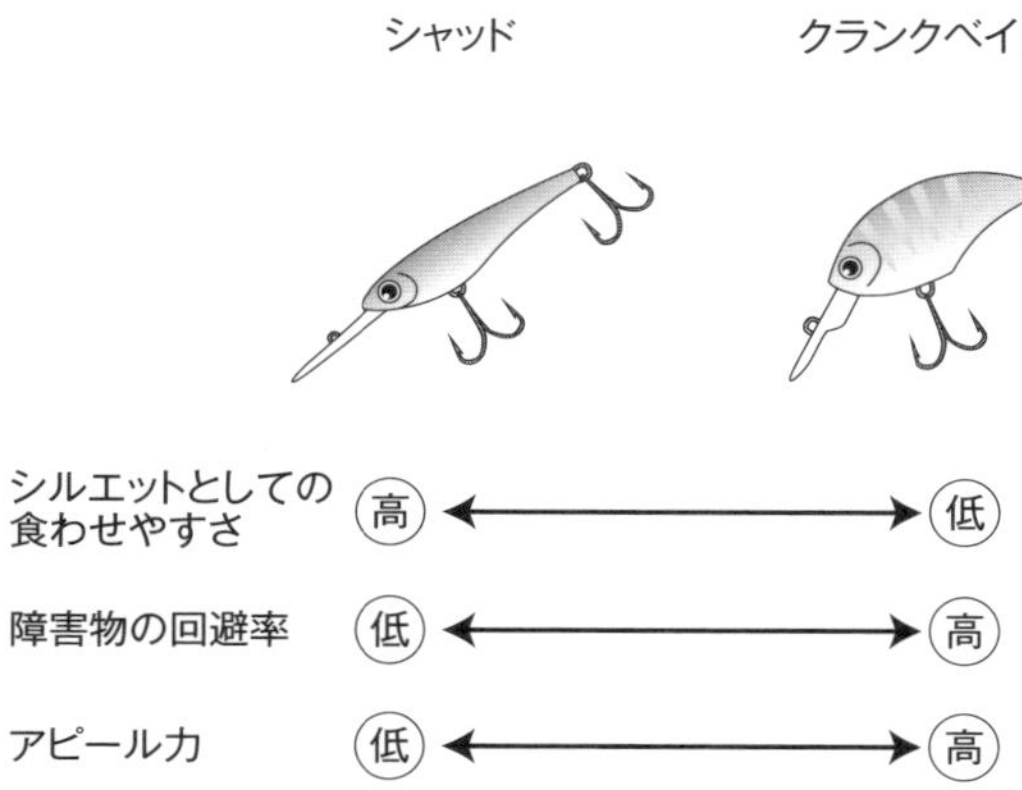

クロダイはシャッドもクランクベイトも出番の多い釣り。リップラップやテトラ帯などのハードボトムにコンタクトさせながら誘う

クランクベイト

高い障害物回避能力

クランクベイトとは、ズングリと丸みを帯びたファットなボディーに大型のリップを登載したフローティングルアー。ミノーと同様、リップに水の抵抗を受けさせることで潜行させ、シャローレンジのボトムやリップラップなどの護岸、テトラ帯などにコンタクトさせながら引くことを主目的とするルアーである。

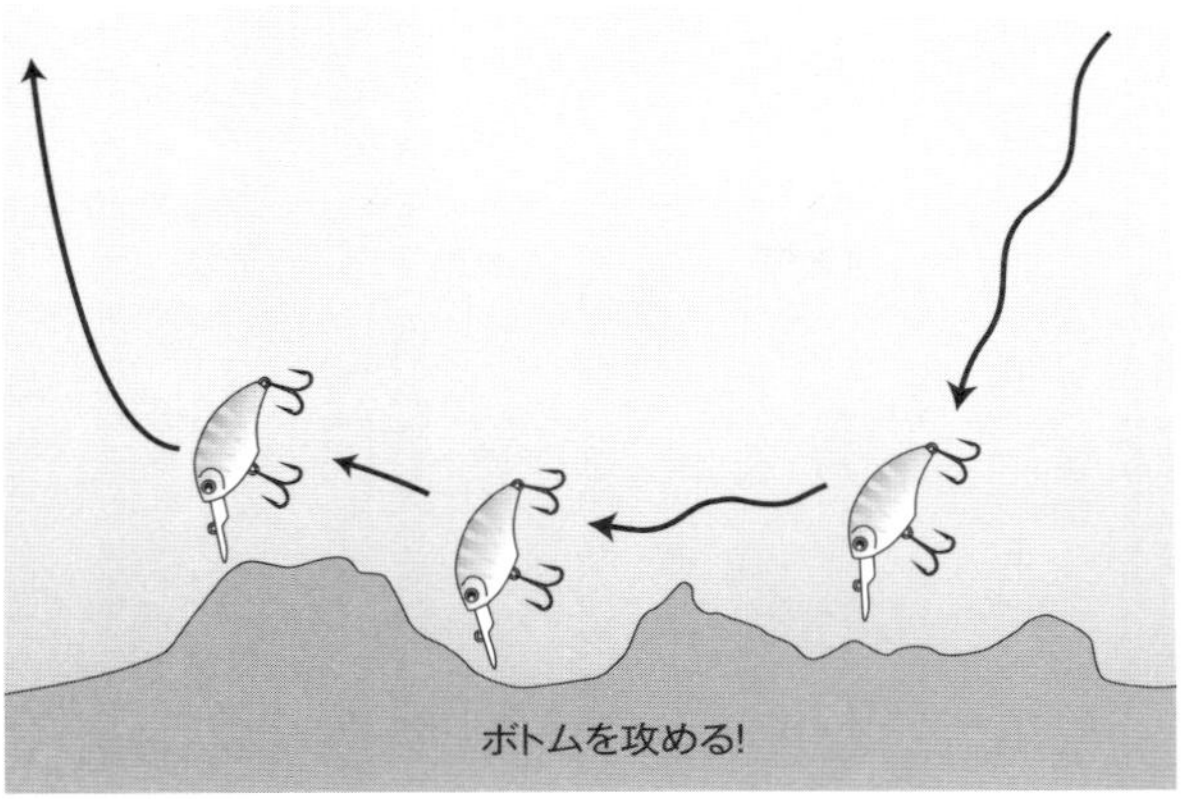

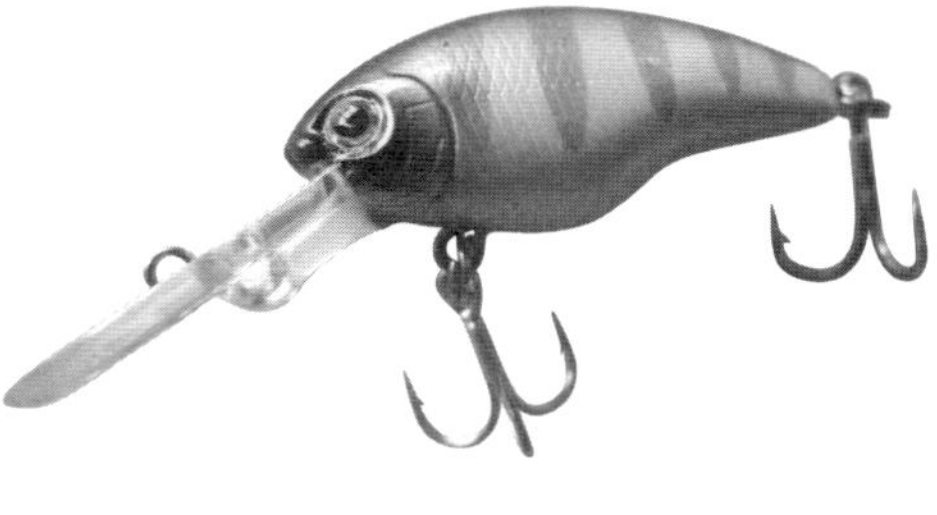

本体に浮力を有することでキビキビとした大振りなアクションでその存在をアピールしつつ、ストラクチャーなどへのコンタクト時はヒラを打ち、見事に根掛かりを回避する。本来は表層や中層を攻略する専用モデルなどバリエーションに富むルアーなのだが、ライトゲームを含むソルトシーンでは、ディープダイバーと呼ばれる急潜行タイプを使用することが多い。これは、水深のあるフィールドが多いソルトシーンで、確実にボトムやストラクチャーを捉えることを目的とするためだが、実際にはハゼやクロダイ以外に専用品は少なく、バスフィッシング用のクランクベイトを流用するスタイルが現在の主流となっている。

ハードボトムのみならず河川内や干潟の泥底を土煙を立てながら泳がせるという使い方もある

河川でのクロダイやフラットフィッシュゲーム、リーフゲームなどで使用されるが、どれも確実にボトムを捉えることができるシャローエリアでの使用が前提であり、ボトムやストラクチャーにコンタクトさせてこそ、その持ち味を発揮する。シャッドプラグとの使い分けのコツは、クランクベイトのほうがアピール力と障害物回避能力が高く、同レンジに到達するまでに必要な潜行距離も短い傾向にある。

ハゼやクロダイには専用のクランクベイトも存在する

バイブレーション

遠投できて幅広いレンジも探れる

バイブレーションは、扁平かつ肉厚なシンキングルアーであり、その名称のとおり小刻みなタイトピッチアクションを得意とするルアーだ。おもに中層以深のレンジを攻略する際にただ巻きやリフト&フォールなどのアクションで使用することが多い。

ルアーサイズのわりに重量があり遠投が可能なため、沖のボトム周辺から足もとまでの幅広いレンジをスピーディーにサーチする際に打ってつけのルアーといえる。ライトゲームのシーンではチヌやマダイ、シーバスやフラットフィッシュゲームなどでの使用頻度が高く、中層～ボトムを探る際に使用する。

メタルバイブとの使い分けは、その体積を利用したフォールアクションやボトムでの着底姿勢などがカギになる。本体に若干の空気室を残すことでボトムでスタンドアップするように設計されたものや、シミーフォールやスパイラルフォールなどの特異なフォール演出が可能なモデルなどさまざまな仕様のバイブレーションが存在する。

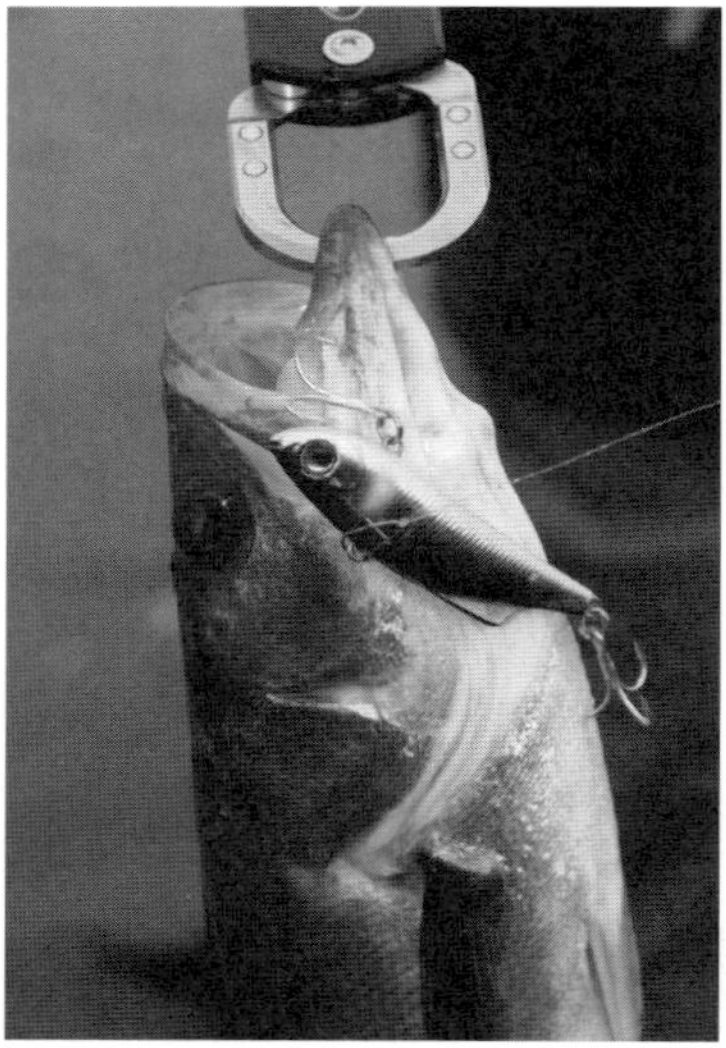

ライトよりもややヘビー寄りのルアーであり、シーバスなど広範囲の多彩なレンジを素早くサーチするのに最適なルアーだ

メタルバイブ

波動とフラッシングを同時に生むコンパクトボディー

メタルバイブとは、金属プレートに鉛を鋳込んだバイブレーションルアーであり、「テッパン」とか「鉄板バイブ」などとも呼ばれる。バイブレーション同様、小刻みなタイトピッチアクションを得意とするモデルから、大振りに水を攪拌しつつフラッシング効果を高めたモデルなど、いくつかのバリエーションが存在する。

おもに中層以深のレンジを早巻きやリフト&フォールアクションでスピーディーにサーチしたい際に使用するのだが、その飛距離とフォールスピードの速さから、現代のソルトシーンではバイブレーションプラグよりも使用頻度が高いルアーとして脚光を浴び、人気も定着しつつある。

ライトゲームシーンでは、3.5～7gのウエイトモデルが好まれ、アジやメバルはもちろん、クロダイやロックフィッシュなど幅広いターゲットに使用されている。バイブレーションと比べ、同重量なら圧倒的にコンパクトなシルエットで製造できるのでライトゲームシーンにはまさに打って付けのルアーだ。

メバル&アジねらいの際には、中層からボトムまでのディープゾーンをリフト&フォールアクションで攻略したいときにメタルジグと肩を並べ使用される。クロダイねらいではボトムにコンタクトさせながらのリトリーブで使用することも多い。アクション時に波動とフラッシングを同時に行なうので、コンパクトでありながら非常に高いアピール力を持つルアーである。

人気のアジもメバルもねらえる。とくにメバルは波動とフラッシングに好反応を示す

ソルトゲーム全般で言えばバイブレーションのほうがメジャーなルアーだが、ライトゲームシーンではむしろメタルバイブのほうが活用される。クロダイやキビレをねらうチヌゲームではもはや定番だ

メタルジグ

遠深に届き、表層からボトム、岸壁際まで探れる万能選手

メタルジグは、鉛などのメタル素材を型に鋳込んで形作られた金属製ルアーであり、ソルトシーンではメタルルアーの代名詞として不動の人気を誇る。

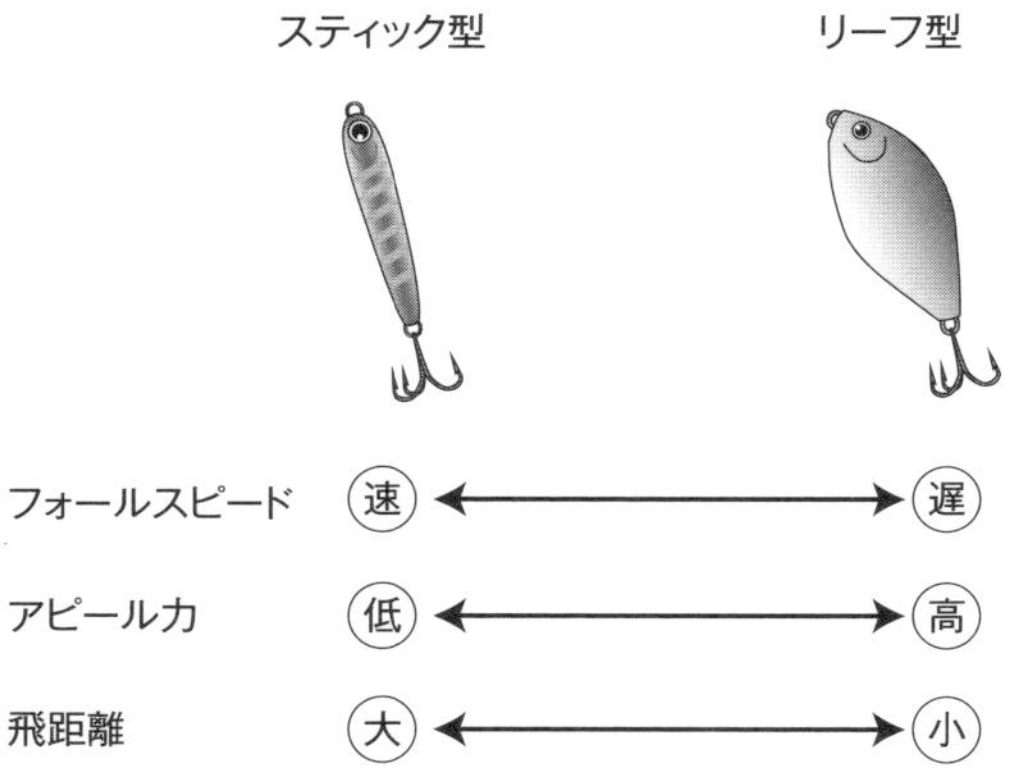

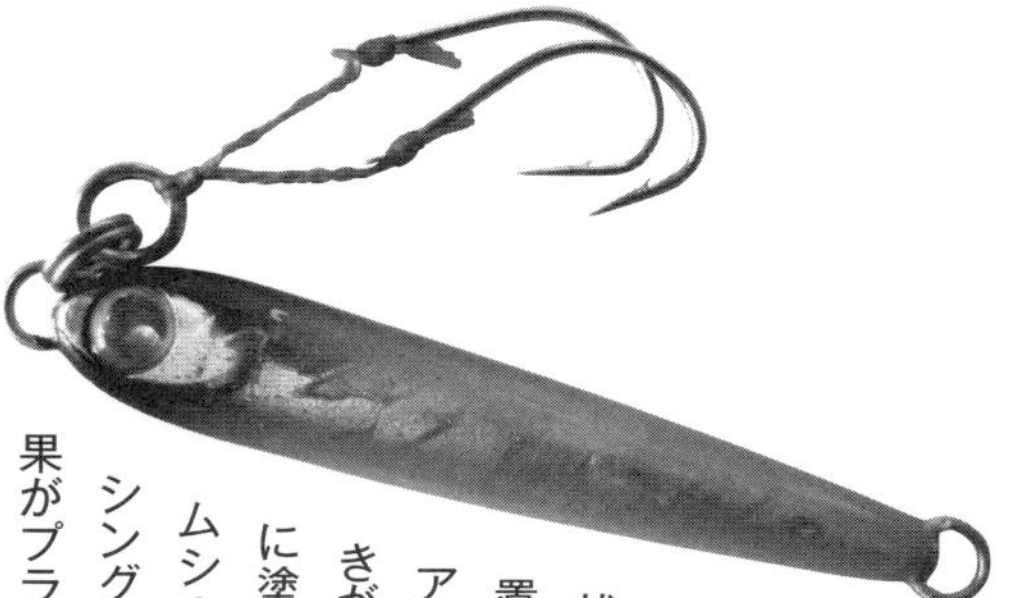

棒形状からリーフ形状のものまで形も実に多彩。この形状と重心の位置によって、ルアーとしての動きが加わり、それに塗装やホログラムシールでフラッシングなどの視覚効果がプラスされたものが一般的だ。メタルジグの基本知識として、扁平形状など同重量での表面積が大きくなればなるほど、重心が手前（アングラー側）に寄れば寄るほど、フォール姿勢が水平に近くなりヒラヒラとしたフォールアクションを演出しやすくなる傾向にある。

おもに遠深のポイントを攻略する際に使用されることが多いルアーだが、岸壁際でのバーチカルな誘いも効果がある。ライトゲームでは、1~10gまでと求める飛距離やフォールスピードによって使用されるウエイトにもかなりの幅があり、メバルやアジをはじめ、多種多彩なターゲットをねらうことが可能なルアーである。メタルバイブが横移動をメインとしたリフト&フォールで使用させることが多いのに対し、メタルジグは、連続ジャークからのフォールなど、横移動を抑えた縦のアプローチで使用されることが多い。

シラスなどのフィッシュイーターであるアジにもメタルジグは効く。とくに遠い、深いといったポイントを探る際には欠かせない

フロント側のみにアシストフックをセットすればボトムコンタクトさせても根掛かりは意外に回避できる。カサゴやハタといったボトムに潜むフィッシュイーターを効率よく釣ることも可能だ

スプーン

トラウトに効く性能は ソルトのライトゲームでも

スプーンは、ステンレスや鈴などのメタル素材をプレート状に引き伸ばしたものをプレス機で型抜きし、湾曲させたシンプルな金属製ルアーであり、ルアーの元祖とも言われるほどその歴史はかなり古い。

リーフ形状のメタルジグに近似した形状ではあるが、おもにサーフやリーフエリアなどでのシャローレンジ攻略を得意とする。このルアーは姿勢が常に水平に近い状態にあるので、ヒラヒラとしたアクションをリトリーブおよびフォール時に演出し続けることができるタイプのルアーである。もともと水深の浅い渓流でトラウトを釣るために発展してきたルアーであり、同重量のメタルジグと比べ、フォールが遅く浮き上がりやすい傾向にあるので、どちらかというとディープゾーンの攻略には不向きなメタルルアーといえる。が、逆にいえばシャローでは意外にも使えるルアーであり、ソルトのなかでもライトゲームには取り入れている人が少なくない。

基本操作としては、シンプルに低速でのただ巻きがベター。メバルやアジをはじめ多種多彩なターゲットをねらうことが可能なルアーであり、沖縄などの地域では、リーフでのハタ類ねらいで不動の地位を築いている。朝夕マヅメの時合、シャローからミドルレンジ攻略全般に非常に有効的なルアーで、今後さらなる注目を集める可能性が高い。

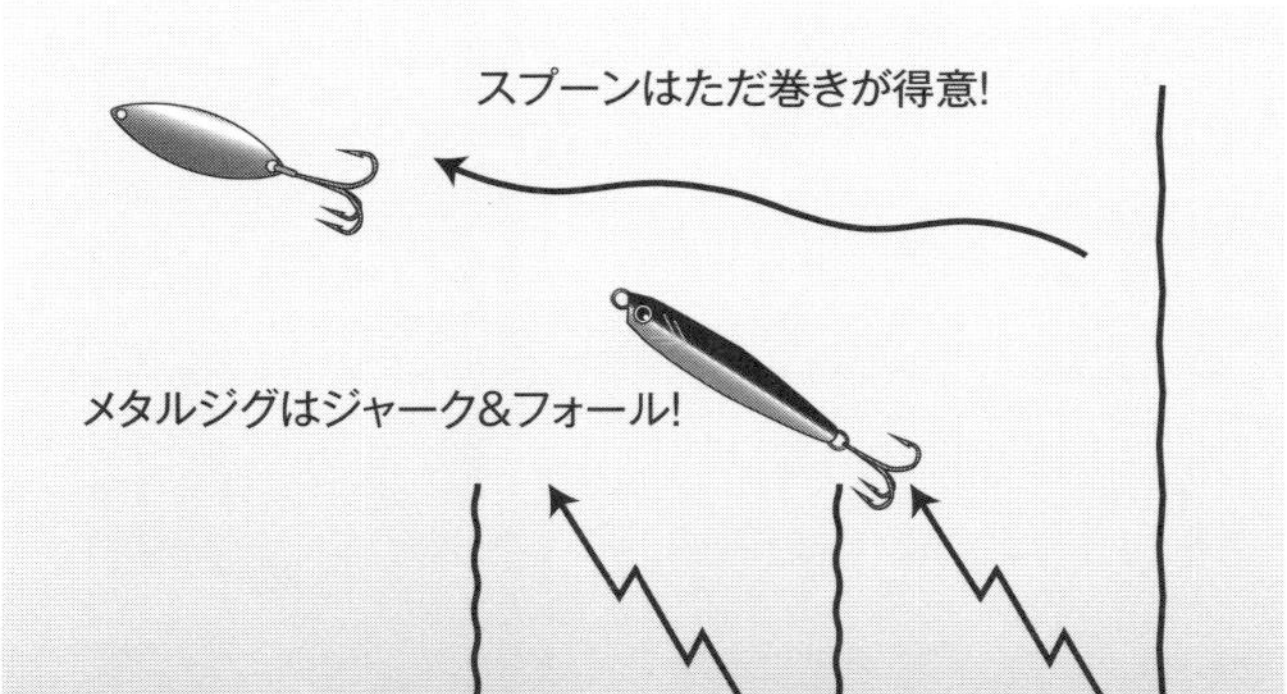
スプーンはただ巻きが得意!
メタルジグはジャーク&フォール!

ヤマメやイワナなどの攻略に欠かせないルアーであり、その実力は海でも遺憾なく発揮されている。特にリーフでのハタねらいでは特効ルアーとして知られる

テールスピン

ただ巻きするだけで高い フラッシング効果でアピール

テールスピンとは、ボディー後方部にブレードを有するメタルルアーの総称。そのボディーはおもに金属素材でできており、安定したスイム姿勢を保てるように設計されている。ボディーこそ派手なアクションは演出しないが、搭載されたブレードが回転することにより、その波動とフラッシング効果でターゲットを誘引する。

基本的な操作方法としては、低速でのただ巻きやリフト&カーブフォール。表層からボトムまでの幅広いレンジを高いアピール力で探ることができる。ブレードのフラッシングが効果的なカマスやマルアジ、ロックフィッシュなど、実に多彩なターゲットをねらうことが可能なルアーで、タックルボックスにひとつ以上は入れておきたい。

ライトゲームのシーンでは、5～10gを使用する。5g以下の軽量モデルも存在するが、軽量であることが功を奏するケースが少ないルアーであり、私自身はあまり必要性を感じていない。また、ナイトゲームでは波動こそ発生させるが、テールスピン最大の持ち味ともいえるフラッシング効果が落ちるため、どちらかと言うとデイゲーム向きのルアーであるといえる。

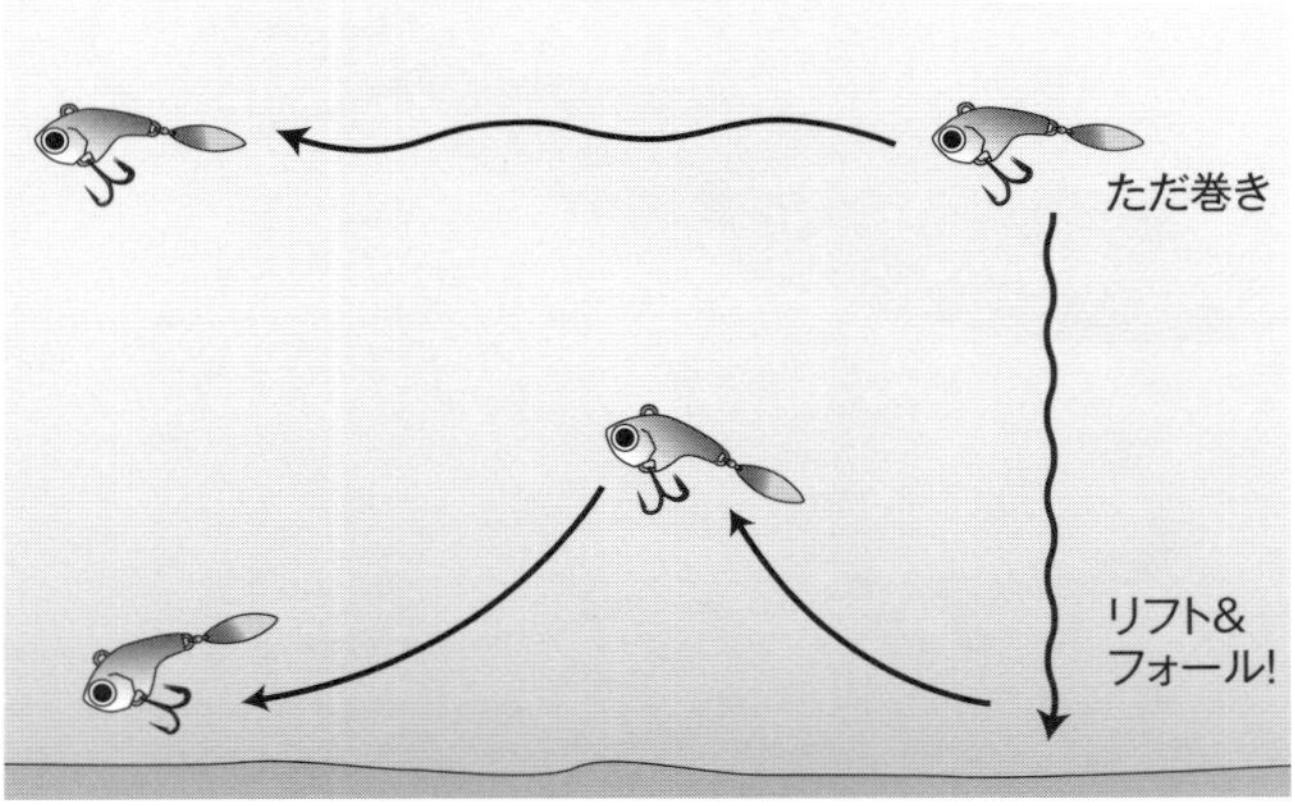

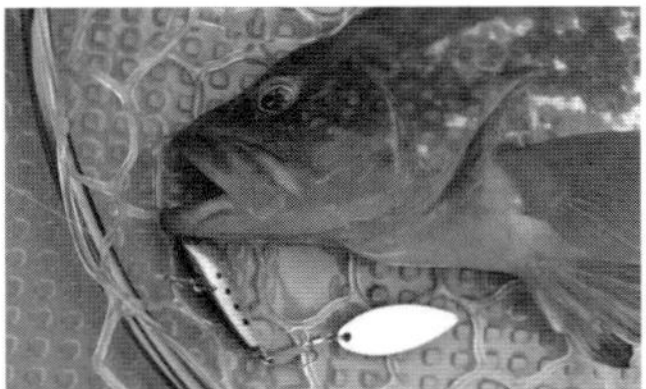

根魚の中でも底から離れて浮くことで知られるキジハタやオオモンハタねらいではショア、オフショアを問わず実績を上げている。底を切った状態で食わせせられるので根に潜られにくくキャッチ率も高くなる

遠投が利き、着水した瞬間からフラッシングで目立つことからフラットフィッシュねらいのサーチベイトにもなる

ブレードベイト

うるさいほどの強振動とフラッシング効果

ブレードベイトとは、ラバージグのヘッド上部に金属片をとりつけた特異なルアーであり、別名チャターベイトとも呼ばれる。ブレードが発生させる波動とフラッシング効果に加え、その振動がボディーに伝わることでラバースカートを振動させ強くアピールする。

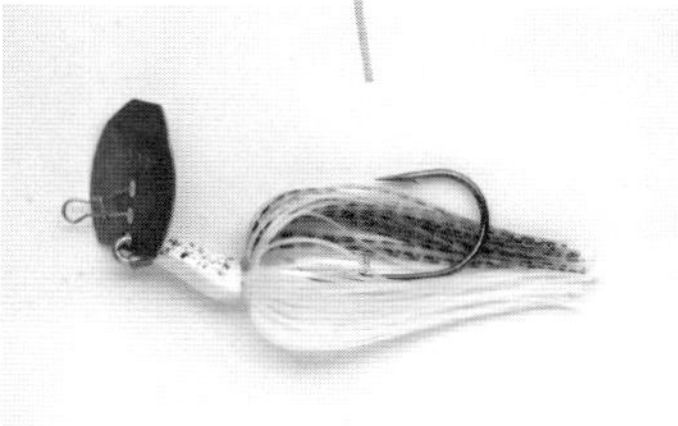

ブレードベイトはもともとブラックバス用だが海にも流用可能だ

起源を辿ればバスフィッシングの世界で誕生したルアーであるが、その操作性のよさと安定した集魚力から、最近ではソルト専用モデルも徐々に増えつつある。基本操作は、シンプルなただ巻きがベター。ブレードの振幅がロッドティップに伝わる速度でボトムから巻き上げて誘うのが一般的であり、ボトムからミドルレンジを攻略するのに適している。

現時点では、ロックフィッシュをはじめ、クロダイやフラットフィッシュに効果的なルアーとして注目を集めており、ショアからのマダイねらいでも効く可能性が高い。ライトタックルで扱うことを想定すると、まだまだ軽量&コンパクトなモデルは少ないのだが、バスフィッシング用に発売されているモデルを流用することで充分対応が可能である。ちなみに、フック部にトレーラーワームを取り付けて使用するのが一般的だが、ワームを取り付けなくても釣れるルアーこそ、ルアーとしての機能が高いモデルである。これも判断基準となるので試してみてほしい。

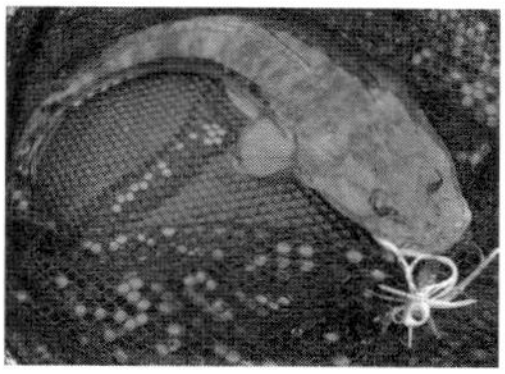

マゴチなどフラットフィッシュに高い効果があることが実証されている

好奇心旺盛なキビレも強波動に興味を示した

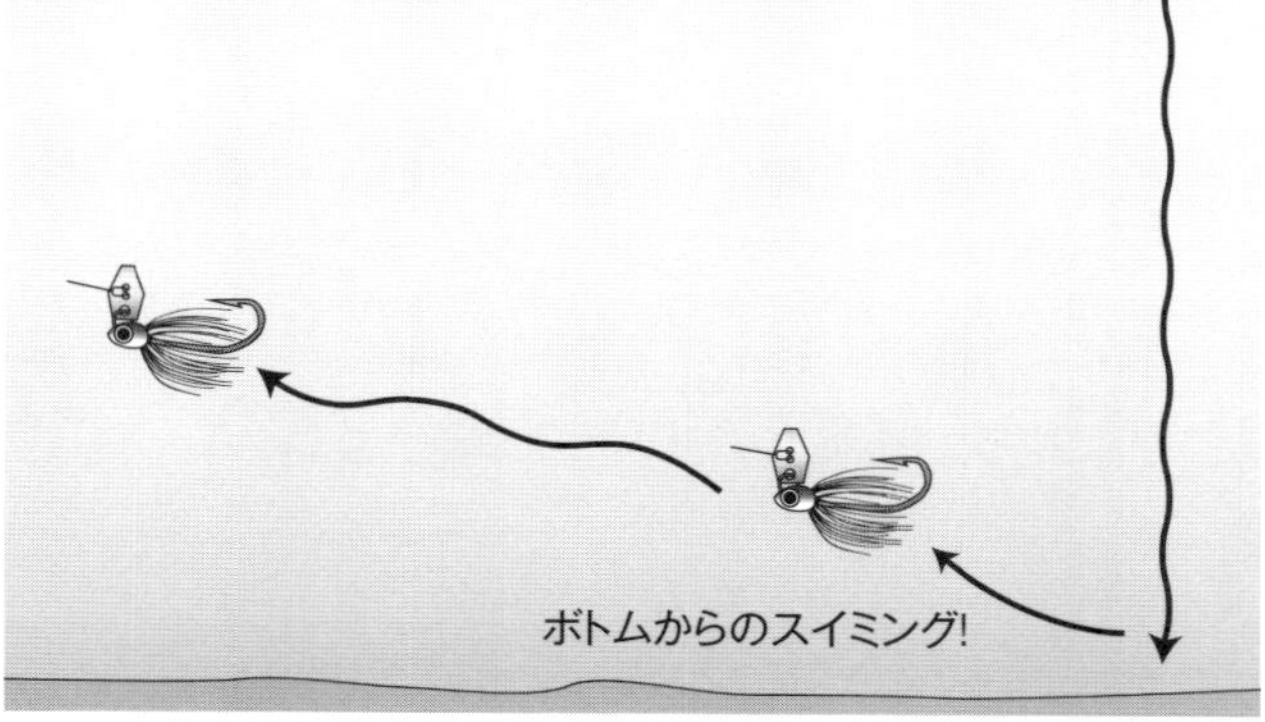

ラバージグ

フワっとフレアするスカートで生命感がアップ

ラバージグとは、ジグヘッドにラバースカートを巻き付けたルアーのことであり、ボトムゲームで使用されることが多い。

ライトゲームの世界では、クロダイやロックフィッシュねらいの際に使用される機会が多い。もともとは、ラバースカートとシリコンラバースカートの2種のスカート素材があるのだが、ソルト用にはシリコンラバースカートが搭載されているモデルが普及している。

基本操作は、ズル引きやボトムバンプ、リフト&フォールなど。ジグヘッド単体のアピール力を向上させる目的で使用させるケースが多く、ワームをセットして使用するのが一般的。また、中層での高いアピール力とフォールセーバー機能を持つスモラバと呼ばれるジャンルのラバージグも存在するが、ライトゲームをはじめとしたソルトシーンでは、あまり注目を集める機会は少ない。私自身も使ってみたが、スモラバが切り札となるシーンはほとんどない。

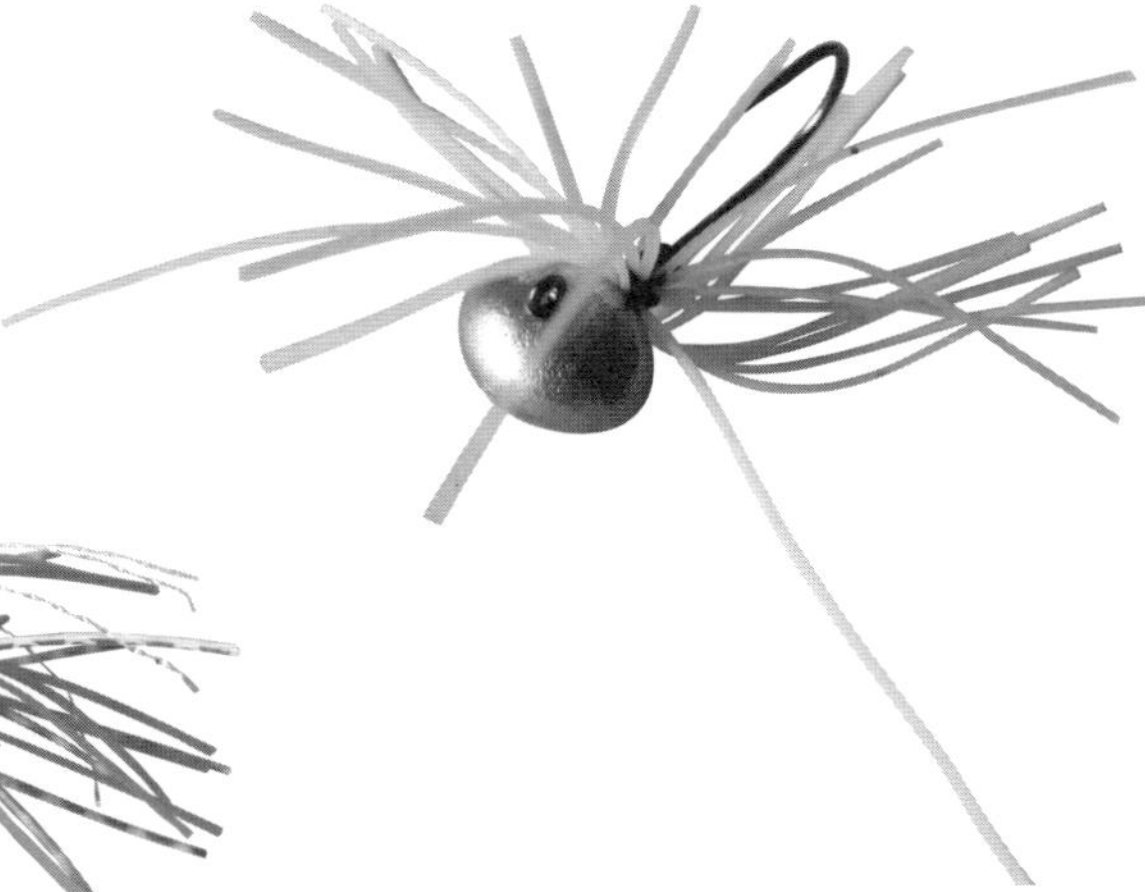

ヘッドはフットボールタイプがメインだが、アンモナイト型、シェル型、船型などがあり、根掛かりのしにくさや一体感など個性が豊かである

ラバージグが効くターゲットの筆頭はクロダイだろう

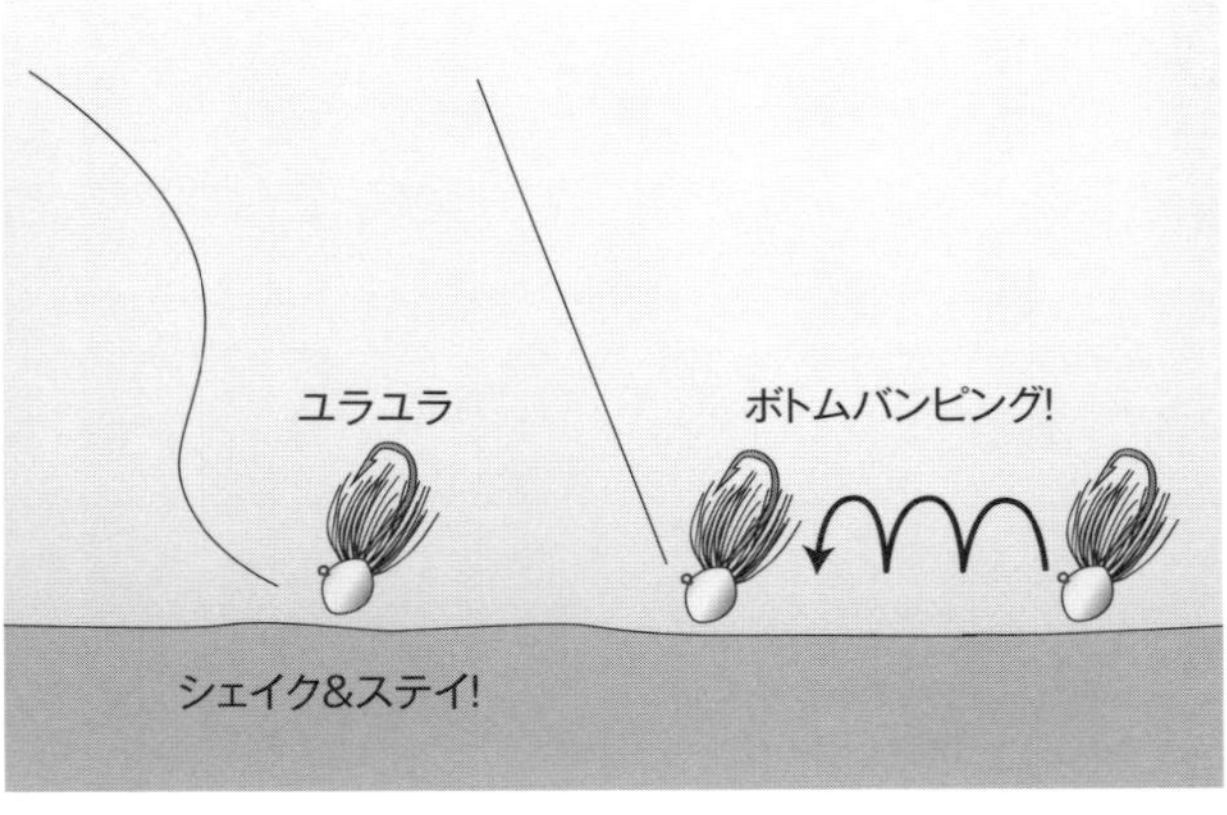

スイムジグ

ジグヘッド以上、ブレードベイト未満のナチュラルなアピール

　スイムジグまたはスイミングジグと呼ばれるこのルアーは、スイミング、つまり巻きの釣りを前提に開発されたラバージグの一種である。基本的な構造はラバージグとほぼ同一であり、ブレードベイトのブレードを取り外したような形状ともいえる。単体ではなくワームをセットして使用するのが一般的だ。水流を受けたヘッドの振動をラバースカートに伝達することで生じる、細やかかつナチュラルなアピール力が持ち味で、私はブレードベイトと波動の質の違いで使い分けている。

　ライトゲームシーンでは、クロダイやロックフィッシュねらいの際に使用するアングラーこそいるが、まだまだその認知度は低く一部のコアアングラーが秘密裏に使用している程度で、現在のソルト市場には、あまり多く存在していないタイプのルアーである。

　スカート素材はシリコンラバースカートとフェザーの2種類がメインであり、ラビットファーや羽毛などのフェザーを用いたモデルをフェザージグと呼び、こちらはワームをセットせずに使用することが多い。また、オフショアのマダイゲームではタイラバと呼ばれるシリコンスカートとゴムネクタイを組み合わせた遊動式のスイムジグが脚光を浴びている。そのため、ショアからのマダイゲームなど、その専用モデルの開発や登場が進み、近い未来、このルアーが注目される機会があるかもしれない。

タイラバが釣れることに疑いの余地はない。ショアからのバーチカルゲームからショアからのキャスティングゲームに変化する日が近いかもしれない

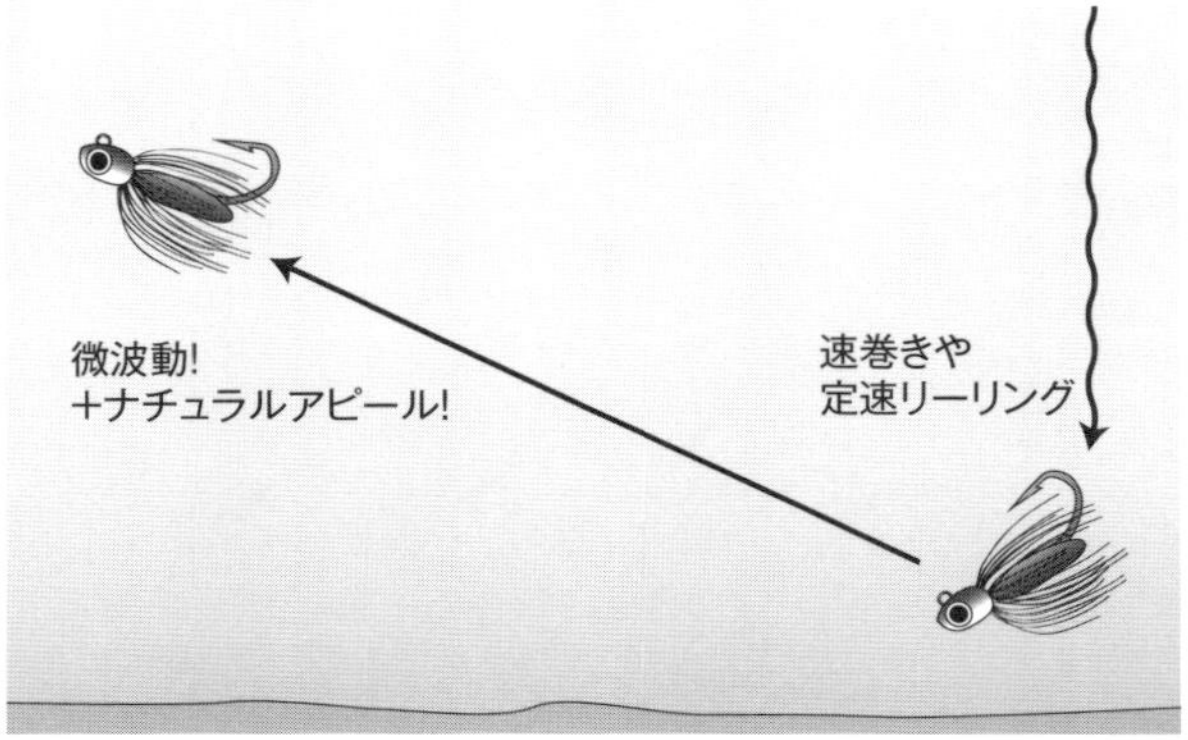

オフショアで大流行中のタイラバも遊動式のスイムジグの一種といえる

カブラ

好みは分かれるものの魚皮パワーは強し

カブラの代表格は土佐カブラだ。高知県を発祥とするサビキバケのひとつであり、フックに魚皮やティンセルなどの人工繊維を巻きつけた伝統漁具である。基本的には単体でキャストできるほどのウエイトがないため、ライトゲームではスプリットショットリグやフロートリグなどの分離リグでウエイトを利用してキャストを行なう。

魚皮のため多彩なターゲットがねらえるが、ライトゲームではメバルやアジやカマスねらいで使用する。どちらかというとルアーというよりはフライに近く、そのアピール力は弱くナチュナルであるが、ホンモノの威力は絶大で根強い人気を博す地域もある。グリーンに着色された魚皮フックを枝スに複数本セットする特異なスタイルも特徴的であり、サビキとルアーの中間的な感覚といえる。

魚皮にティンセルなどの人工繊維を組み合わせて、キャストできるようにジグヘッドと組み合わせたものをカブラジグと呼び、こちらはジグ単で使える。

カブラもカブラジグも、ライトゲームシーンではメバルゲームの進化と共に登場し、全国的な知名度こそ得られたものの、定着し普及した地域は少ない、かなりマニアックなルアーである。

魚皮にティンセルなどの人工繊維を組み合わせて、キャストできるようにジグヘッドと組み合わせたカブラジグ

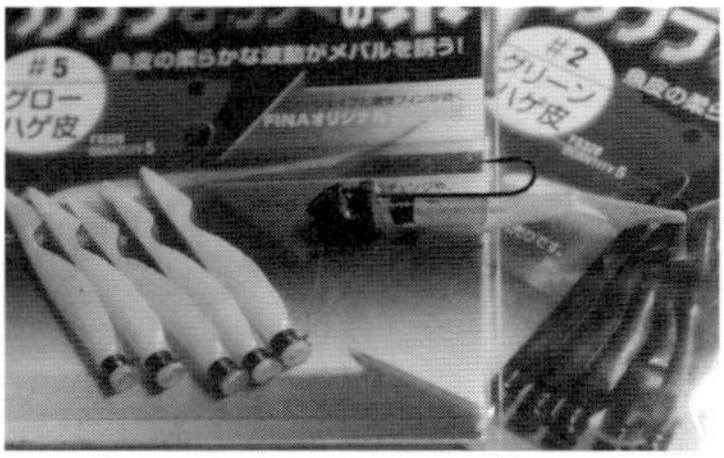

ワーム感覚でジグヘッドにセットできる魚皮もある

土佐カブラは極小ヘッドに空いた穴にラインを通して結びコブを作って止める。キャストできるほどの重さはない

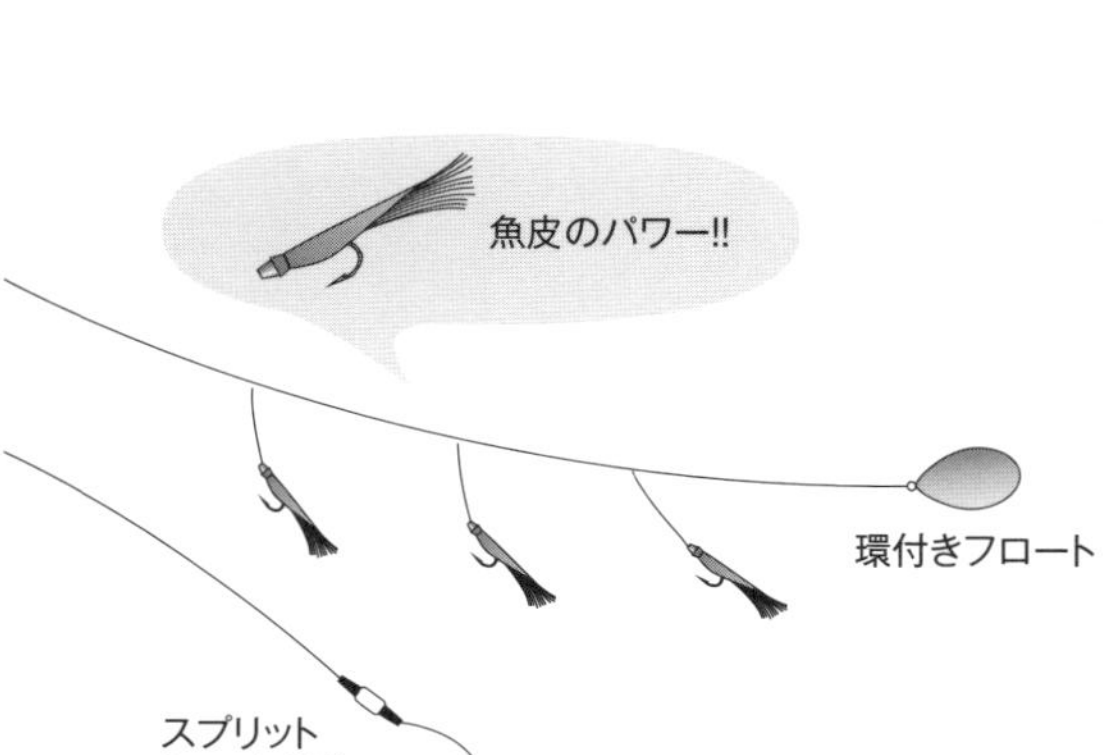

土佐カブラを枝スに複数本セットする特異なスタイルもある。その際は環付きのフロートを先端にセットする

第4章
ターゲットを知る

We should know more about the fish.

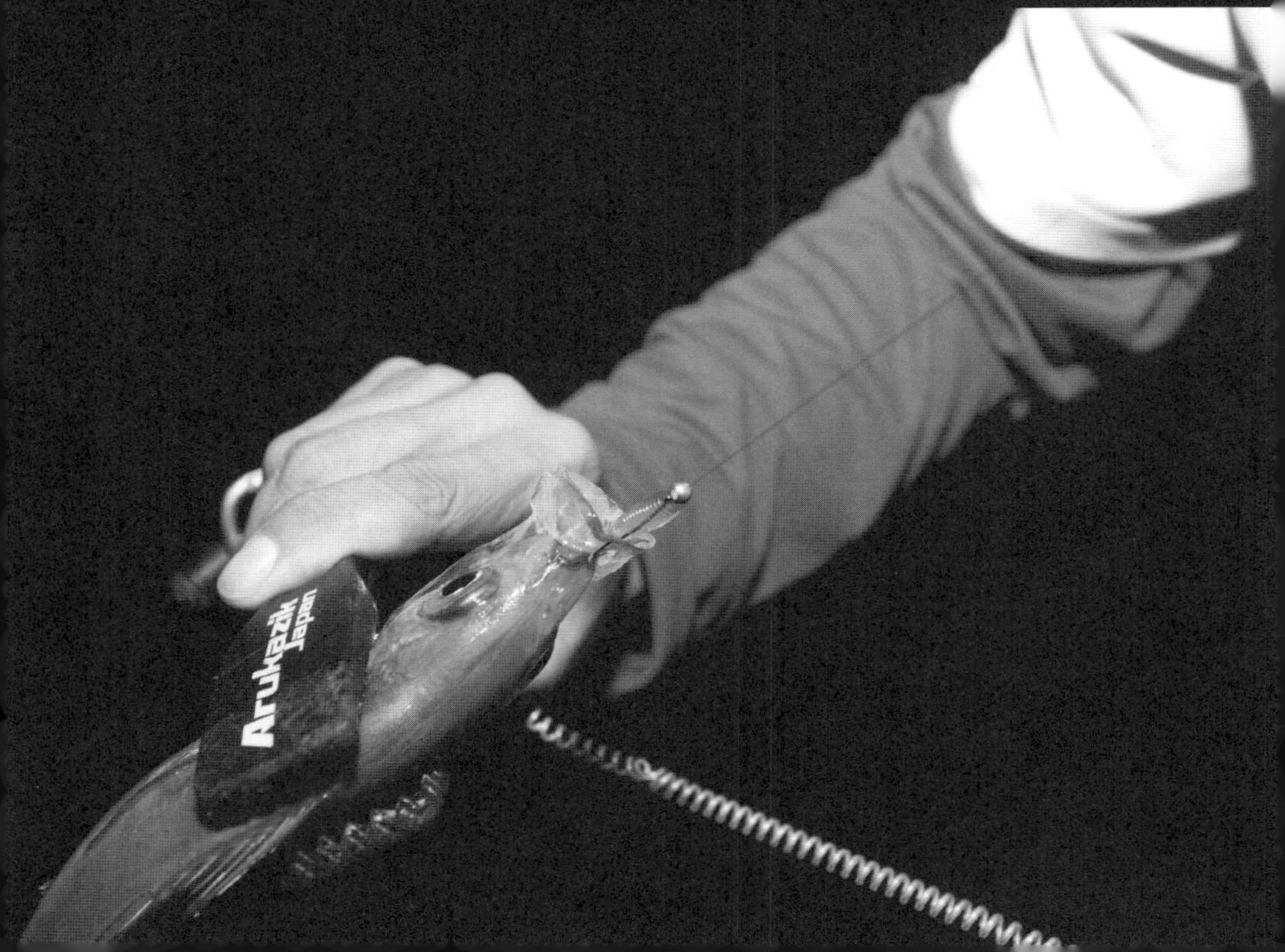

多種多様なターゲットとフィールド

大きな舞台は四つ

　ライトゲームを楽しむアングラーが近年増加傾向にある理由のひとつに、さまざまなフィールドで多種多様なターゲットをねらうことができるという部分が大きく関係していると感じる。メバルやアジはもちろん、それらをねらっていてもたくさんのゲストフィッシュたちが顔を覗かせ、我々アングラーを楽しませてくれる。ライトゲームは、いわばボウズの少ないアングラーに優しいルアーゲームなのだ。

　また、足場のよい身近な防波堤や護岸などで手軽かつ充分に楽しめるということも人気の理由のひとつだろう。夜釣りが主体であるアジやメバルの釣りに関しても、常夜灯下の明るいフィールドでねらうことができるという部分が、ライトゲームの裾野を広げてくれている大きな要因である。

　ライトゲームは、老若男女誰しもが気軽にエントリーできるもっとも身近なルアーゲーム。防波堤を始め、ゴロタ浜やサーフ、磯や河川など、ねらうターゲットさえこだわらなければ、いかなるフィールドでも存分に楽しませてくれるターゲットたちが存在する。

　ここからはそんな多種多様なターゲットと出会えるフィールドについて紹介していこう。

●防波堤

　漁港にある防波堤や岸壁、波止などは、もっとも手軽にライトゲームを楽しむことができる我々ライトゲーマーの主戦場といえる。特に常夜灯などの光源設備を備えた環境は、ナイトゲームに慣れない入門者にとって打って付けの練習場であり、まずはこの条件下でライトゲームの基礎を覚えることから始めることを強くおすすめする。ねらえるターゲットもアジやメバルをはじめ、カサゴやカマスなど挙げれば切りがないほどだ。

●ゴロタ浜・サーフ

　ゴロタ浜やサーフなどのいわゆるシャローエリアでのライトゲームは、近年もっとも開拓が進んでおり、防波堤とはまた違ったライトゲームの魅力を体感することができるフィールドだ。また、釣れれば良型が揃うことでも脚光を浴びている。これらのフィールドでは8ft前後の遠投系タックルを用いるのが一般的。使用するリグもフロートリグをはじめ、シンキングペンシルなどのシャローレンジ攻略を得意とするプラグ、沖の水深が比較的深いポイントであれば、メタルジグやキャロライナリグなども使用できる。波打際にターゲットが接岸することも少なからずあるが、基本は、沖の潮目や地形変化を回遊しているターゲットたちをねらう釣り。良型のアジやメバルをはじめ、ゴロタ浜ではカサゴやサバ、サーフではマゴチやキスなども釣れる。

●磯

防波堤に隣接した手軽な小磯から渡船を利用して渡礁する沖磯まで、磯場にもさまざまなロケーションが存在する。磯はゴロタ浜やサーフ同様、比較的アベレージのよいターゲットたちが釣れることが多い環境であるため、タックルもパワーのある遠投系タックルを用いるのが望ましい。各種プラグをはじめ、重量のあるジグ単やキャロライナリグなども面白い。時としてライトタックルでは太刀打ちできないような大型魚もヒットすることがあり、何が掛かるかわからないスリリングな魅力に溢れている。大型のメバルやイサキ、マダイや回遊魚、ロックフィッシュなど、ライトゲームでねらえる最大級のターゲットたちと高確率で出会えるフィールドが磯である。

●河川

干満差のある河川の汽水域もライトゲームの好フィールドである。河口はクロダイやキビレをねらうチヌゲームの主戦場であり、メッキやシーバス、マゴチやハゼなど、季節ごとに意外なほど多彩なターゲットたちと出会うことができるフィールドである。河川でのルアーゲームは干満差を意識することが大切。フィールドによっては、最干時に干上がってしまうこともあるのでタイドグラフを確認しながらエリアと時間を絞って釣りに出かけよう。ライトタックルでリバーゲームを行なううえでフィールドを選ぶひとつの目安は水深が5m未満のシャローエリアをねらうこと。下げ潮の利く河川では、水深が浅くても流れが強く釣りづらいこともある。軽量なリグを扱うライトゲームだからこそ、その河川の特性を覚えながらエリアをセレクトして欲しい。

ベイトを知る

もっとも捕食しやすい生き物が主食

ライトゲームに限らず、ルアーフィッシングではターゲットが捕食しているベイトを知ることは釣果アップの秘訣であり、ルアーセレクトの一翼を担う非常に重要なファクターになる。

ねらうターゲットの生態や食性、生息エリアや季節によってもメインベイトとなる生物は常に変化するので一概にはいえないが、ひとつの大きな傾向を挙げるとすれば、そのフィールドでもっとも捕食しやすいベイトがメインベイトとなることが多い。例えば、小魚とアミエビが混在しているような状況下では、圧倒的多数の小魚が存在しない限り、遊泳力の乏しいアミエビのほうがメインベイトとなりやすい。ただし、そもそも魚食性に偏るシーバスなどのターゲットはこの限りでなかったりもするから面白い。しかし、目前のフィールドでターゲットたちが捕食しているベイトをいち早く判別できるようになると、自ずと釣果は伸びる傾向にあるのは確かな事実。ここではそんなベイトたちの特徴について触れていこう。

●小魚

イワシやボラの幼魚、キビナゴやイカナゴなど、ライトゲームのターゲットたちがベイトとして好む小魚は1~7㎝ほどの大きさが主体となる。これらは群れを形成し、沖の潮目や反転流などの潮の変化につきやすい。また、夜間はそういった潮のヨレや港湾部、シャローエリアなどの流れの落ち着いたポイントに溜まりやすい傾向にある。

小魚がメインベイトとなるシーンでは、ルアーのサイズさえ間違わなければ比較的イージーなアプローチで釣果を得やすい。遊泳力が高く泳いで逃げ回るので、ワームやプラグのただ巻きによるアプローチにも反応がよく、レンジに対してもそれほどシビアでない状況が多い。ただし、群れが接岸、通過するタイミングだけの一時的な時合の釣りとなることも多いので、その見極めが大切である。

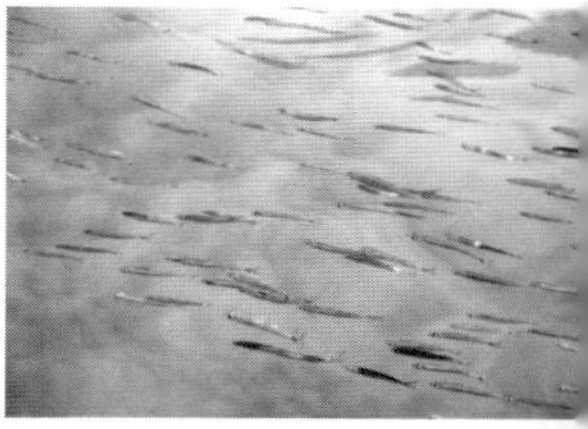

キビナゴの群れ。カタクチイワシとともに全国の沿岸部でメインベイトになり、大型魚からイカまで多彩なフィッシュイーターにねらわれる

●マイクロベイト

ゾエアやメガロパなどの甲殻類の幼生をはじめ、アミエビやヨコエビ、ワレカラなど10㎜にも満たないプランクトンやマイクロベイトたちがメインベイトなるパターンが存在する。これらのベイトは基本的に、遊泳力に乏しく潮流に流されるように移動するため、海中に漂うようなアプローチに対してだけ反応がでやすい傾向にある。そのため、極軽量なジグヘッドリグやフロートリグ、ミノープラグなど、同レンジ内をスローにアプローチできるルアーやリグを使用することで攻略する。

このようなイワシの群れは危険を察知するとボール状に凝縮される。ベイトボールの近くには大型魚がいる可能性が高い

 また、これらのターゲットは常夜灯などの光に集まる走光性がみられるため、ライトゲームのメインステージともいえる漁港内などでもっとも発生しやすいパターンである。

●ゴカイ

 ゴカイを代表する多毛類もライトゲームのターゲットたちが好んで捕食するベイトのひとつ。特に早春に発生する「バチ抜け」と呼ばれるゴカイの産卵行動は、海面を覆い尽くすほどの大量のゴカイが発生し、かなり偏食的なパターンとなることで有名である。こうなれば、細身のシンキングペンシルやストレートワームなどをスローに泳がせるアプローチが基本となり、何よりルアーのシルエットを合わせることが非常に重要となってくる。

海藻に付着して生活するマイクロベイトのワレカラ。海藻に擬態しながら生活する

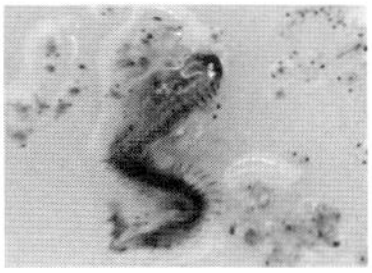
メバルの胃の中にも多毛類は入っている。多くの雑食性の魚にとってのご馳走が多毛類だ。春のバチ抜けは食べ放題状態になる

 また、それ以外の季節でもゴカイを捕食している状況は少なくない。特にゴカイが海中に抜けやすいナイトゲームでのストレートワームの使用は、もはやライトゲームの定番ともいえる選択といえるだろう。

●イカ

 早春から初夏にかけて1～5㎝の仔イカがメインベイトとなるシーンがある。イカの遊泳力はマイクロベイト以上小魚以下といったところ。小魚パターンのようなただ巻きで釣れるが、シャローレンジをスローに移動させるアプローチにヒットが集中することが多いように感じる。

 イカ類もマイクロベイト同様の走光性がみられ、真っ暗なフィールドより常夜灯などの光源設備、もしくは月夜など、比較的明るいシチュエーションでの発生率が高いように感じている。

常夜灯の下の海面をライトで照らすと、ごくごく小さなイカが群れていることがある。サイズによってメバルからシーバスまで捕食している

●甲殻類

 エビやカニ、シャコなどを代表とする甲殻類を好んで捕食するターゲットは、チヌやロックフィッシュなどのボトムゲームのターゲットが多い。日中は岩影などに隠れており、夜間に徘徊する傾向が強いことから、河川でのナイトゲームの定番パターンとされる。これらのパターンを攻略する際は、そのシルエットをイミテートしたホッグ&クロー系ワームがお勧め。エビが跳ねるようなリフト&フォール、蟹がボトムを這うようなズル引きなどのアクションが効果的である。

ボサエビ、テナガエビなど中型のエビからアミエビなど小型のものまで沿岸部にエビの仲間は多く、多彩な魚たちの主食になっていることが多い

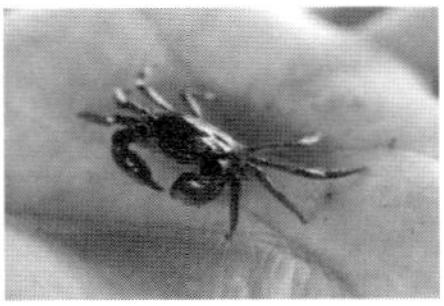
このサイズのカニはクロダイを筆頭にシーバスやハタなども大好物。ただし必ずしもカニをリアルに再現したルアーを使う必要はなく、ボトムで土煙を上げる、ヘチ沿いにユラユラと落とす、ツメやハサミを特徴的に配したワームを使うことでカニなどの甲殻類をイミテートできる

ライトゲームの好敵手たち①

メバル

奥深き魅力を秘めた永遠のライバル

種類と生態

ソルトライトゲームの世界を世に浸透させた立役者が『メバル』というターゲットである。

ひと口にメバルと言っても、北海道に生息するエゾメバル（ガヤ）や船釣りでお目にするトゴットメバル（オキメバル）など、その種類は実に豊富。

しかし、ライトゲームにおいてメインターゲットとしているのはメバルという一種類の魚だった。それは今も変わらず、通常メバリングと言えばエゾメバルでもトゴットメバルでもなくヤナギメバルでもなくウスメバルでもなくメバルあるいはクロメバル釣りのことを指す。

ところが2000年に、この我々が愛するメバルが『シロメバル』、『アカメバル』、『クロメバル』の3種に分類された。形態とDNA分析の結果、種の違いが明らかとなり、学術的にも明確に分類分けされた経緯を持つ。釣り人レベルで細かく分類することは稀だが、その種類のひとつが『クロメバル』だったことから、3種の総称としての『クロメバル』なのか、細かく分類したうえでの『クロメバル』なのかが非常にややこしい。そのことから、この本では3種の総称を『メバル』で統一している。

3種の見分け方は、体色と胸鰭軟条の数でフィールドでも判別することができるのだが、胸鰭軟条の変異や体色の個体差も大きく専門家でも見分けるのが難しい場面もあり、実際に市場においても区別されることはない。しかし、その生息域や生態には若干の違いがある。これについてはそれぞれの種類の項で解説する。

メバルの生態的な基本知識として、まず適水温は14～17℃とされる。その北限は北海道南部、南限は熊本南部とされることからも、メバルは比較的低水温を好むターゲットであり、全国的な釣期は晩秋～梅雨頃までというのが一般認識である。

9～20℃の海水温域を好む魚であり、適水温は14～17℃とされる。

食性は、小魚や仔イカ、エビなどの甲殻類からその幼生まで、口に入る大きさの動物性ベイトなら何でも食べるが、特徴のある大きな目はその効きがよく、暗闇の中でもエサか否かを見極める。

また、潮のヨレや根周りで群れを形成し群泳する性質をもち、斜め上を見ながらホバーリングしてベイトが通過するのを待ち構える『待ち伏せ型』の捕食形態をとる。そのため、その存在を隠しやすい夜間に積極的な捕食活動を展開する夜行性のターゲットである。

ルアーを通す際もメバルの群れを直撃するより、その上のレンジを通すことが重要となる。『メバルのレンジ攻略は表層から』という定説はこれらの生態が強く関係しているといえるだろう。

●アカメバル［A型］

アカメバルは、胸鰭軟条が15本、体色が赤っぽくスマートな体型をしているのが特徴。内湾性が強くあまり大きくならない種類である。防波堤壁面やブレイクライン、消波ブロックなどから群生する海藻周りに多く生息し、日中でも釣りやすい。アベレージサイズは10〜20㎝ほど。釣り人の間では、赤メバルや金メバルといった呼び名で親しまれていることが多い。

群生する海藻周りで釣れる黄金色に輝く金メバルなどもこのアカメバルであることが多い

●クロメバル［B型］

クロメバルは、胸鰭軟条が16本、体色は黒っぽく背色が青緑色をしている個体が多い。他の2種と比べ、頭が小さくズングリとした体型であることも特徴のひとつ。外洋向きの沿岸に多く内湾には少ない。沈み根や藻場などのストラクチャーよりも、潮のヨレなどの潮流の変化につく傾向があり、沖の表層付近などに浮きやすいタイプのメバルである。アベレージサイズは15〜25㎝ほど。黒メバルや青メバル、その背中の色からブルーバックなどと呼ばれることが多い。

もともとメバルはクロメバルと呼ばれていたが、三種に分けてみると、これまでブルーバックや青メバルなどと呼ばれていた魚がクロメバルだった

●シロメバル［C型］

シロメバルは、胸鰭軟条が17本、体色が白っぽい茶から茶褐色である。3種の中でもっとも大型となり平均サイズは10〜30㎝ほどだが、40㎝近いサイズにまで成長するともいわれ、尺を超える大型メバルはこのシロメバルであることが多いようだ。内湾の沈み根などの根周りを好む傾向があり、他の2種と比べ、単独〜小規模な群れで生息していることが多いように感じる。釣り人の間では、白メバル、茶メバルなどと呼ばれることが多い。

メバルゲームが昔から盛んな東京湾や大阪湾など身近な内湾で釣れるメバルの大半がシロメバルであり、3種の中でもっとも大型化する

メバルのシーズナルパターンを知る

ここからはメバルの季節的な動向やその攻略法について水温ベースで解説する。地域差は多少あるが、ぜひ自身のエリアに置き換えて読み進めてほしい。

秋のメバル
[接岸～荒食い期：20℃→18℃]

水温低下が始まりの合図

夏期の避暖回遊で北上、もしくは沖の深場に落ちていたメバルたちは、海水温が20℃を下回ると接岸を開始する。海水温がまだ高い早期は、外洋に面した潮の利くエリアやディープとシャローが隣接するようなポイントから探るとよい。

接岸するや産卵に備えて荒食いを開始する。この時期のベイトは実に多彩で、小魚やゴカイ、アミエビなどのマイクロベイトをあまり選り好みせずに目前のベイトを片っ端に捕食する。ただし常夜灯などの光源設備のあるポイントでは、季節柄アジとポイントが重複する傾向にあり、遊泳力に優るアジが多い地域ではポイントをアジに占拠されてしまうケースも多い。そのため、可能な限り常夜灯などの光源設備のない闇場で釣りを行なうほうがメバルのヒット率は自ずと高くなる。例えばディープに隣接したゴロタやサーフ、磯などが早期のメインステージであり、海藻が生えているようなスポットが沖にあれば最高のねらい所となる。

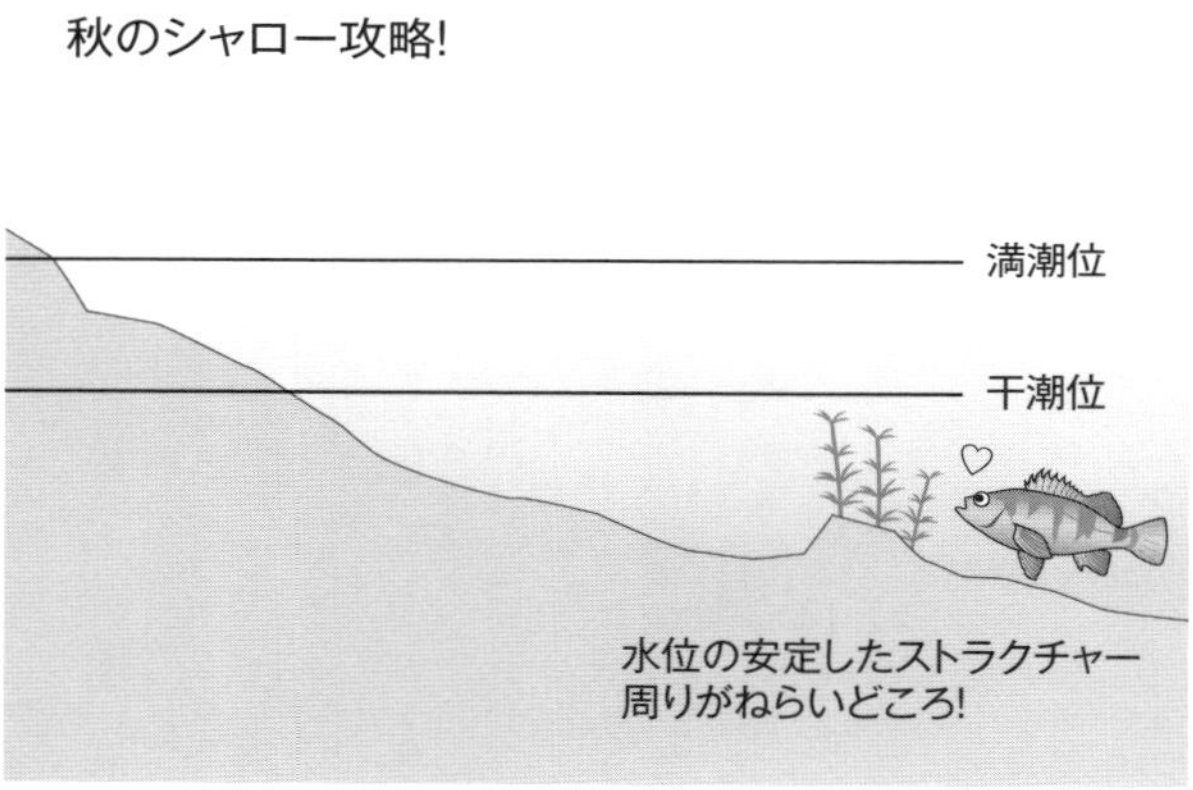
秋のシャロー攻略!
満潮位
干潮位
水位の安定したストラクチャー周りがねらいどころ!

この時期のメバルは産卵を控えているため、水位の安定したエリア、最干潮時に干上がらないポイントに定位する傾向がある。そのため、ゴロタやサーフなどのシャローエリア攻略の際は、沖のブレイクラインの上やその下のストラクチャー周辺に多く、遠投の利くキャロライナリグやシンキングタイプのフロートリグなどをボトム付近まで沈めて探るほうが望ましい。

さらに水温が低下すると、さまざまなエリアにメバルの姿が確認できるようになる。レンジも表層からボトムまで幅広く展開できるようになる。ベイトフィッシュの動向に顕著に左右される一面を見せるようになるが、メバルの活性は高い時期にあたるので、居場所と捕食しているベイトさえ掴んでおけば数も型も期待できる。

冬のメバル

［抱卵～産卵～厳寒期：18℃→9℃］

キーワードはスロー

　メバルの生活史において一大イベントといえる動向が『産卵』だ。基本的にメスが大型化するメバルは冬の到来とともに成熟した良型のお腹は抱卵状態になる。抱卵期「プリスポーン期」のメバルは食い気はあるが、身重な体型のせいか速い動きやシルエットの大きなルアーには追いが悪くなる傾向にある。そのため、ルアーはなるべく小型にしてスローに操作できるものがいい。例えば同レンジをスローに動かせる軽量なジグヘッドリグやフロートリグなどだ。

　抱卵したメバルを釣りあげた際は、次世代にこの釣りを継承するためにも可能な限り素早くリリースすることを心掛けたい。もちろん、強制ではないができるだけ過剰なキープは控えたい。

　産卵直後のメバルは水深のあるストラクチャー側でほとんど動かずに定位している。よほど食べやすいベイトが目前を通過しない限り捕食活動自体を行なわないため、この状態のメバルを釣りあげるのは至難の業である。しかし、産卵行動は個体差があり、多くの個体が産卵を終えても、これから産卵に入るという個体もいて、実際は厳寒期に入るまでロングスパンで行なわれる。そのため、冬のメバル釣りは、産卵前までのメバルをねらう釣りともいえる。

　海水温がひと桁台まで落ちる地域では、産卵の終了とともにメバルの姿が確認できなくなり、一時の休戦状態となることが多い。比較的水温の高い状態を維持する地域の厳寒期は、アミパターンのようなスローな展開がよい。ベイトが多い時期ではないうえに体力を回復しきれていないメバルの追いは決してよくないためだ。ミノーや軽量ジグヘッドリグ、フロートリグなどによる超スローなアプローチが有効だ。

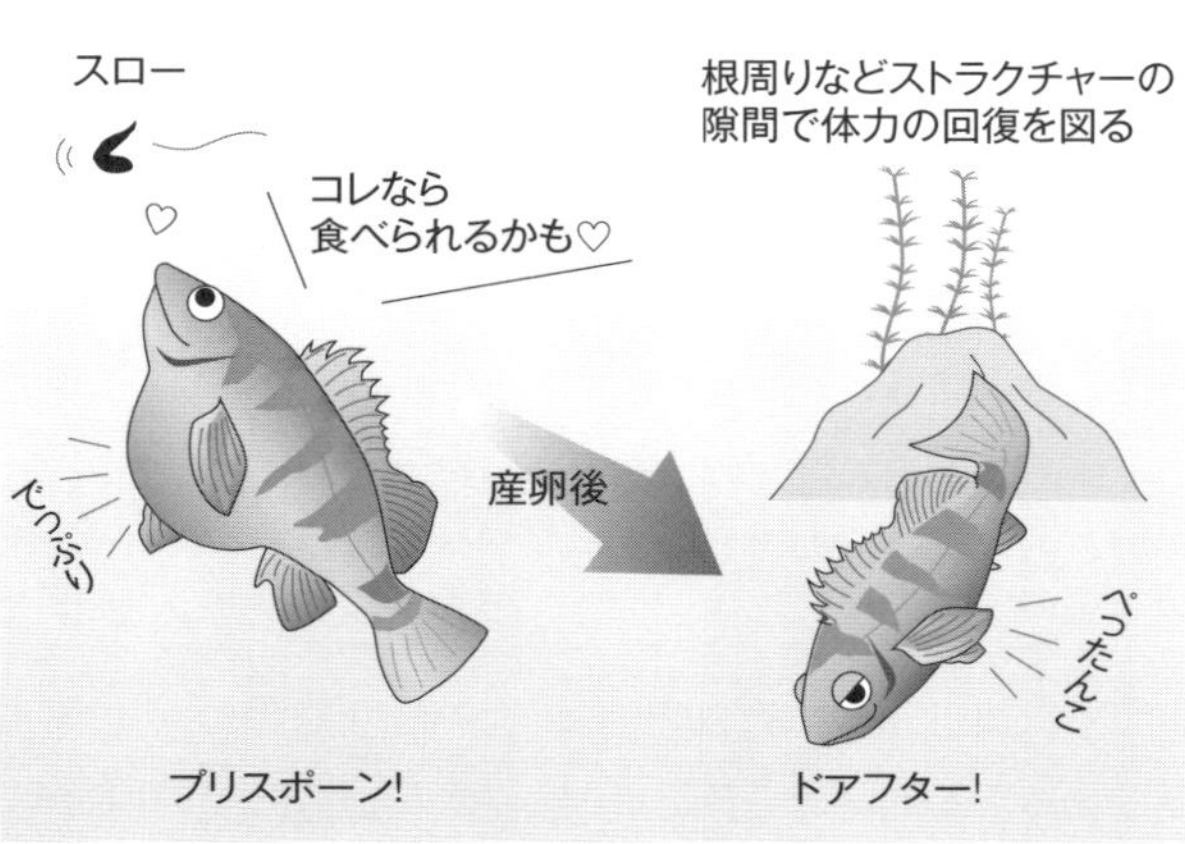

プリスポーンの大型メバル。産卵間際にはもっとはち切れんばかりのお腹になる

メバルといえどもこのサイズになると迫力満点。足場やライン号数によっては玉網は必携である

春のメバル
[アフター回復期：9℃→17℃]

プラッギングを楽しむなら桜の開花が目安

春告魚とも言われるメバル。そのゲームの最盛期の季節も春である。

海水温の低下も底を打ち、徐々に上昇しだす頃になると、産卵後の体力回復に向け、徐々にではあるが自発的にベイトを追うようになる。とはいっても早春はまだまだ海水温も低く、アフター回復期の始まりにはかなりの地域差がある。海水温で14℃以上、わかりやすい季節的な動向をあげるとすれば、梅の開花時期頃から徐々にスタートし、ソメイヨシノの開花が最盛期突入の合図になる。桜前線の北上とともに季節が進行していくといった傾向がひとつの目安となるだろう。

海水温が適水温以下の場合は、まだまだ厳寒期のようなスローな釣りが主流となる。ベイトもアミエビなどのマイクロベイトが主体であるが、ミノーやトップウォータープラグの釣りが面白い季節。ポンプリトリーブからのフローティングアクションや、トゥイッチ&ステイなどのスローアプローチのプラグゲームがどのリグよりも威力を発揮する季節である。

海水温が適水温域まで上昇し、いよいよ春の最盛期を迎えたメバルは、非常にアグレッシブで秋の荒食い期以上の高活性をみせることも多い。ベイトも小魚や仔イカなど遊泳力に長けたベイトも果敢に追い回し積極的に捕食を行なう。そのため、プラグのただ巻きだけでもある程度の安定した釣果をあげることができるほど。一年でもっともメバルを釣りやすいシーズンがこの時期ともいえる。

ハイシーズンのメバルは驚くほど大胆で、時に水深50㎝ほどのシャローエリアまでベイトを追って差してくる。そのため、ゴロタやサーフといった遠浅のシャローエリアであっても、まずはしっかりと足もとまでリグを通すことを心掛けよう。いきなり遠投して探ると、沖で掛けた魚が暴れることで、手前にいたメバルを散らしかねない。手前から徐々に沖へとキャストしていくことで、取りこぼしを減らすことができるので、ぜひ頭に入れておき試してみて欲しい。

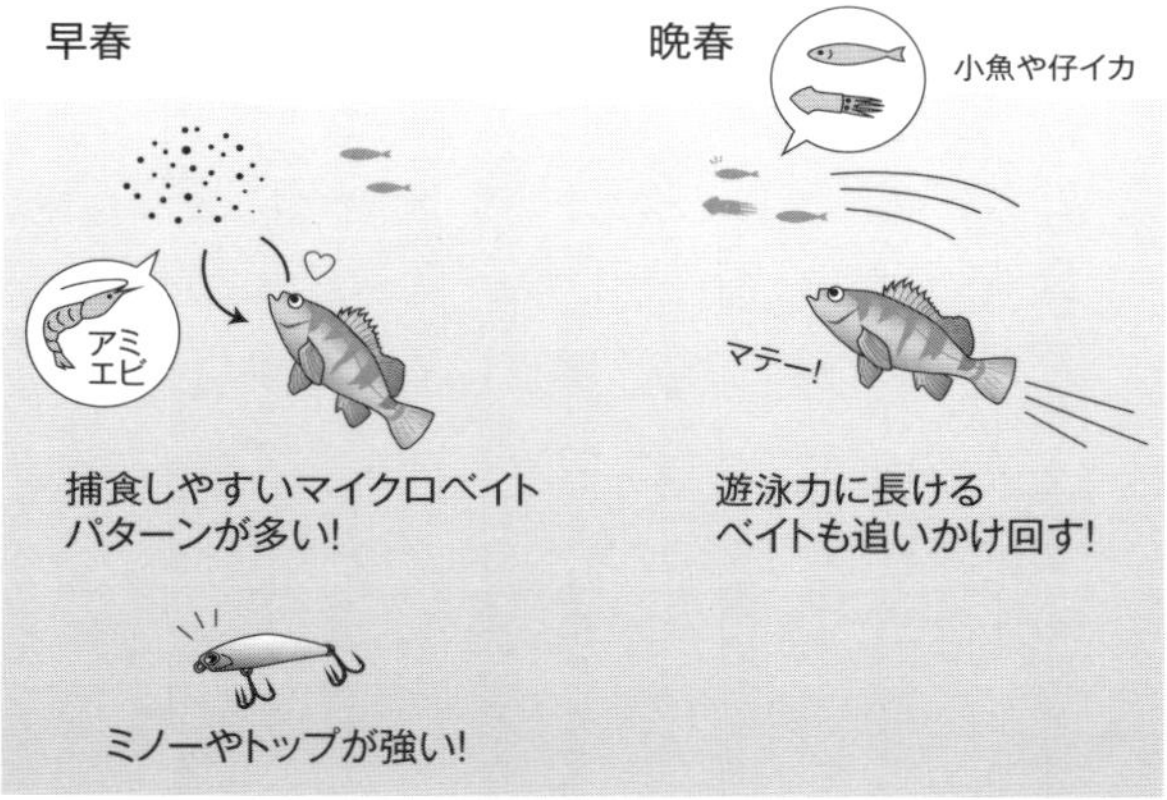

早春
晩春
小魚や仔イカ
アミエビ
捕食しやすいマイクロベイトパターンが多い!
マテー!
遊泳力に長けるベイトも追いかけ回す!
ミノーやトップが強い!

春になれば筋肉質になってすっかり体力を回復したメバルが多彩なルアーやリグに反応する。ちなみに旬は春とされる

小魚を盛んに追い回す時期だけにミノーも効く。またアミの集合体を模したトップの釣りも面白くなる

夏のメバル

[梅雨期～高水温期：17→20℃以上]

一般的にオフシーズンながらエリアによってはチャンス大

夏のメバルゲームは地域限定の釣りと言わざるを得ないところがある。基本的にメバルゲームのシーズンオフ期にあたり、多くのメバルは適水温を求めて沖の深場や北上といった避暖回遊を行なってしまうためだ。ただし北日本などでは海水温の影響もあり暦としては夏がメバルのハイシーズンとなるのだが、水温ベースでいえばやはり高水温期のメバルゲームは難しい。梅雨期は、長雨の影響で一時的に海水温が低下することもあり、メバルゲームが再燃する地域も多い。しかし、それでも最後の終盤戦といった雰囲気は強く、アベレージサイズも20㎝前後にまで落ち着きをみせることが多いようだ。

夏の時期のメバルはベイトフィッシュの接岸が重要なキーワード。それに加え、水潮の影響の少ない外洋向きのエリアを選ぶことも大切な要素となるだろう。高水温期のメバルゲームは、沖磯などでの釣果が目立つ。外洋に面した潮通しのよい岬周りの磯などが高実績場。ベイトの回遊率が高く、沖や深場への逃げ道が隣接したスポットでは、マヅメ時などの時間限定でメバルゲームを楽しめるポイントはある。また、北日本では避暖回遊した先が渡船できる沖堤防の周辺ということもよくあり、そうなると産卵から完全に回復した良型あるいは尺上がガンガン食ってくることもある。

しかし、一般的な防波堤での釣果はやはり稀であり、よほどの好条件が揃わない限り厳しいゲーム展開となることは覚悟して挑んで欲しい。むしろ、アジングなどの別のターゲットを主としたゲーム展開の中でゲストフィッシュとして混じる程度といった感覚でいたほうが気も楽である。秋までの一時的な休戦期ともいえる箸休め的期間なので、秋からのシーズンインの動向を探る気持ちで行なうとよいだろう。

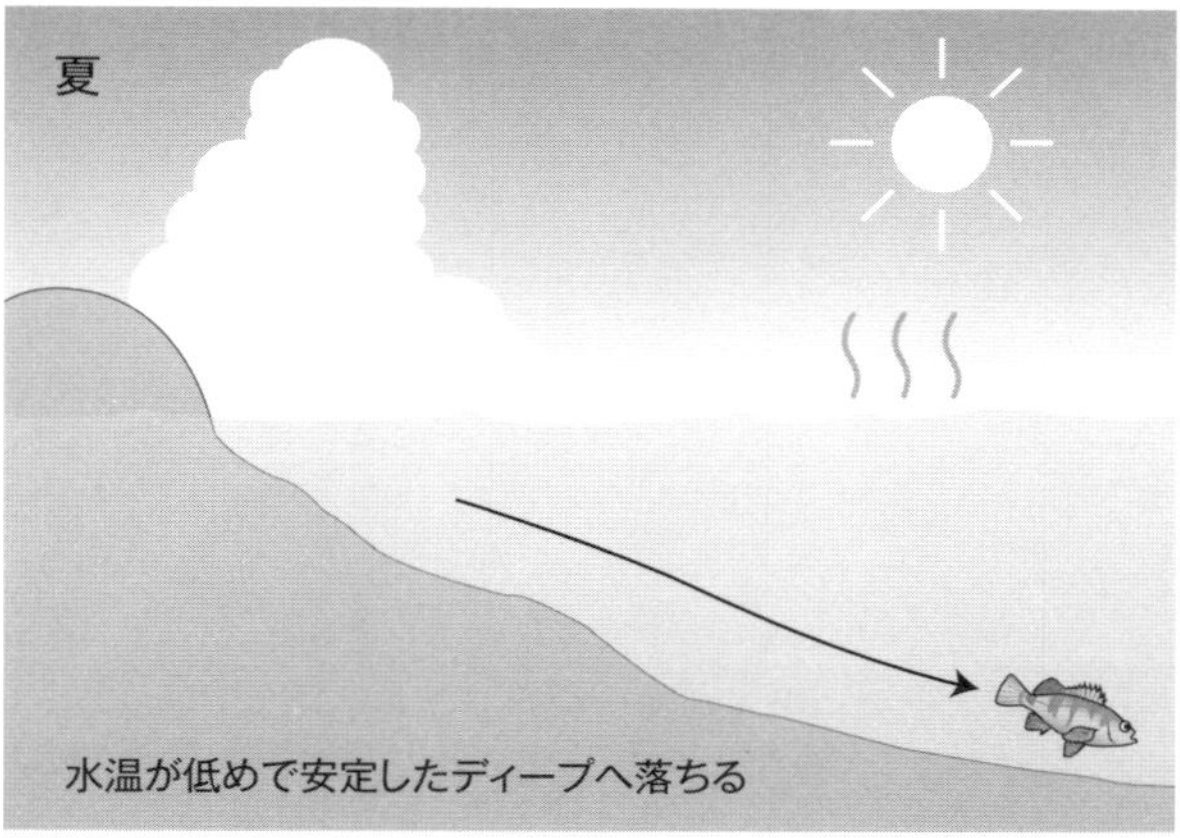

親潮の影響力が強い三陸エリアでは真夏に尺超えの大型メバルが釣れる。ボートからねらう沖合の水深10m前後にカタクチイワシが回遊し、シーバスと一緒に大型が釣れる。しかも沖堤防の周りなので渡船を使えばオカッパリからもねらえる

ライトゲームの好敵手たち②

アジ

全国でねらえる食味抜群の大衆魚

種類と生態

現在のライトゲームシーンをメバルと共に牽引している人気ターゲットが『アジ』だ。アジの種類はメバルほど多彩でなく、マアジのほかはマルアジやメアジといったところ。全国的なアジングのメインターゲットといえば、ほぼマアジ一択といっても過言ではないだろう。そしてマアジは小型の南蛮漬けから中型のフライ、塩焼き、大型の刺身、干物まで、どのように食べても美味しい大衆魚の王様である。

マアジは13～28℃ほどの海水温域を好む温帯域の魚であり、適水温は16～24℃前後とされる。その北限は北海道、南限は南シナ海とされ、サイズを問わなければほぼ全国各地で釣れるターゲットなのだが、25～30㎝ほどの成熟魚を釣りやすい範囲に絞れば、北は新潟県、南限は鹿児島県あたりまでといったところが現実的であり、日本近海に多く生息している種類の魚である。

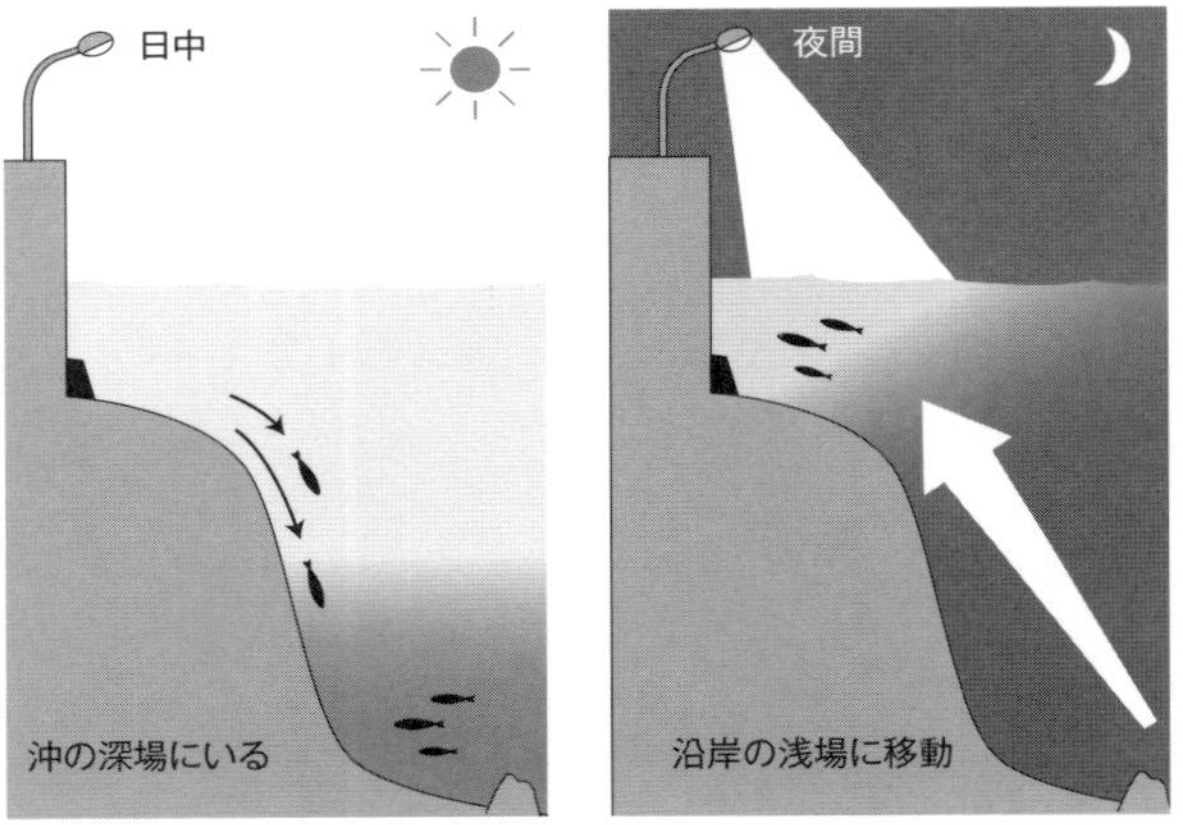

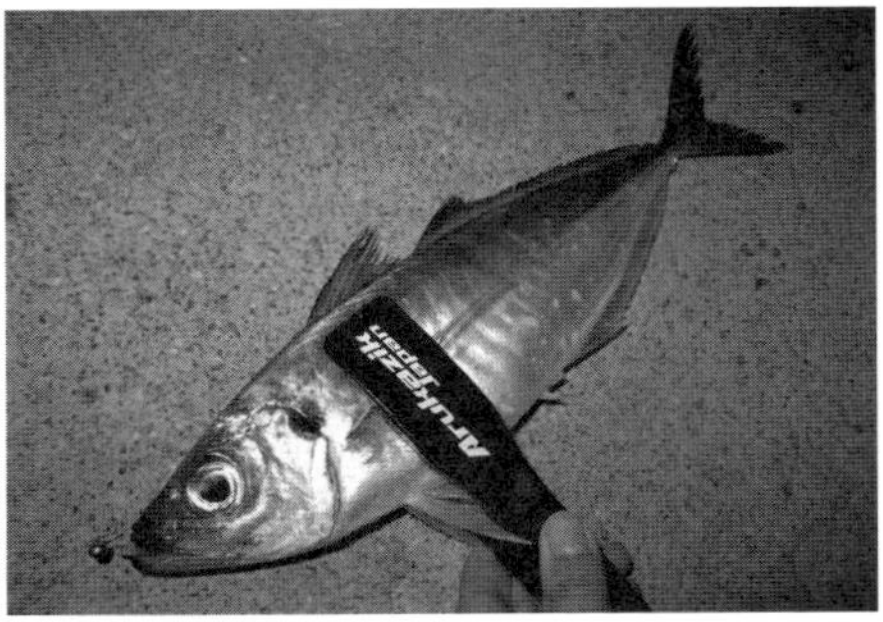

身近な防波堤で釣れる手軽さ、20～30㎝クラスがメインで40㎝オーバーまでねらえるサイズ感、多彩なリグを繰り出して数を伸ばせるテクニカルなゲーム性、そして万人受けする食味のよさにより、ますます人気が高まり専用タックルが充実している

食性は、小魚や仔イカ、ゴカイやアミエビなどの動物性プランクトンなどであり、メバルの食性に近似する。アジは大きな群れを形成し大海を季節回遊する沖合回遊群と、近海の瀬周りに居着く瀬付き群の2種に大別することができる。前者をクロアジやセグロ、後者をキアジなどと称し、水産価値をわけるひとつの指標とされているが、学術的には同じ『マアジ』である。

アジの回遊には、適水温域を求めて北上と南下を繰り返す季節回遊と、好む光量を求めてシャローとディープを往き来する二つの大きな回遊特性がみられる。季節回遊は、いわば地域別のメインシーズンの差に影響を与えており、沖合回遊群と瀬付き群がリンクするタイミングこそがその地域のハイシーズンとされる。対して、適正な光量域を求めた回遊行動は日時単位の回遊周期で起こっており、日中は水深20～30mほどの沖のディープエリア、夜間は水深5～15mほどの沿岸域といったような回遊形態をとる傾向がある。

また、アジは基本的に昼行性の魚であり、夜間は常夜灯周辺のような日中並みの光量を確保できるエリアを除けば、基本的に絶食状態をとる魚として知られている。アジングが常夜灯完備の明るいフィールドが主戦場であるのはこのためで、アジの生態をうまく活用したルアーゲームがアジングなのだ。

マルアジとメアジ

アジングはマアジ一択と書いたが、地域や季節によってはマルアジ（アオアジ）をねらう釣りもある。マルアジは、青森県から南シナ海にかけて生息するムロアジ属の魚である。適水温は22～28℃とされ、マアジよりさらに高水温を好む傾向があり、夏季によく釣れるターゲットだ。

釣り人目線の生態的違いをあげれば、マアジよりもやや魚食性が強い傾向があるように感じられる。梅雨～夏季のマヅメ時にベイトフィッシュを追って果敢にボイルする行動は有名であり、マヅメ時合の短時間ゲームを楽しむことが一般的に普及している。おもにメタルジグでの釣りになることから小型回遊魚ねらいの一種と言ってよく、サイズも30㎝では小型の部類であり、40㎝オーバーも珍しくない。

マアジとマルアジの違いはいくつかあり、まず体型がマアジのように体高がなく全体的に細長く、体の厚みはマアジよりも丸みを帯びている。一番簡単な見分け方は、尾ビレの付根にあたる尾柄部の小離鰭と呼ばれるヒレの有無。マアジにはなく、マルアジはある。

朝マヅメの表層にナブラを発生させるほど魚食性が高いマルアジ。マアジに比べると横から見て細長く、正面から見て丸みを帯びている。マルアジには尾ビレの付根にあたる尾柄部に小離鰭と呼ばれるヒレがあり、ゼンゴのカーブもマアジより緩やかである

メアジという種類もいる。黒潮や対馬暖流に乗って日本近海まで回遊する熱帯～亜熱帯系のアジの一種であり、日本では沖縄などの南日本の離島や、黒潮の接岸する太平洋側の地域で多く見られる傾向がある。メアジはその名のとおり目が大きい。それがマアジとの違いであるが双方を並べて比較してみないとなかなか判りづらい。それより簡単な見分け方は、エラ蓋の下の鎌部を確認すること。メアジの鎌部にはカギのような突起があり、マアジにはこれがない。また、ゼンゴ（尾に近い体の側面にあるトゲのようなウロコ。ゼイゴとも言う）の棘がマアジほど鋭くなくカーブも緩やかである。と言っても私自身はまだお目にかかったことのないアジであり、これを専門にねらうというよりも思いがけずゲストとしてヒットすることがある程度であろう。

アジのシーズナルパターンを知る

ここからはアジの季節的な動向やその攻略法について水温ベースで春～冬と季節ごとに分けて解説する。地域によって多少違いはあるが、ぜひ自身のエリアに置き換えて読み進めてほしい。

秋のアジ［24℃→16℃］

始めるなら最盛期の秋から!

アジングの最盛期といっても過言でないシーズンが秋だ。海水温が24℃を下回るようになると、ベイトとなる生物の活動も活発となり、それにつられるようにアジの接岸量も多くなる。常夜灯完備の防波堤はもちろん、サーフやゴロタ浜など、さまざまな水深や地質のフィールドで思い思いのアジングを堪能することができる。

海水温が比較的高い早期は15～18㎝ほどの小アジも多いが、25㎝を超えるような良型の接岸も既に始まっていることが多い。これらの良型アジは基本的に小アジと混泳することは少なく、同じポイントであっても遊泳層（レンジ）に違いがある。良型に的を絞ってねらいたい場合は、ボトム付近のレンジを重点的に攻める、あるいは小魚などの遊泳力に優れたベイトが多いポイントをセレクトするとよい。

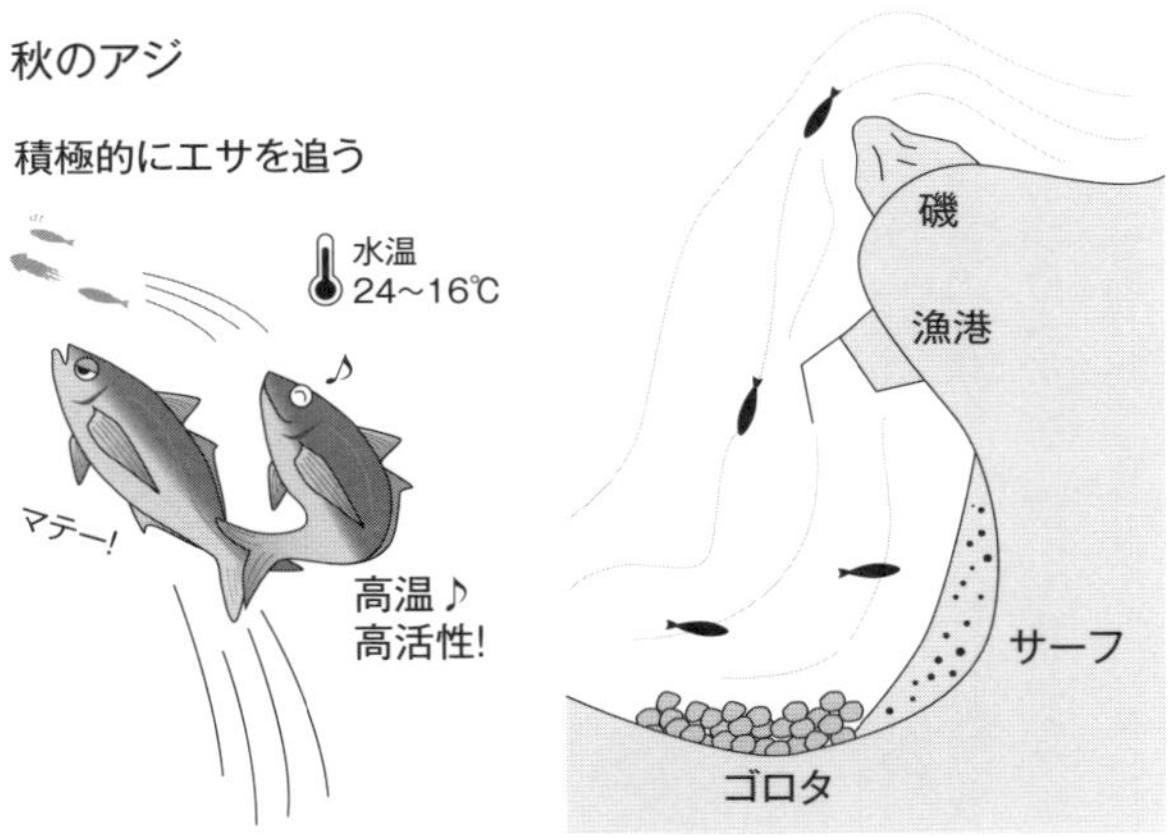

アジの適水温期となる盛秋～晩秋ともなると、25㎝を超えるような良型アジのまとまった釣果を耳にすることも多くなる。小アジも徐々に少なくなり、一年間でもっともアジングを手軽かつ簡単に楽しめるタイミングとなる。常夜灯完備の防波堤などで、ジグヘッドリグやスプリットショットリグなどを駆使したゲームを楽しむもよし、メ

身近な漁港や堤防などで多彩なリグで数が釣れるこの時期の楽しさは格別だ！

タルジグやメタルバイブなどのハードベイトゲームを覚えるにも、個体数の多いこの時期が打って付けのタイミングである。また、新しいポイントを開拓するのもこの時期がおすすめだ。基本的によほど条件が悪くない限り、アジの入りやすいポイントではサイズは別にしてアジは釣れる季節。この時期にアジが釣れないポイントはアジングフィールドから外してよい。それくらいアジを釣りやすい季節なので入門者はこの時期からエントリーすることをすすめする。

冬のアジ
［厳寒期：16℃→13℃以下］
水温15℃前後なら引き続きチャンス！

秋の最盛期が終わり、雪が舞う厳寒期ともなると、沿岸域であれだけ多くの数を確認できていたアジたちも忽然と姿を消す。この傾向は、海水温が16℃を下回るころから徐々に始まり、13℃以下になるとアジたちは沖の深場に定位するようになり、沿岸域への回遊行動が気薄となる。そのため、基本ショアからのアジングはかなり難しい時期となる。

しかし、最低海水温が15℃前後で落ち着くような温暖な地域では、真冬であっても晩秋の延長、もしくは、それ以上の釣りが楽しめる。これらの地域の厳寒期は、総じて沿岸部よりはやや沖に位置する離島への遠征釣行が賢明で、数、サイズともに安定して良型がねらえる。場所によっては、他地域の春を先取りするような40㎝を超える大型がねらえることもあるので、ぜひレコード級のアジに的を絞って自己記録更新を目指してみてはいかがだろうか。

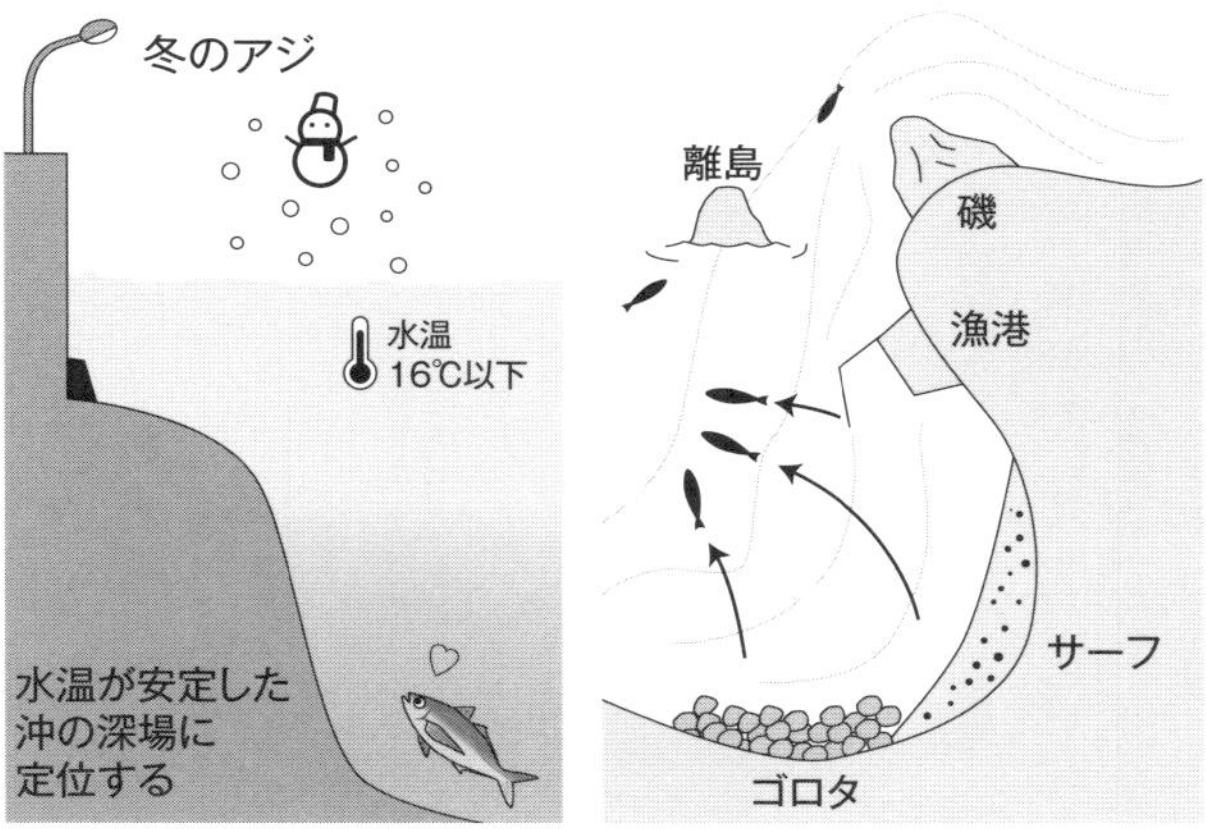

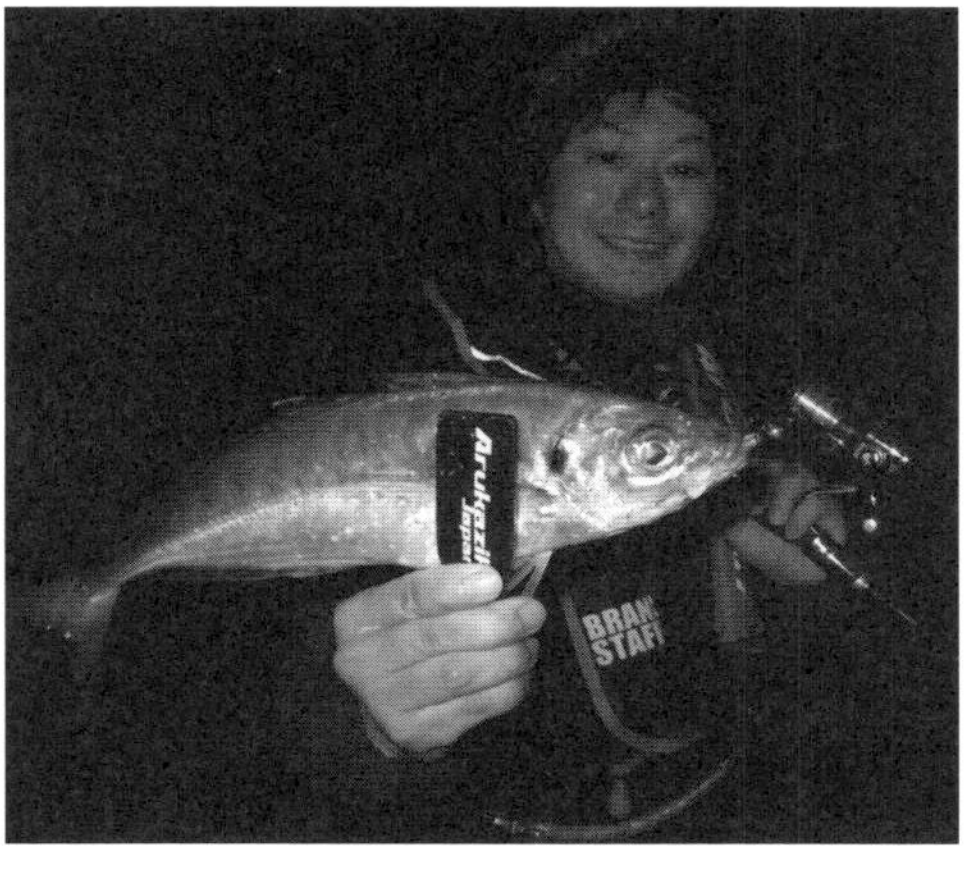

真冬になるとショアからの釣りは厳しくなるが、ショアから離れる行動を逆手に取って離島での釣りが楽しくなる。もはやアジの引きとは思えない大型サイズをキャッチできるチャンスだ

春のアジ【16℃→24℃】

産卵前に大型ベイトを活発に捕食！

春のアジングは、秋と比べて安定した釣果こそ期待できないものの、自己記録級の大型アジがねらえる時期とされ、コアなアングラーにもっとも好まれる季節だ。

海水温が上昇し、15℃を超えるようになる頃から、産卵を控えた大型アジがベイトを求め、沿岸域の射程圏内まで接岸するようになる。もちろん、この傾向および産卵行動にはかなりの地域差こそあるが、冬から夏にかけての水温上昇期が大型のアジをショアラインからもっともねらいやすいという事実は全国共通事項である。早い地域では2月頃から、遅い地域では7月に入ってからということもあるが、海水温が適水温内という条件が一番重要なファクターのようだ。

こんなに大型揃いのアジが釣れるビッグチャンスが春にやって来る。水温が15℃を超えるタイミングが目安になる

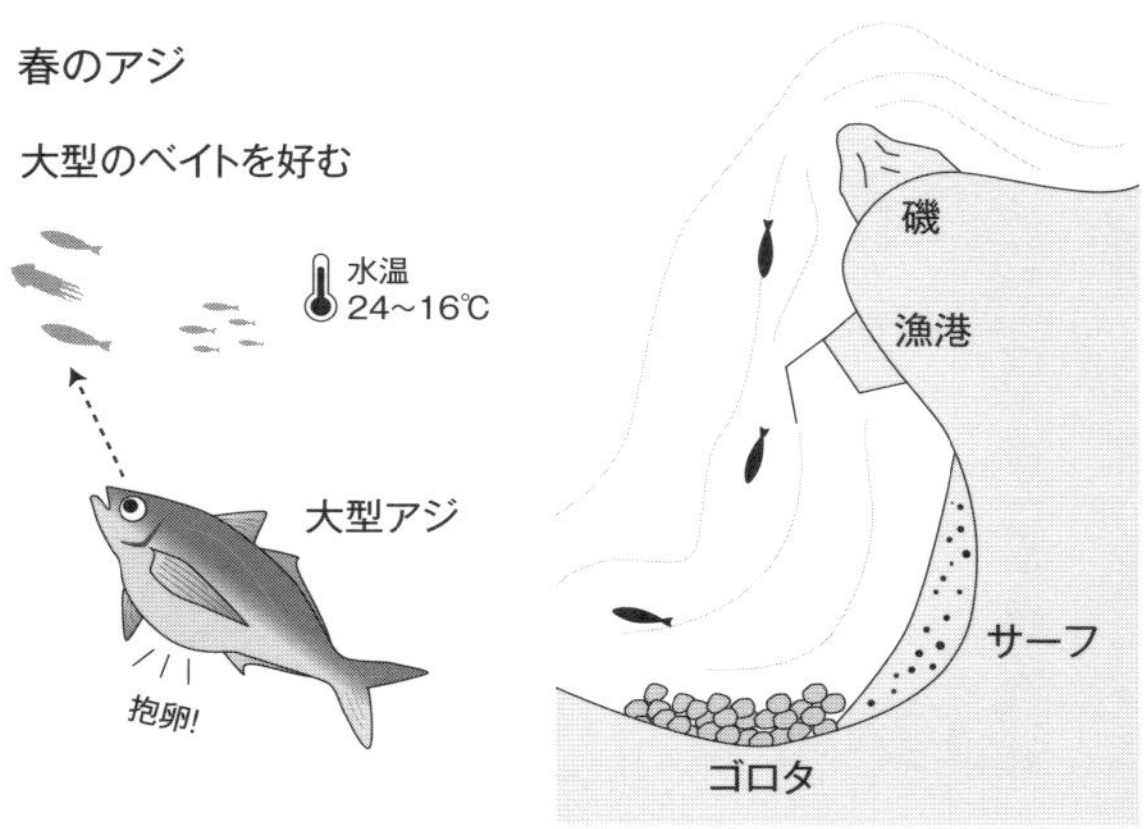

大型アジが接岸しやすいポイントは、大型の腹を満たすだけのベイトが入るスポットや、流れと水深が重なるポイントが隣接していることなど、いくつかの条件がある。ベイトはマイクロベイトよりも、キビナゴやイカナゴなどの7～10㎝ほどのやや大きめのベイトフィッシュ、もしくはゴカイや仔イカなど。ベイトサイズが大きめで、群れの規模が大きければ大きいほどその期待度は高くなる。

ねらい所としては、離島の外洋部をはじめ、島と大陸の水道域など、急流と水深がリンクするようなスポットへの回遊率が高い。ホームエリア内でこのような条件がみられるポイントは、人知れず大型アジが接岸回遊している可能性があるので、ぜひ最寄りのエリアでそのようなポイントがないかチェックして欲しい。

夏のアジ【高水温期：24→28℃以上】

テクニカルな小アジ、パワフルなマルアジ

夏のアジゲームは、豆アジと呼ばれる5～15㎝の小アジが多い季節であり、近年それを専門にねらうゲームも盛り上がりを見

せている。アジは小さくとも食の対象魚としての地位を古くから定着していることもあり、たくさん釣って南蛮漬けという楽しみ方もある。また、吸い込みが弱く口切れを起こしやすい小アジこそ、確実に上アゴに掛けて獲るというアジングのテクニカルな面が反映されやすく、コアなアングラーほど、この高いゲーム性に魅了されてしまうのだ。

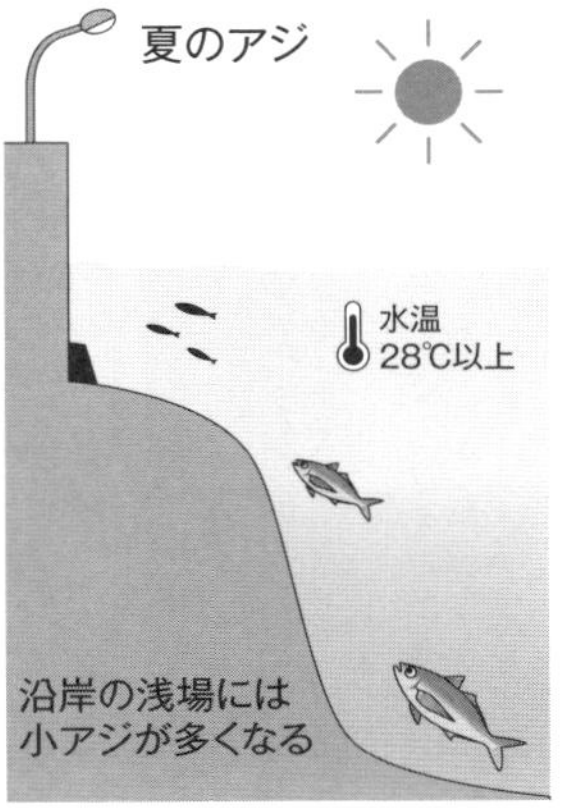

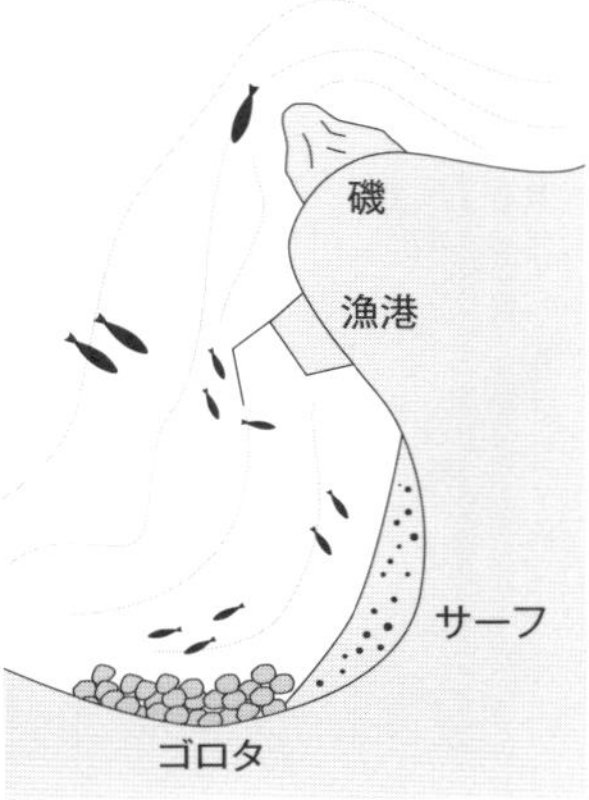

また、梅雨期の海水温の低下時に、25㎝ほどの良型アジがまとまって釣れるタイミングがある地域もあり「梅雨アジ」という新たなワードも生まれている。梅雨アジをねらう場合は、水潮の影響の少ない外洋向きのエリア、流入河川の河口エリアと、一見すると相反するようなエリアでの実績が高い傾向にあるが、その詳細はまだ不明な部分も多い。いずれにしても、他ポイントより海水温が低く、ベイトのストック率が多いという条件が重なるので、ぜひ参考にして欲しい。

また、梅雨の到来とともにマルアジゲームが盛んになる地域も多い。マアジに反してこちらは高水温期がメインシーズンとなるターゲット。マルアジは、朝夕マヅメ時に海面で果敢に小魚を追う傾向が強く、ハードベイトオンリーのゲーム展開も可能。大きいものだと40㎝を超えるサイズもねらえるので、大型思考のアングラーはマアジが小型化するタイミングで、このゲームに切り換えて楽しむのも良いだろう。

夏の日中にメタルジグでキャッチ。このサイズでも食い気は満々だ

サイズが小さいからこそ上アゴ中央にドンピシャで掛ける必要がある。ある意味、夏の小アジが問題なく掛けられるようになれば秋から春のアジは問題なく釣れるはずだ

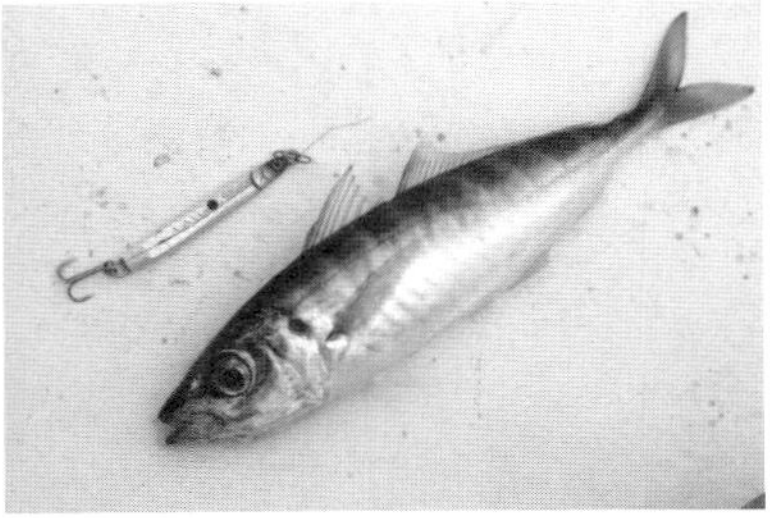

ナブラを立てて猛然とベイトフィッシュを追い回すマルアジ。大型は40㎝を超すパワフルなファイターだ

意外なほど多い共通点はまさに「メバアジ」！

メバルとアジの共通点

この書でもたびたび〝ライトゲームの双壁〟と書いているとおり、多くのアングラーを虜にしてやまないターゲットが『メバル』と『アジ』だ。ここまでは、それぞれの生態やシーズナルパターンについて紹介してきたが、実はこの二種類の魚には意外なほど多くの共通点がある。例えばベイト。これはもうほぼ同じといっても過言ではない。そのため、どちらか一方をねらっていても、もう片方が釣れてしまうということもしばしば起こる。つまり、同じ攻略方法やフィールドで双方を釣ることができるシチュエーションが多いのだ。そこで双方に共通したライトゲームの基本戦略を紹介していこう。

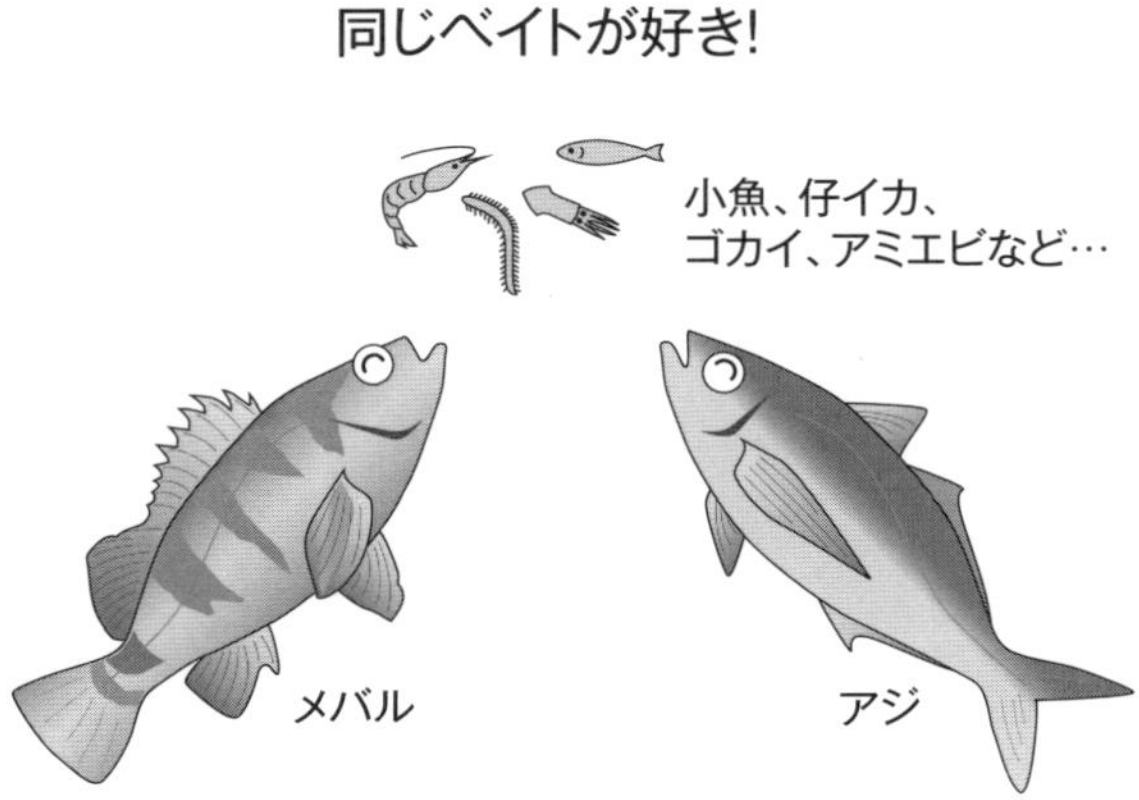

デイゲームの手引き

メバルやアジもナイトフィッシングが基本とされる。もともと夜行性であるメバルならば理解もしやすいが、昼行性であるアジがナイトゲームメインであることに疑問を抱く方も多いだろう。これにはアジの生態が大きく関係している。

日中のアジはキャスト範囲の沿岸域には少なく沖の深場を回遊する傾向にある。また、キャスト範囲を回遊しているアジの群れであっても日中は非常に足が早く、寄せエサを使わずねらって数を釣ることは難易度が高い。しかし、夜間のアジは、接岸数

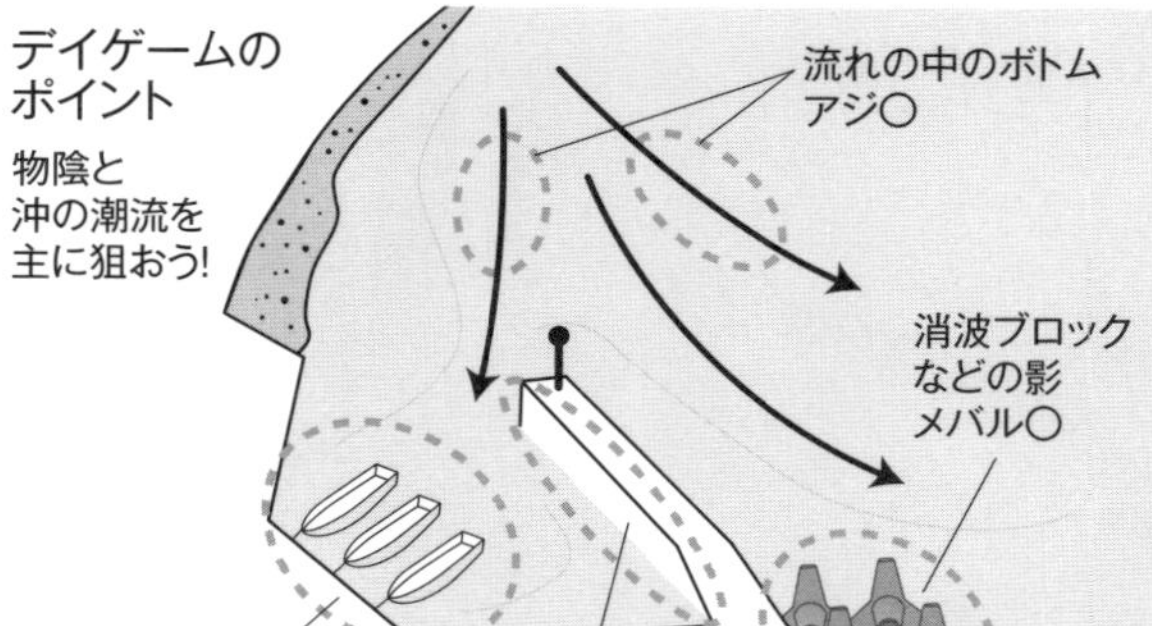

も増えるうえに、常夜灯などの光源のあるスポット以外では捕食活動が極端に鈍化する習性をもつ。つまり、ナイトゲームであれば誰しもが悩むポイントセレクトが容易で簡単に釣ることが可能であり、非常に理に適っているのだ。

しかし、デイゲームではまったく釣れないのかというとそうではない。ナイトゲームほど簡単ではないが、ポイントを絞りアプローチを工夫することで、日中でも彼らとの出会いを楽しむことができる。

日中のライトゲームにおいてねらいめになるのがシェードといわれる物影。防波堤の際に落ちる影や停泊している船の影、地形的な山影など、とにかく影を意識することが重要となる。

また、潮が通すスポットもねらいどころのひとつ。特にアジは、回遊傾向が強い魚であるため、沖を流れる本流の分流があたる防波堤など、潮流の中のボトム付近を重点的に攻略すると回遊するアジのヒット率が高くなる。

アプローチは、やや重量のあるジグヘッドやメタルジグなどを駆使したクイックかつレスポンスのよいアクションやワインドに好反応を見せる場合と、1.0g以下の極めて繊細なアプローチに反応する場合のどちらかに二分される傾向がある。活性の高い魚を求めて広範囲をランガンする際は前者、船影などの限られたスポットを集中的に探る場合は後者と、ねらうシチュエーションでアプローチを使い分けて攻略していくと良いだろう。

本来は昼行性であるアジも、寄せエサなどで足止めできないルアー釣りではナイトゲームがメインになる。その際に光源の有無が大きく左右する

身近な防波堤こそ極上のメバアジ道場

ナイトゲームの楽しみ方

ナイトゲームの心得

アジメバねらいはナイトゲームが中心になる。夜行性であるメバルは日中よりも積極的にエサを求め活動するし、アジも光源をもとに、より簡単に居場所を特定しやすい。つまり入門者こそまずはナイトゲームからこの釣りを覚えていくべきだ。

ナイトゲームといっても、実際に釣りをするフィールドはさまざま。常夜灯完備の比較的エントリーしやすい防波堤から暗闇の磯場まで、ターゲットの生態や季節に応じてフィールドを選ぶこととなる。しかし、まずはエントリーしやすく、この釣りの基礎を学びやすい常夜灯完備の防波堤で腕を磨こう。日中と比べ、どうしても安全性を確保しづらい部分があるナイトゲームにおいて、日中に近い情報量で釣りを行なえるフィールドである点も見逃せない。

ただし、常夜灯などの光源があるといっても、リグを結ぶ手もとや移動中の足場を照らすためのヘッドライトなどの装備品は必要不可欠。しかし、海面方向にライトを向けるのは基本的に御法度。固定された集魚用ライトなら問題ないが、点滅や動く光を魚は嫌う傾向にあり、せっかく足もとまで集まっているターゲットを散らしかねない。周囲のアングラーの迷惑にもなるので控えたほうがよい。リグを結び直す場合も水辺から少し離れたところで海に背中を向けて行なうのがナイトゲームでのマナーである。

また、視力に自信のない方や慣れないうちは、予め自宅である程度のリグセッティングを行なってから釣りに望むのもよい。細かなアイテムを扱う機会が多いライトゲームでは、準備を整えておくと現場での行動がスムーズになる。

ヘッドライトはさまざまなタイプがあるが充分な光量のあるタイプを選びたい

真っ暗闇でのタモ入れの際にもヘッドライトはかなり役立つ。ただし、釣りをしている最中は不用意に海面を照らさないこと

身近な防波堤こそ極上のメバアジ道場

防波堤の成り立ちを知る

地形の変化と潮の変化

ライトゲームのメインフィールドと言える防波堤。実際、私自身もライトゲーム釣行の八割以上は防波堤などの足場の整った環境で楽しんでいる。しかしこれらの海洋設備は、もともと波消しの目的や船を停泊させるために設けられたもので、決して釣り人のための設備ではないことも理解し、迷惑行為や危険な行為は慎みたい。

防波堤は岩礁帯など地盤の強い場所に造られる傾向があり、堤防そのものが大きな漁礁のような役割を果たしている。防波堤そのものの壁面、基礎として打ち込まれている敷石、波消しのための消波ブロック、船のロープを固定するためのアンカーなど、防波堤には挙げればキリがないほどのストラクチャーが数多く存在し、多くの魚たちを育んでいる。ライトゲームの対象となる30㎝ほどの魚たちは、このような沿岸域の

ストラクチャー周辺を好む傾向にある。潮流の変化によって生じる潮のヨレや壁、常夜灯が作り出す明暗差なども、見方を変えれば大切なストラクチャーの一種だ。

堤防そのものの立地条件や周辺の環境条件などを広い視野で見ることにより、その防波堤に入りやすいターゲットの種類や居着きやすいポイントなども見えてくる。砂底ベースであればアジの回遊が期待でき、岩礁ベースであればメバルやロックフィッシュなどの好フィールドとなる可能性が高い。現在では、インターネットで空撮マップなどを確認すれば実際にフィールドに立つ前に下見ができる。これらの情報を最大限に活用し、釣行のイメージを練っておくのもよいだろう。

防波堤のポイント

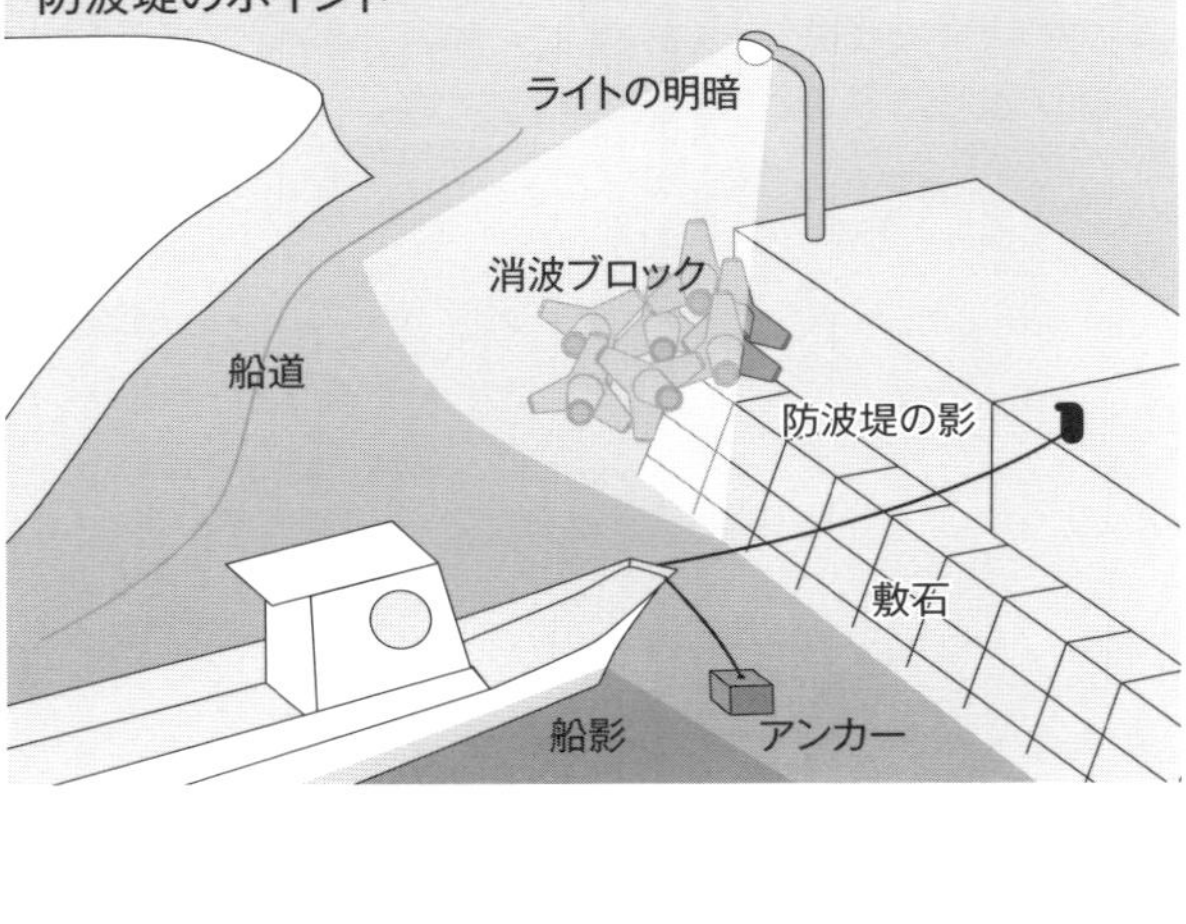

身近な防波堤こそ極上のメバアジ道場

防波堤の個性を知る

安定性はないが爆発力がある釣り場も

アジメバの主戦場である防波堤には、釣りを上達させるための要素が複合的に存在している。

基本的には、ワンドや湾の奥へ入れば入るほど漁港の規模は小さくなり、水深も浅いケースが多い。このような漁港の防波堤周りは潮の流れが弱く、波も穏やかで、地質も砂などが堆積したフィールドであることが多い。

これらのフィールドは、良型のメバルやアジが居着きやすい環境ではないものの、外洋が荒れた際の避難場所となったり、ベイトフィッシュが溜まりやすいポイントであったりする。そのため、朝夕マヅメの摂餌ポイントになったり、一度群れが入ってしまえば抜けにくい絶好の溜まり場になる傾向がある。

対して、外洋に面した防波堤は、潮が走り水深も深い傾向にあることが多い。このような防波堤は、沖から潮に乗って回遊してくるベイトフィッシュやそれをねらうターゲットが多い。特に、外洋側に波消ブロックが入っている環境では、その周辺を住処としているメバルやロックフィッシュも多い。

港湾側の船溜まりであっても、沖を回遊するアジの群れが夜間に差し込んでくるケースも多く、常夜灯などの光源設備があればホットスポットになりえる。

釣行日の天候や風向き、潮汐などと季節的なターゲットの動向を照らし合わせれば、自ずと出向くべきポイントは絞られてくるはずだ。

慣れないうちは、条件の異なる漁港を数ヵ所ピックアップして数時間単位で周れば、それぞれの防波堤の個性や長所と短所が見えるだろう。

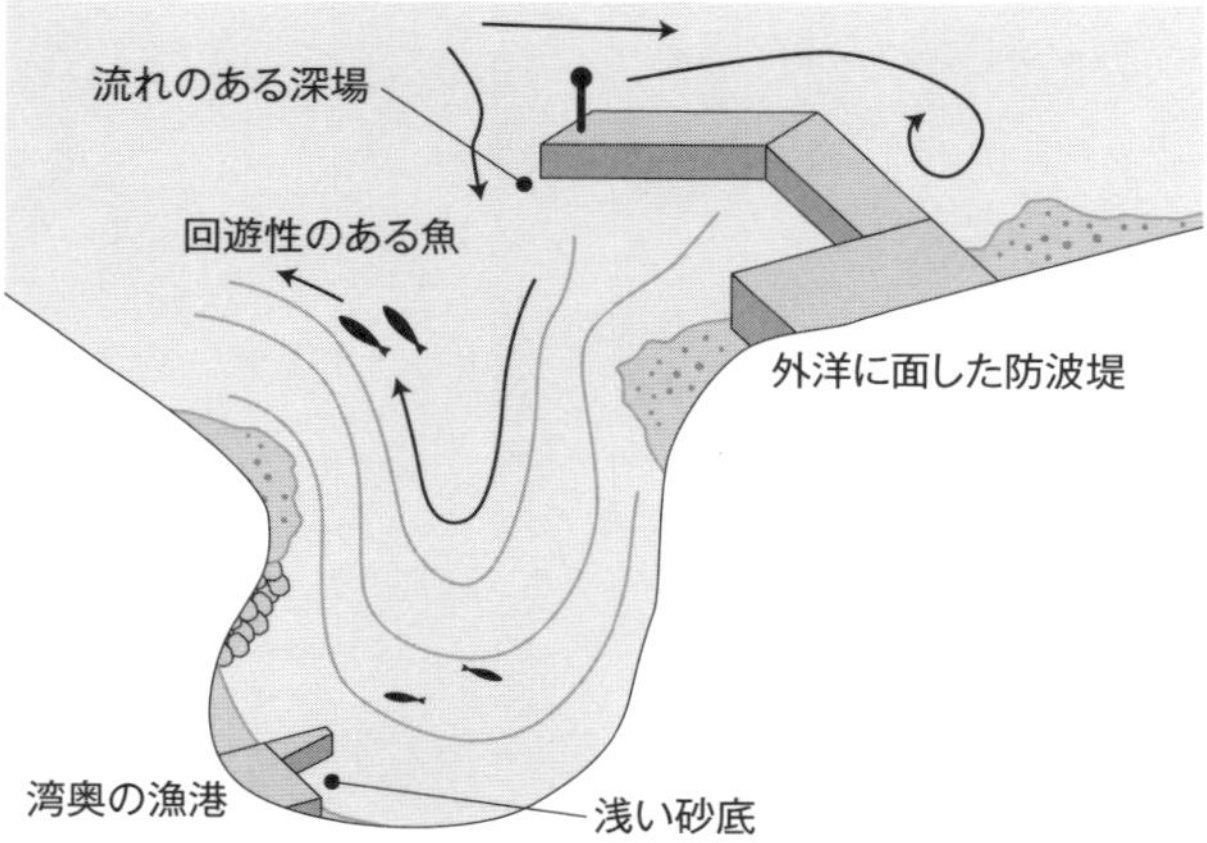

身近な防波堤こそ極上のメバアジ道場

レンジを読み解く

メバルは上から、アジは下から

アジやメバルを効率よく釣るためには、ターゲットの遊泳層であるレンジを把握することが大切だ。レンジを把握し続けるという部分こそがライトゲームの展開そのものの大半を占めると言っても過言ではない。しかし、実際には海面から何mといったような明確なレンジを定めることは不可能である。なぜなら、海面からボトムまでの水深すら潮位の影響で変動するうえ、ターゲットのレンジも刻々と変化し続けるからである。

明確ではないものの間違いのない、そして極めて簡易的な手法として『カウントダウン釣法』がある。これは海面からボトムまでの着底時間をカウントして数値化するもので、例えば着水から着底まで30カウントかかるフィールドであれば、これを5カウント刻みで6等分し、それぞれのレンジを分けて攻略してゆく。

また、ターゲットや状況によって、海面からカウントを刻んだほうがよいシーンと、ボトムからアップカウントしたほうがよいシーンにも分かれる。海面で盛んにライズを行なっている場合やメバルねらいでは海面からのレンジダウンが有効的であり、アジの場合は大型ほどボトム付近を回遊する傾向が強いのでボトムからのアップカウントで攻略することが多い。

まずは、目前のフィールドのボトムまでカウントできるリグをセレクトし、分割するレンジの範囲を導き出すことが重要だ。ボトムまで１００カウント掛かるリグで5カウント刻み探っていては非効率すぎて埒が明かないからだ。そして反応があったレンジでワームやアクションを工夫して反応のよいアプローチを探す。実際は、同じレンジで長くは釣り続かないことが大半であり、反応がなくなってしまった場合は、反応のあったレンジに隣接する上下のレンジを探り、それでも反応がない場合は、再度ボトムか海面からレンジを探り直す。

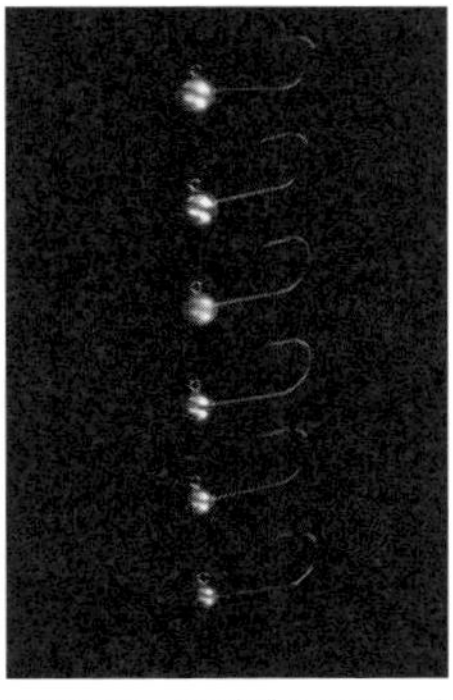

水深によってジグヘッドも重さのバリエーションが必要になる。100カウント掛かるようでは釣りにならないが、基本的には重すぎないウエイトがマッチする

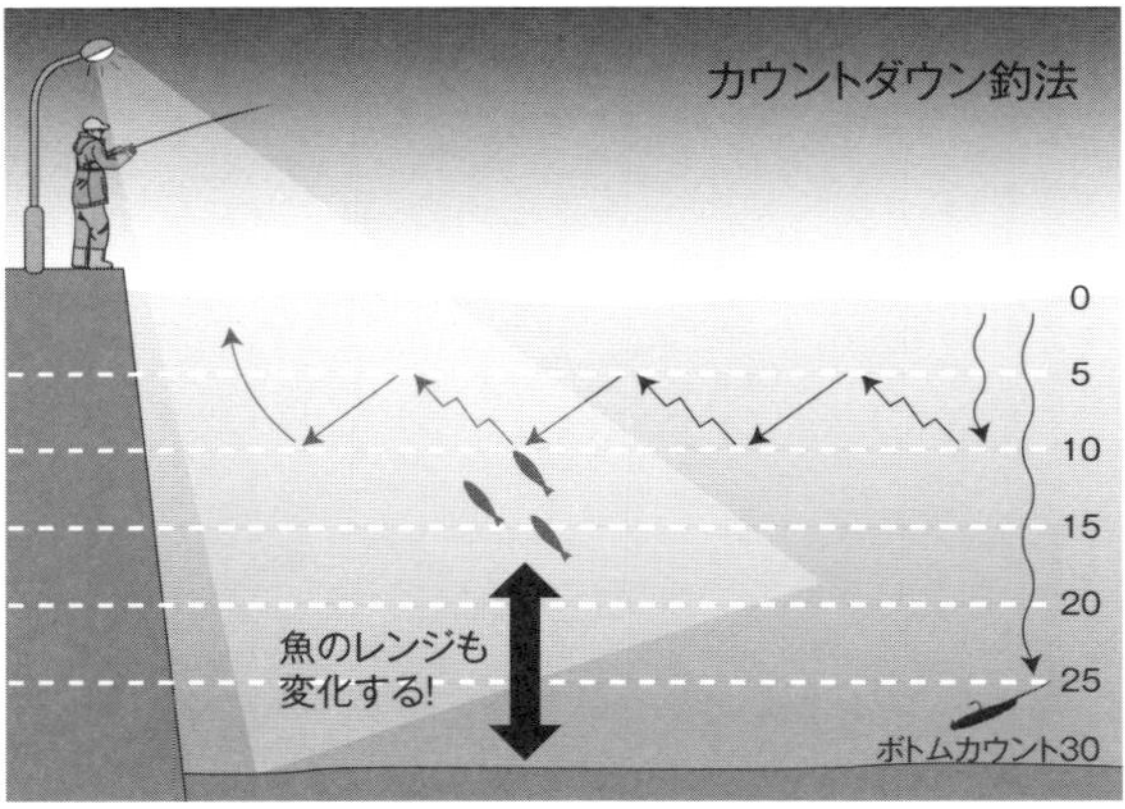

流れを読み解く

流れはどこかで変化する

ライトゲームシーンを含むソルトゲームにおいて、ターゲットに一歩近づくための重要なキーワードとして『流れ』という概念がある。流れとは、潮の干満や地形の高低差、海水温の温度差や風などの外的要因によって生み出されるが、実際に釣りで重要となる流れは、流速の異なる潮と潮がぶつかる潮目や潮流が障害物などに当たって反転する潮のヨレ、干満差などによって生じる流れの強弱などの『流れの変化』を示している。これは防波堤に限ったことではなく、磯や河口やサーフでも流れが変化しやすいスポットが一級ポイントになる。

わかりやすい例を挙げれば、防波堤の先端部と最奥部。先端は地形上の岬にあたり、常に潮の動きが発生しやすい。対して、最奥部は潮位の変化こそあるものの潮の動きは稀薄で止水傾向にあることが多い。また、明確なブレイクラインなどの地形変化も上下の高低差による潮速の違いを生み出し、その境目が潮目となって海面に現われる。

これらが流れの変化であり、魚という生物は、流れに対して無駄に体力を使わずに泳ぎ続け、その場に定位し続ける術を知っている。それがこれらの変化が発生する場所であり、さらにはベルトコンベアー式にベイトが供給される一等地になる。

これらの流れの変化が発生する場所を特定するのは経験値が必要だ。実際、フィールドに立つと、思った以上に潮が動かなかったり、想像よりずっと速い潮が流れ続けていたりと予想するのは難しい。大切なのは知識を利用した現場での応用力。潮の動き出しや止まり際などに魚の活性が上昇しやすいのは確かなので、それらの変化を見逃さない観察眼を養うことこそ、流れを読み解き釣果をあげる唯一の戦術だと感じている。

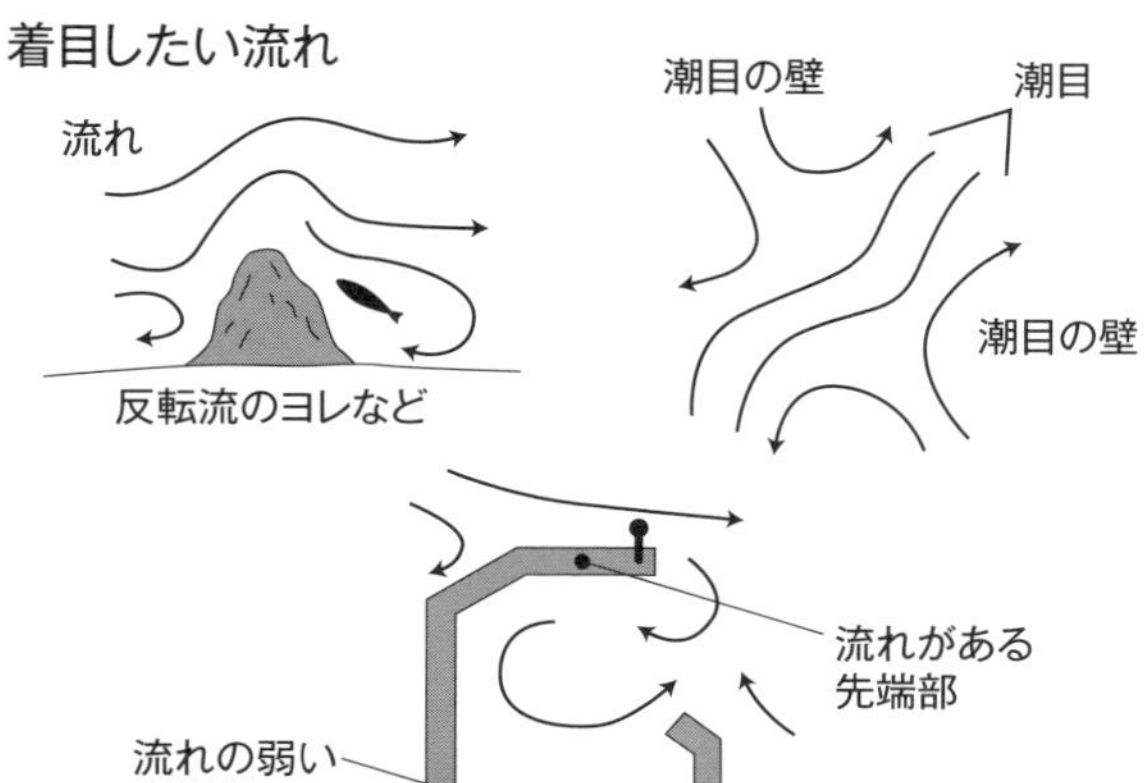

身近な防波堤こそ極上のメバアジ道場

常夜灯の明暗を読み解く

光と魚の関係性

メバルやアジねらいでは常夜灯のある防波堤で釣りをすることが多い。灯りの明部がよいシーンもあれば暗部がよいシーンもあり、その光量やターゲットの活性によって、定位もしくは回遊するレンジや着き場が変化する。基本知識として、夜行性であるメバルは灯りの暗部側に定位しやすく、明部を通過するベイトフィッシュを暗部側の一段深いレンジから見上げている場合が多い。対してアジは、サイズや群れごとに好む光量域があり、その光量域を大きな群れで回遊していると言われる。

当然、光源にもっとも近い手前の海面がもっとも明るく、光源より離れるほどに、水深が増すほどに徐々に減光してゆく。また、よほど海面から突き出た光源設備でない限り、防波堤の際には暗部が存在することを忘れてはならない。イラストを見てもらえればわかるとおり、暗部ほど大型の個体が多く、明部ほど小型の個体が多い傾向にある。これは、常夜灯下での一等地とされる暗部を優先的に良型が陣取るためだが、大量のベイトが明部にのみ集まっているシーンなどでは、暗部より明部のほうがよいときもある。

潮位の変動によっても適切な光量域は一定ではない。満潮時には近距離のボトムレンジで反応がよかったのに、潮位が下がるにつれて反応が薄くなるときなどは、海面から届く光量の変化が原因かもしれない。もしかすると好む光量域を求めて、やや沖の中層などに移動している可能性もある。

光と魚の関係性に着目すれば、常夜灯下のライトゲームはより楽しいものとなるだろう。

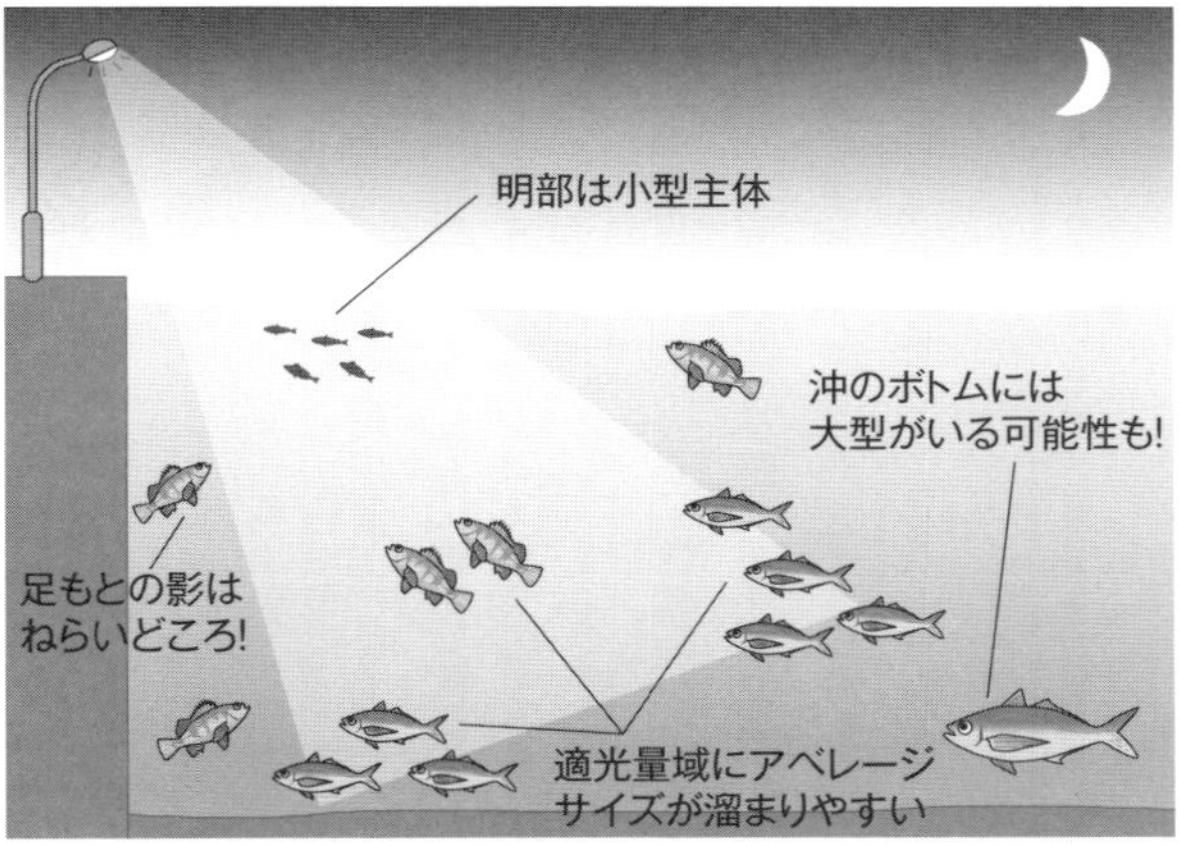
明部は小型主体
沖のボトムには
大型がいる可能性も!
足もとの影は
ねらいどころ!
適光量域にアベレージ
サイズが溜まりやすい

明部がいいのか暗部がいいのか、あるいは境がいいのか、ぎりぎり光の影響を受ける光量域がいいのかを考えて釣りを組み立てる

身近な防波堤こそ極上のメバアジ道場

ベイトを読み解く

難攻不落のプランクトンパターン

メバルやアジの好むベイトについては前項でも触れたが、中でも難攻不落とまで言われるのが『アミ』をはじめとするプランクトンパターンだろう。難しい要因のひとつがベイトそのもののサイズにある。大きくて10㎜、小さい場合は2～3㎜のアミエビやメガロパ（カニの幼生）といったマイクロベイトを偏食している状態がこのパターンである。これをルアーサイズで再現するのは不可能に近く、マッチザベイトを演出できないことがこのゲームの難易度を上げている。

このサイズ感の違いに対する対処法はワームやルアーのカラーにある。ライトゲームで一定の人気を博してやまないクリアーカラーがそれで、ルアー本体のシルエットをボカし、施されたラメやホロテープが微細なベイトの集合体を演出するのだ。

また、遊泳力に乏しいこれらマイクロベイトの動きを模すアプローチも重要なファクター。自発的に泳ぐのではなく同レンジ内を潮流に乗り漂うので、任意のレンジを長くキープできるリグやルアーが必要となる。極めて軽量なジグヘッドリグが登場する機会が多いのはこのようなシーンだ。可能な限りスローなフォールを演出できる極軽ジグヘッドをはじめ、同レンジにルアーを留めやすいフロートリグやスローシンキングタイプのミノーやポッパーなどが最適なルアーとされる。アプローチはとにかくスローに。むしろ、レンジとカラーさえ合って入れれば、ただ潮に漂わせているだけでバイトしてくるので、余計なアクションは極力控えたい。ライズは頻発するのに、ただ巻きやリフト&フォールなどのアプローチでは反応がないときはプランクトンパターンを疑ってほしい。

マイクロベイトパターンの定番

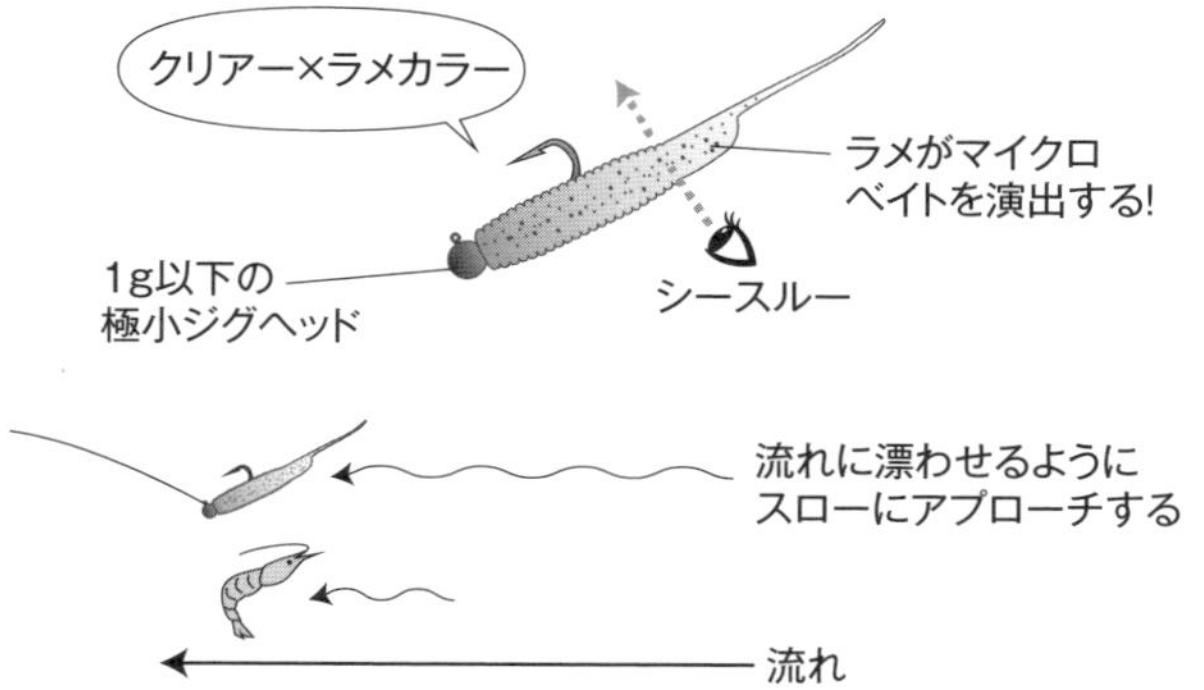
クリアー×ラメカラー
ラメがマイクロベイトを演出する!
1g以下の極小ジグヘッド
シースルー
流れに漂わせるようにスローにアプローチする
流れ

身近な防波堤こそ極上のメバアジ道場

防波堤に隣接するもうひとつのステージ

シャローゲームへの誘い

ここまでは、アジやメバルねらいの代表的なフィールドである防波堤を舞台にしたゲーム展開を説明してきたが、ライトゲームマニアを目指すのであれば、防波堤のすぐ脇にある見落としがちなフィールドにも着目してほしい。

それがゴロタ浜やサーフといったシャローエリアだ。これらのフィールドは、一見すると魚が希薄そうであり、つかみどころがなく難易度も高い印象を受けるだろう。しかし、夜間のシャローエリアは驚くほど多くの生物が蠢き、自然の摂理がありのままに営まれているポテンシャルの高いフィールドである。

アクセスしやすい防波堤と比べると、サオ抜けポイントとなりやすい傾向から、人知れず多くのターゲットたちが居着いていることも決して少なくはない。実際、良型を満足するほど釣り上げた実績場や自己記録を更新するような大型が釣れるフィールドは、実はこうしたシャローエリアであることも事実である。

まずは防波堤のすぐ横に佇む渚やゴロタ場へ、勇気を持って一歩踏み入れるといい。そこには防波堤ゲームとはまた違ったライトゲームの魅力を体感できるフィールドが待っていることだろう。

防波堤に隣接する渚や遠浅の干潟は多くの生物や稚魚のゆりかごであり、こうしたシャローエリアが真価を発揮するのはたいてい夜である

ゴロタはサーフや磯と比べても中途半端なシチュエーションで敬遠する人も多いが、とくにメバルの大型のストック量は侮れない

シャローエリア攻略は上級者への階段

フロートリグのススメ

フロートはシャロー攻略に欠かせない!

サーフやゴロタ浜を攻略するうえで重要なのがリグセレクト。これらのフィールドを効率よく攻略するには、高い遠投性能とレンジキープ力が必要となるため、使用するルアーは必然的にシンキングペンシルやフロートリグが主流となり、それらを扱うための遠投系タックルを揃えることがシャローゲームデビューの第一条件となる。

また、ターゲットの着き場をランガンで探っていくことも多いため、フィールドに持ち込むアイテムはできるだけ少ないほうが望ましい。対して、足場は不安定なのでスパイク付きブーツや手袋、ヘッドライトなど万全の装備で臨むこと。

私が実際にゴロタ浜に持ち込むことの多いアイテムは、フロートリグ関連のアイテム一式と、シンキングペンシルやメタルジグなどのハードルアーを数個といった感じ。これにリーダーを加えたものを小型バッグに入れエントリーしている。ハードルアーは高活性の魚を広く探って拾っていくのに使用するが、実際はほとんどの時間をフロートリグ一択で行なっている。フロートリグは、抜群の飛距離に加え、海面から任意のレンジを指定できるので根掛かりなどのトラブルも少ないためだ。さらにライトゲームのターゲットが好むスローなアプローチを得意とするリグなので、まさにシャローエリア攻略のために生まれたリグと言っても過言ではない。

ゴロタ浜の石には海藻が付着して滑りやすいので必ずスパイクブーツや手袋を着用する

実質、シャローエリアはフロートリグの独壇場である

Fシステムをマスターせよ

私がシャローエリアでフロートリグを楽しむ場合、そのリグシステムは今や『Fシステム』一択となっている。Fシステムの利点は、なんといってもその圧倒的な飛距

離と操作性にある。まるで軽量ジグヘッドリグをそのまま沖で遠隔操作しているかのような高いアクションレスポンスと感度が最大の持ち味。フロートのタイプとジグヘッドのウエイトを組み合わせれば、あらゆるシャローエリアを攻略可能だ。

ねらうのは、沖のブレイクラインや潮の変化。基本戦略は、リグを潮上に投じ、任意のレンジにリグを馴染ませたら、潮流よりやや速いスピードでゆっくりとアプローチしてゆく。アプローチは、ただ巻きを基準に5秒に1回くらいのペースでシェイクやリフト&フォールなどのアクションを与えるが、あまり大きく動かしてしまうとレンジを外れてしまうので注意したい。

メバルねらいならフローティングタイプのフロートを駆使して、表層直下のレンジのみに的を絞って攻略することが多い。対してアジの場合は、シンキングタイプのフロートで、表層直下からカウントダウンでボトムレンジまでを広く探ることが多い。

フロートリグの釣りでもっとも重要なのがラインテンション。張らず緩めずのラインテンションを常にキープし、ロッドワークによるアクションやバイトがしっかりと伝わるように務める。これさえ出来るようになれば、あとは自ずとターゲットからの返答が得られるはずだ。

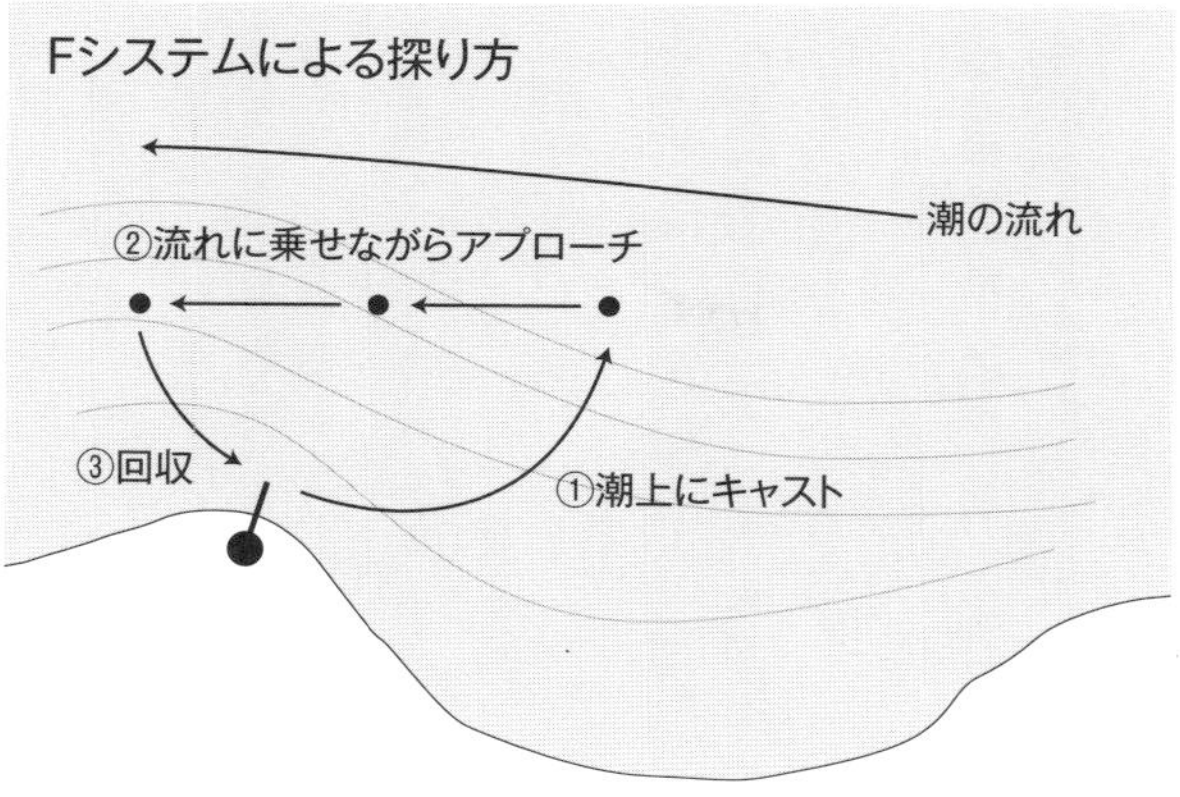

端イトの先に環付きタイプのフロートを結ぶＦシステムでアジをキャッチ。シンキングタイプを使えば幅広いレンジをスローに誘うこともできる

ライトゲームの好敵手たち③

もっとも身近なビッグターゲット

クロダイ（チヌ）

種類と生態

　近年ライトゲームの新しいターゲットとして認知度をあげたターゲットが『チヌ』だ。チヌとはおもにクロダイのことを指す地方名なのだが、今やクロダイとキチヌ（キビレの標準和名）の総称として釣り人に広く普及している名称である。古くからエサ釣りで人気の高かったチヌをルアーでねらうスタイルが誕生したのは数十年前。今では『チニング』や『ブリームゲーム』などと呼ばれる定番ライトゲームにまで成長した。その背景には、目覚ましいタックルの進化と先人達の努力があったに違いない。

　繊細なライトタックルを駆使したチニング発祥の地とされる大阪湾奥部は、クロダイよりもキチヌの生息数が多い環境にある。50㎝を超す大型種のクロダイに対し、キチヌはアベレージサイズで25～35㎝の中型種であり、シーバスタックルやエギングタックルを流用して行なっていた初期は、やや物足りなさを感じる部分があったと聞く。もっと軽量かつコンパクトなシルエットのルアーを使えば、もっと繊細なタックルを使えば、もっと多くのキチヌと出会えるのではないか？　この思考から派生して進化してきたゲームが、ここで紹介するライトタックルでのチヌゲームである。

　クロダイは、北は北海道南部、南は南西諸島周辺までとほぼ日本全国に広く分布している沿岸性の大型魚である。これに対してキチヌは、南日本から西日本にかけての黒潮域に多い南方系の魚である。また、南西諸島以南にはミナミクロダイやオキナワチヌ、ナンヨウチヌといった種が生息しており、これを含めれば日本の全都道府県に生息している身近なターゲットであると言える。

　クロダイやキチヌは5～30℃ほどの幅広い海水温に適用でき、適水温は13～23℃前後とされている。また、塩分濃度や水質汚染に強く、海水域から淡水域を自由に行き来できる適応力の高い魚である。食性はかなりの悪食で、カニやエビなどの甲殻類をはじめ、カキやアサリなどの貝類、小魚やゴカイ、海藻など、口に入るものならほぼ何でも食べてしまう。しかし、大胆な食性に反して物音などには非常に敏感で、高い警戒心を併せ持つことでも知られる。チヌは大胆かつ臆病。そんな言葉がしっくりとハマる身近な好敵手なのだ。

クロダイとキチヌ

　全国的なチヌゲームのメインターゲットといえば、クロダイとキチヌがその双璧といえるだろう。クロダイとキチヌの見分け方は簡単で、キビレは尾ビレと臀ビレ、腹

キチヌ
南日本から西日本にかけての黒潮域に多く生息する。産卵期は晩秋。性格はアグレッシブで好奇心旺盛。汽水域でのアベレージサイズは25～35㎝

クロダイ
北海道南部から南西諸島周辺までの日本全国に広く分布している沿岸性の大型魚。産卵期は春。性格は臆病で警戒心が強い。40㎝以上に育ち、老成魚は50㎝を超す

ビレが黄色く色づいているのでひと目で判別できる。また、体色もクロダイより白っぽい傾向にある。

　これら2魚種を共通してねらえるチヌゲームのメインステージが河川の汽水域だ。クロダイとキチヌが共に多く生息するこの環境は、特に釣り分けることなく同じアプローチで両種をねらって釣ることができるのだが、実はこの2魚種には若干の生態的違いがみられる。その最大の違いに産卵期が挙げられる。クロダイがおもに春に産卵するのに対し、キチヌは晩秋に産卵期を迎える。両種とも産卵は海水域で行なう傾向が強いとされ、この前後のタイミングは河川から忽然と姿を消し、やや釣りづらい傾向にある。しかし、産卵行動そのものにはかなりの個体差があるので、完全にいなくなってしまうわけではない。

　また、どちらかというとクロダイは臆病で警戒心が強く、橋脚や沈根などのストラクチャー際に定位しやすい傾向にある。対してキチヌは、アグレッシブで好奇心旺盛といった生態をもち、ブレイクラインなどの地形変化や流心の中を広範囲に回遊しながらエサを探している印象を受ける。この性格の違いが影響して、ポイントやアプローチによって、どちらかに偏った釣果になることも少なくない。私自身も釣行のたびに新たな発見があり、底知れぬ奥深さを感じる魅惑のターゲットがチヌという魚だ。

住宅地や都市部を流れる河川の下流域ではたいていチヌの姿が見られる。もっとも身近なターゲットのひとつと言える

チヌのシーズナルパターンを知る

ここからは、クロダイおよびキチヌの季節的な動向やその攻略法について解説する。春～冬と大まかな季節分けで展開させていただくが、水温等を参考に自身のエリアに置き換えて読み進めていただけると幸いである。

秋のチヌ
［クロダイ荒食い期／キチヌ産卵期：23℃→13℃］

産卵期の違いが活性の違いに

秋はクロダイにとって越冬を備えた荒食い期にあたり、一年の中でもっとも多くのクロダイに出会えるタイミングである。対してキチヌは産卵期にあり、クロダイと比べややシビアな一面をみせる季節となる。

海水温が下降線を描く秋期は、水温の低下とともにクロダイの活性も上がり、越冬に備えた荒食いを開始する。適水温を迎えたこの時期のクロダイは、トップウォータープラグをはじめ、さまざまなルアーに反応する。中でも広範囲を早いテンポで探れるクランクベイトやチャターベイトなどの巻きモノ系ルアーの活躍が多くなるタイミングだ。こちらから魚を探すイメージで広範囲をランガンして、1尾でも多くのクロダイと出会いを求めよう。

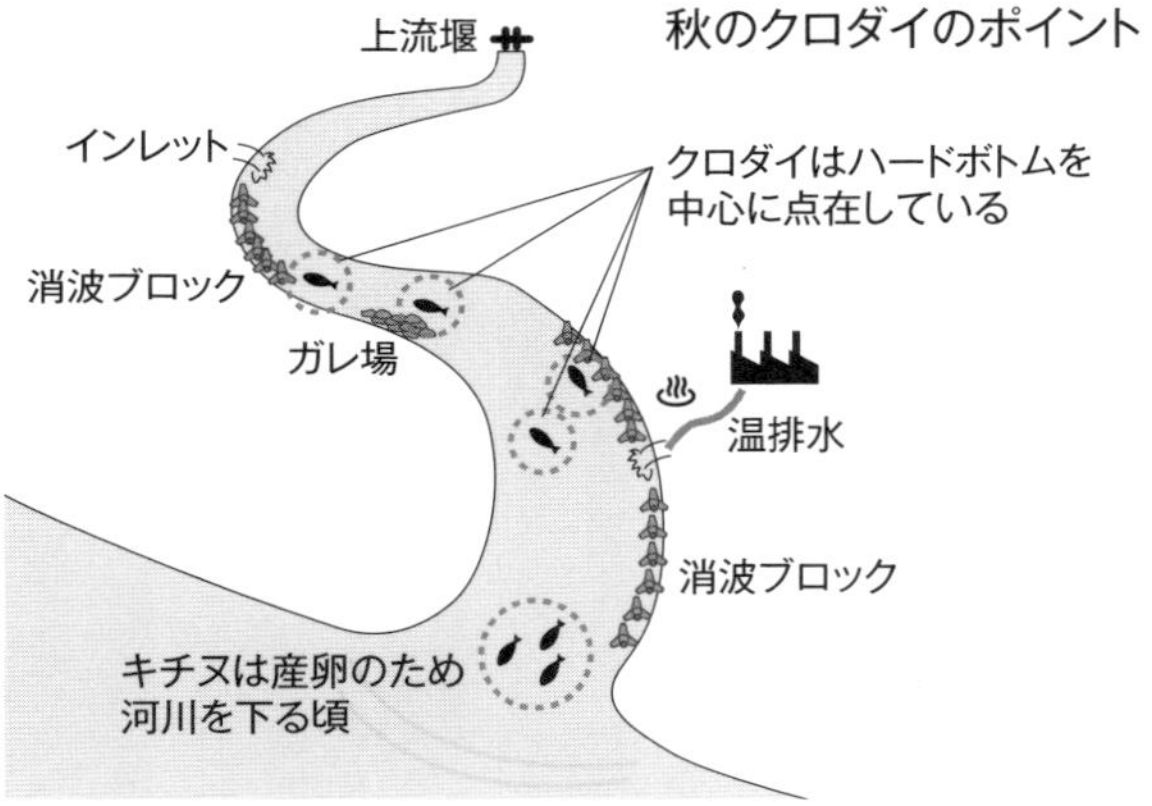

秋のクロダイのポイント
上流堰
インレット
クロダイはハードボトムを
中心に点在している
消波ブロック
ガレ場
温排水
消波ブロック
キチヌは産卵のため
河川を下る頃

一方、キチヌは産卵に向けて、徐々に河川を下りながらエサを拾うイメージ。身重な体が影響するのか、他のシーズンに比べるとあまり積極的にエサを追わない傾向にあるため、巻きモノ系などの速いテンポの釣りよりはワームのズル引きなど、ややスローなアプローチで攻略するとよい。

秋も深まり水温が20℃を下回ると、クロダイも徐々に河川から出て、冬にはほとんどの個体が越冬場となる外洋の深場に落ちてしまう。キビレに関しても、晩秋は産卵最盛期といった感じで、河川内の個体数はかなり減る。このように秋期のチヌゲームは、魚の動向が激しいタイミングのため、季節の進行に対する魚の移動に応じてポイントを転戦していくことが重要になる。

秋のクロダイは多彩なルアーでねらえるが特にクランクベイトやチャターベイトなど早いテンポで探れる巻きモノが面白くなる季節

冬のチヌ

［クロダイ越冬期／キビレ荒食い期：13℃→5℃］

温排水というホットスポット

冬のチヌゲームは、クロダイとキチヌのどちらをねらうかによってゲーム展開に大きな違いが出る。クロダイは大多数が河川を離れ、外洋の深場に落ちた越冬状態にある。そのため、比較的水深の浅い河川をメインに行なうチヌゲームの難易度は高い。そんな状況の中であえてクロダイを求めるなら、水温変動の少ないスポットで、居残り状態にある個体をねらうしかない。冬場でも釣果が安定する堅実なスポットといえば、工場排水などの温排水が流れ込むインレット。他のエリアより圧倒的に水温が高いので、クロダイをはじめ、彼らのベイトとなる生物がその周辺に大量に集まり冬の寒さを凌いでおり、クロダイだけでなくキチヌもねらえる。

しかし、温排水のようなある意味特殊な条件を満たさない河川では、流れと水深のある深みがリンクするようなポイントがねらいめとなる。アプローチは可能な限りスローに行なうのが冬のクロダイ攻略の鉄則。ねらったポイントに腰を据え、クロダイの鼻先にルアーを届けるつもりで丹念に探る。

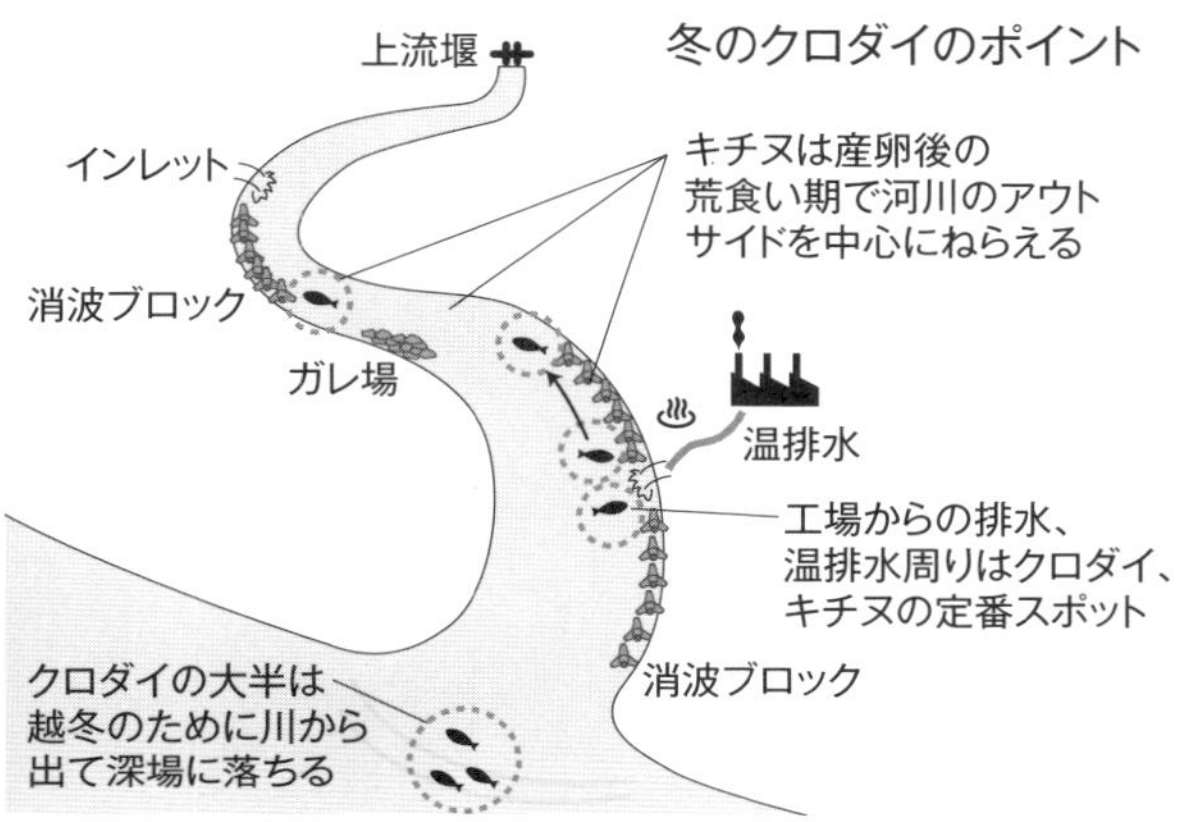

冬のクロダイのポイント
上流堰
インレット
キチヌは産卵後の
荒食い期で河川のアウト
サイドを中心にねらえる
消波ブロック
ガレ場
温排水
工場からの排水、
温排水周りはクロダイ、
キチヌの定番スポット
消波ブロック
クロダイの大半は
越冬のために川から
出て深場に落ちる

こうした小さなインレットのほか温排水は低水温期でも生命感に満ち満ちている

ステイもかなり有効的なアクションだ。5～10秒、長い場合は20秒後にバイトが出ることもある。ワームやラバージグなどを5～10㎝ゆっくり動かして、しばらくステイ。そんなスローな誘いが効果的な時期である。

冬のキチヌは、クロダイほどのシビアさはない。特に初冬は産卵後の荒食い期にあたり、低い水温とは裏腹にかなり積極的にエサを追う。流れのある流心を主体にその周辺のブレイクやストラクチャー際を重点的に攻略するとよい。

水温がひと桁台まで低下した厳寒期は、クロダイ同様のスローなアプローチが効果的。厳寒期のキチヌは、水温変動の少ない深みに大群で集まっている状態にあることが多く、溜まっているスポットさえみつけてしまえば連発も期待できる。以上のことから冬はキチヌをねらったゲーム展開がおすすめだ。

防寒着を着こんでもまだ寒い真冬でもキビレは群れを見つければ連発も味わえる

春のチヌ

［クロダイ産卵期／キチヌ安定期：5℃→20℃］

春先のクロダイ、シャローのキチヌ

春はクロダイの産卵期。水温の低下も底を叩き上昇線を描きだすと、まだまだ低い海水温とは裏腹に、産卵を意識したクロダイは沿岸のシャローエリアへ移動し春の荒食いを開始する。いわゆる『乗っ込み』と呼ばれるタイミングだ。河川の汽水域でのチヌゲームにおいても、このタイミングはかなり面白く奥深い。私の経験では、このタイミングのクロダイが一年でもっともパワフルなファイトを楽しませてくれると感じている。

ただし、乗っ込み期のクロダイはまさに神出鬼没。前日よく釣れても翌日はサッパリなんてことが当たり前のように起こる。基本この時期のクロダイは、エサを求めて広く回遊している傾向が強く、長く河川に居着く感じはない。上げ潮で河川での摂餌回遊がみられ、下げ潮と共に海へ帰るといった傾向を感じるので、ねらうなら河川の中で回遊率の高い最下流の河口域がおすすめである。

ただし、春のクロダイが河川でねらえるのは早春に限定される。ちょうど桜が開花する頃、本格的な産卵行動へ移行するのか、パッタリと釣れなくなる。こうなってしまうと産卵に絡まない居残り組がたまに顔を出す程度で、産卵後の回復個体が戻ってくるまでの間、クロダイのリバーゲームはひと休み。対してキチヌは、海水温の上昇とともに活性が上昇。春のキチヌは海水温の高いシャローエリアねらいがセオリーで、水深が50㎝もあれば充分にいる可能性がある。秋～冬にいた流心やアウトサイドの深みより、水深の浅いシャローエリアでの反応が顕著となる。だから、春のキビレはシャローのガレ場を撃とう！

ジグヘッドリグでキャッチした抱卵個体

春先の乗っ込みクロダイの引きは最高にパワフル！

春のクロダイのポイント

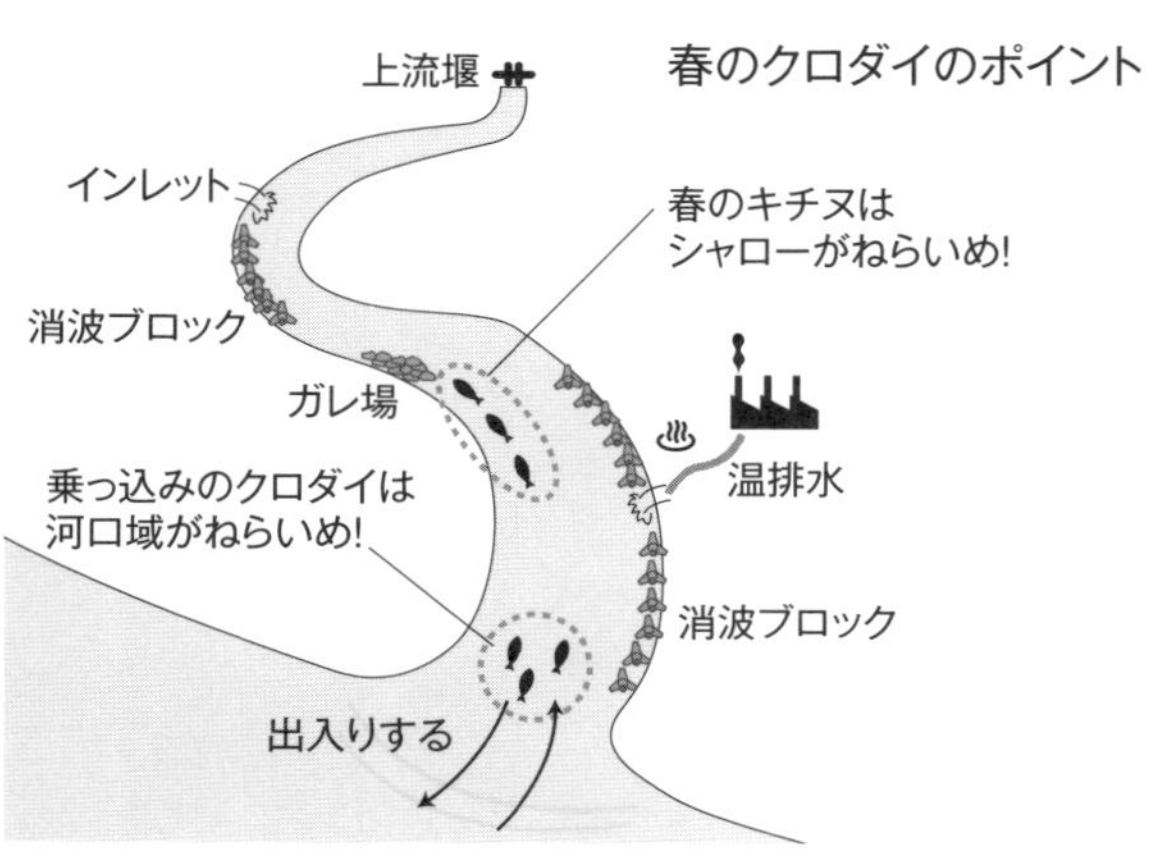

夏のチヌ
[最盛期：20℃→30℃]

問答無用の最盛期！

夏はチヌゲームの最盛期。クロダイとキチヌは、ともに高水温に強い魚であり、透明度のある夏の河川では多くのチヌを目視できる。産卵を終えたクロダイが河川に戻ってくるのは梅雨の頃。流量と濁りが増した雨後の河川に導かれるように多くのクロダイが遡上し、晩秋頃までのロングスパンで河川に居着く。

クロダイは橋脚や波消ブロック、護岸などのハードストラクチャー際に定位する傾向が強いほか、夏は避暑のため、流れ込みや上流堰などのインレットにも集まる。キチヌはもともと汽水域を住処とする魚なので、遡上限界域から河口までのさまざまなシチュエーションで春同様に安定した釣果が期待できるが、暑さが極まるとクロダイ同様、安定した酸素量と水温をキープできるインレットや流れのある流心部に集まりやすい傾向がある。

ルアーはトップウォーターをはじめ、ワームでのサイトゲームなどが面白い季節。どちらもこの時期だけのお楽しみともいえる釣りなので、ぜひ最盛期のチヌゲームを存分に満喫してほしい。

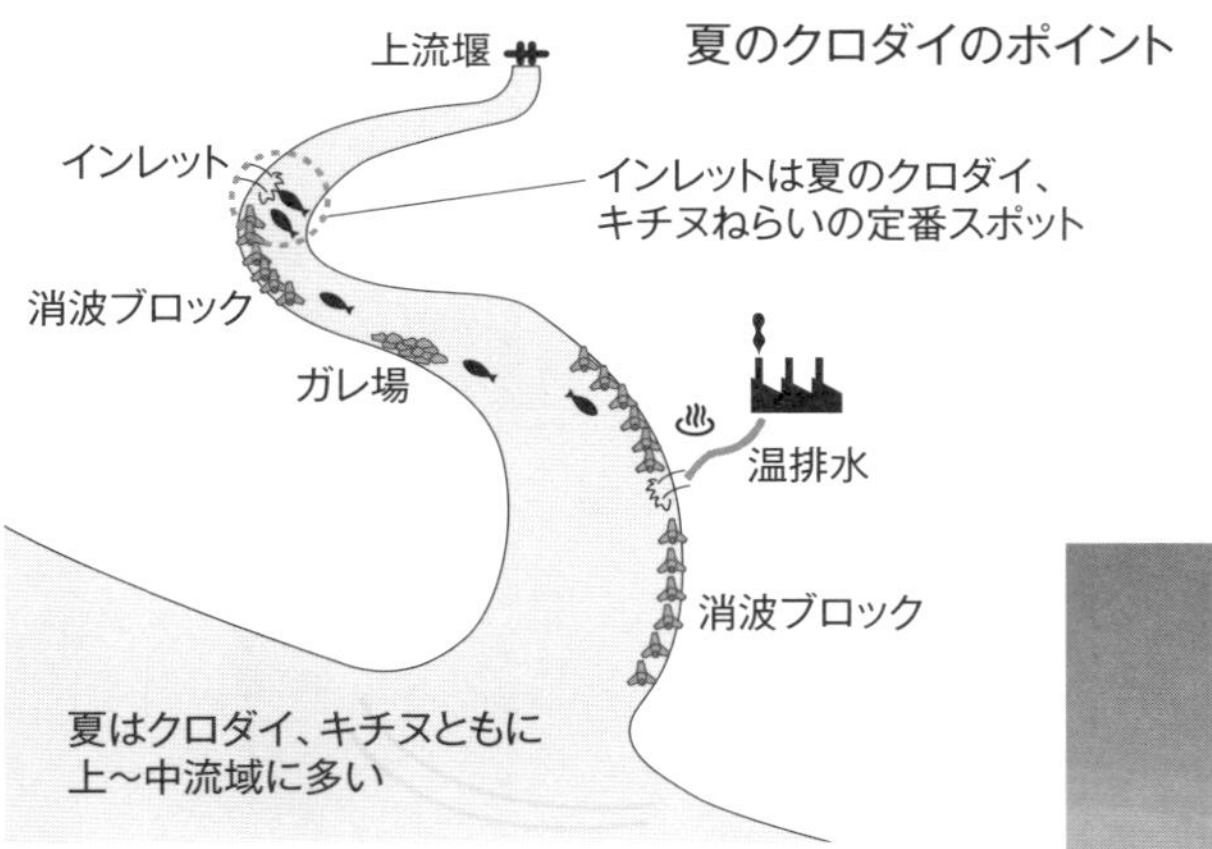
夏のクロダイのポイント
上流堰
インレット
インレットは夏のクロダイ、
キチヌねらいの定番スポット
消波ブロック
ガレ場
温排水
消波ブロック
夏はクロダイ、キチヌともに
上～中流域に多い

夏のチニングの楽しみといえばトップ！気難しくて臆病だったクロダイが大胆に水面を割る楽しい季節の到来だ

クロダイの黒光りするボディーは夏空に映える！この時期限定のサイトゲームはスリル満点だ！

二大チヌゲームを極める！

チヌのトップウォーターゲーム

トップゲームを成立させる三条件

チヌが一躍人気者になったのは、やはり夏のトップウォーターゲームのおかげだろう。臆病で警戒心の強いチヌが、大胆に水面を割ってルアーに飛びつく様はまさに圧巻である。そんなチヌのトップウォーターゲームを成立させるためには、いくつかの条件がある。第一に水温。おおよそ20℃以上の水温が理想的で、梅雨から盛秋までがこのゲームを成立させやすい。もっと低い水温でも釣れはするが、その確率はグンと低くなる。

次に河川の透明度。ルアーを発見しやすいのか透明度の高い河川で行なうほうが反応もよい傾向にある。最後にもっとも重要なのが水深だ。ひとつの目安として水深50㎝～3mまでが理想的。あまり水深の深い河川だと、なかなか水面まで出てきづらいので、シャローエリアで楽しむとよい。

操作方法とルアーセレクト

トップウォーターゲームで使用するルアーは、ポッパーとペンシルベイトがその代表格。ポッパーは、カップから発生する音と泡のスプラッシュでチヌに強くアピールし、高活性状態の魚に存在を気づかせるほか、やや深いフィールドのチヌを海面までおびき出したい場合にも有効だ。ペンシルは、連続的なドックウォークアクションによる波紋と引き波でアピールする。ポッパーに比べてナチュナルなアピールのため、水深の浅いフィールドでチヌを驚かせずにアプローチしたい場合に有効だ。

基本アクションで重要なのはルアーを止めすぎないこと。ステイは食わせの間として効果的ではあるが、完全に静止してしまうと見切られやすくなる。アクションからの惰性によるルアーの揺らぎが収まらない程度までというのがひとつの基準だ。流れがある状況では、ルアーが流されることにより揺らぎが長く発生するので、ステイも長めに演出できる傾向にある。

最大のコツは、追尾するチヌに対して、口を使わせるスポットをキャスト毎に定めておくことだ。明確なブレイクエッジや大きな障害物周りなど、これ以上ルアーを追

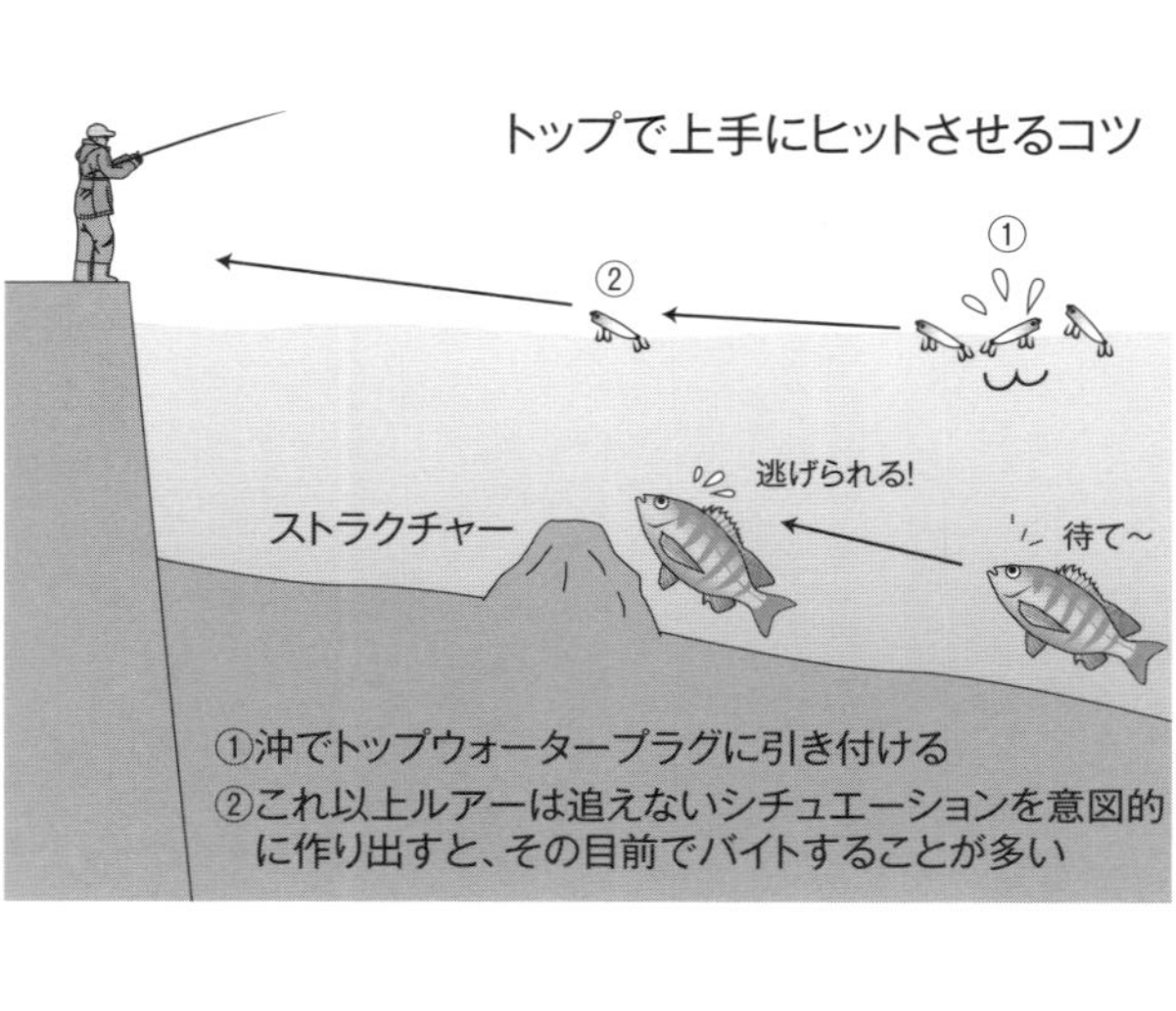
トップで上手にヒットさせるコツ
①
②
逃げられる!
ストラクチャー
待て～
①沖でトップウォータープラグに引き付ける
②これ以上ルアーは追えないシチュエーションを意図的に作り出すと、その目前でバイトすることが多い

えないという状況を作り出すことで高いバイト率を確保できる。また、ルアーは可能な限り小型のほうがバイト率は上がる。これもライトタックルでのゲームにはこの上ない条件だ。

ポッパーでキャッチした夏のクロダイ。すべてが丸見えの陽気でスリリングな釣りだ

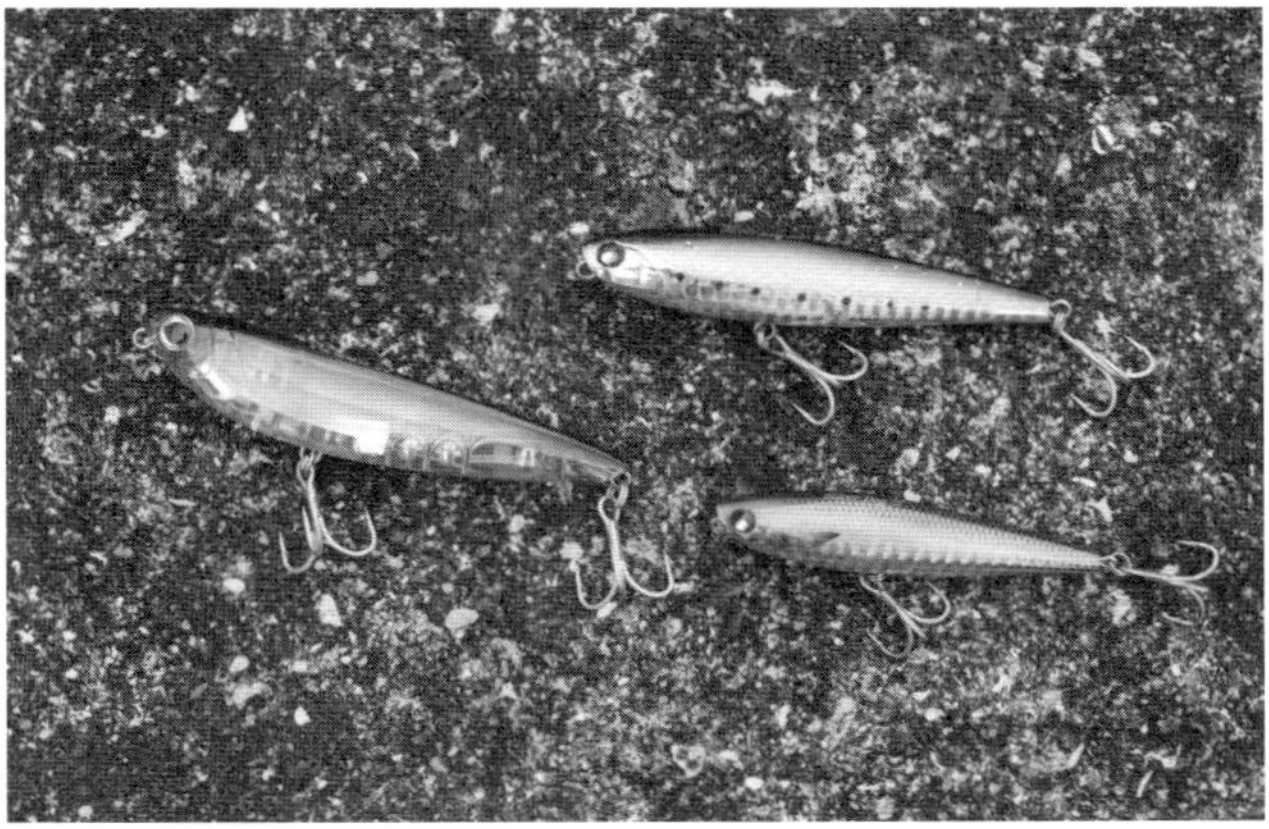
ポッパーよりもナチュラルな誘いが可能になるフローティングのペンシルベイト

これ以上は追えなくなるブレイクやストラクチャーを利用して口を使わせると効果的

二大チヌゲームを極める！
チヌのボトムゲーム

昼夜を問わず周年楽しめる！

チヌのボトムゲームとは、カニやエビなどの底性甲殻類を模したワームやルアーを海底でズル引いて行なう釣り方である。チヌの食性や生態にベストマッチした釣法であり、アプローチとエリアさえ間違えなければ、ほぼ周年チヌを釣ることが可能となる。また、高温期の日中限定のトップウォーターゲームと違い、日中でも夜間でもゲームが成立する。甲殻類の生態上、むしろ夜のほうが釣果を得やすい利点もある。

そんなボトムゲームで重要なキーワードは『いかに根掛かりを回避して釣りを行なうか』という部分に尽きる。いくらチヌの食性にマッチしていても、一投毎にリグを失っていたのでは話にならない。しかし、今では根掛かり回避性能を追求した数多くの専門ルアーが登場している。もちろん、完全に根掛かりを回避するのは不可能なのだが、釣りにストレスを感じないほどの機能を持ったルアーも増えてきている。

操作方法とルアーセレクト

おすすめはワームを使用したボトムゲーム。基本のアプローチはズル引きである。専用のジグヘッドにワームをセットしてキャストをしたら着底させ、底を離れないようにリーリングでワームを這わせるように引いてくる。上手く底を這わせることができていれば、リグがボトムを小突くコツコツとした振動がロッドを介して伝わってくるだろう。

ほかにもリフト&フォールやボトムバンプ、シェイクやロッドワークによるズル引きなど、そのアクションバリエーションは多岐に渡り、そのアクションやピッチの違いでチヌの反応を探ることがこのゲーム最大の醍醐味だ。

根掛かり軽減策はボトムをとれる範囲でギリギリの軽さのウエイトを使用すること。リグが軽いほどボトムに対してソフトに接するようになるので自ずと障害物を回避しやすくなる。ただし、リグが軽いとボトムから離れやすくなるので、必然的にその攻略スピードはスローになる。リグウエイトによる根掛かり回避とアプローチスピードの相対関係を理解することがこのゲームの真骨頂だ。メインで使用するリグのウエイトは2～7g。遠投し広範囲のボトムをス

ボトムゲームは夜でも昼間でも楽しめる。チヌの食性や生態にマッチした理に適った釣りである

ピーディーにサーチする場合は重たく、近距離のガレ場などのピンスポットで根掛かりを回避しながらスローに探る場合は軽くする。ワームは2in前後のクローまたはホッグ系が間違いない。上手くリグとアプローチをマッチできれば、驚くほど多くのチヌのバイトを得ることができ、ツ抜けの釣果も夢ではない。

ボトムゲームは夜に甲殻類を活発に捕食するチヌをねらえることも大きなメリットだ

いかに根掛かりを回避して釣りを行なうかという命題に対して、さまざまな専用ジグヘッドが開発されている。基本はスローなズル引きだ

ライトゲームを長く牽引してきたのはアジングとメバリングだったが、第三の矢としてチヌゲームはますます盛り上がりを見せるだろう

ライトゲームの好敵手たち④

カマス・ムツ・タチウオ

獰猛さの表われ。それが牙モノ

牙モノ

ライトゲームのターゲットとして一定の人気を博す魚たちに、俗にいう『牙モノ』がいる。牙のように鋭い歯を持ち合わせる魚食性のフィッシュイターのことで、カマスやムツ、タチウオがその代表格だ。これらのターゲットは、ベイトフィッシュを求めて常に回遊を行なう傾向があり、季節性の接岸傾向が強く、釣れる時期が限られる場合が多い。釣果情報などを上手く活用して、彼らの接岸のタイミングとポイントを把握することが大切だ。過去に実績のある釣り場は群れが入りやすい条件が揃っているので、毎年同じタイミングで同じような釣りが展開できる傾向がある。

牙モノは、遊泳力のあるベイトフィッシュを果敢に追いかけ捕食しているため、スピーディーなアプローチにも反応がよい。ジグヘッドリグなどのワーミングはもちろん、メタルジグも効果的。また、リアクションやフラッシングに対する反応も高く、ワインドアクションやテールスピンなどのブレード系ルアーを駆使したゲーム展開も面白い。

注意しなければならないのはその鋭い歯。細号数のラインが主流であるライトゲームでは、彼らの歯にラインが触れてしまえば瞬時にラインブレイクするため、ルアーを丸飲みされない工夫が必要である。対策として、やや大きめのハードルアーで丸飲みを防いだり、ハリ数が多いトリプルフックを採用したりして、早めに掛けアワせてしまうのも得策だ。ジグヘッドは下向きフック仕様を使用することで、飲み込まれる前に下アゴへのフッキングが可能となるので一定の効果がある。

ダートしやすい形状のジグヘッド＆ワームを駆使したワインド釣法でキャッチしたカマス

●カマス

カマスはライトゲームのターゲットの中でもポピュラーなターゲット。アベレージサイズは20～30㎝ほどで最大40㎝近くまで成長する。大きな群れを形成し回遊する習性があり、漁港の角や港内などの潮溜まり部に定位しやすい。夜も釣れるが、やはりデイゲームが面白い。同じ群れから活性の高い数尾を釣りあげると、途端に食い渋りをみせる傾向があり、数を伸ばすにはそれなりのコツが必要である。最終的にはメタルジグやワインドなどのリアクション性の高いアプローチで数を稼ぐとよいだろう。

●ムツ

ライトゲームのターゲットとしてのムツという魚は、ムツとクロムツの若魚の総称であり、両魚は非常に似ている。いずれも深海性の大型魚だが、20～30㎝ほどのサイズは外洋に面した潮通しのよい漁港などで秋～冬にかけて釣れる傾向があり、その食味のよさから近年注目を集めつつある。ねらう時間帯は夜間がメイン。常夜灯などの光源があるポイントの暗部域に群れで定位する傾向がある。アプローチは、カマス同様にメタルジグやワインドなどによるリアクション性の高いアプローチが効果的。アジングやメバリングの外道としてよく釣れることがあるので、そういった場所で専門にねらってみると面白い。

●タチウオ

ショアでもオフショアでも人気のターゲットだが、ライトゲームでねらうタチウオは、指1.5～2.5本ほどまでのいわゆる『ベルトサイズ』が主流であり、これより大きなサイズは専用タックルでねらうほうが賢明である。小型のタチウオ釣りは日本ではまだ馴染みが薄いが、韓国では古くから確立されて人気を博している。おもな釣期は夏～秋。夜間、やや水深の深い常夜灯完備の漁港などに集まりやすい。メタルジグやワインドアクションなどに反応がよい。また、発光体への顕著な反応をみせるので、グローなどの発光カラーをセレクトするのも効果的。釣れた小型のタチウオは10㎝幅にブツ切りにして素揚げし、塩やチリソースなどをかけていただくと最高に美味しい。

カマス
朝夕マヅメに活性が高まりライトゲームで連発することが多い。群れが接岸しやすい地形の防波堤は毎年同じタイミングで釣れ盛るので覚えておきたい

ムツ
クロムツとムツは非常に似ているが生息範囲に違いがある。防波堤からは30㎝もあれば大型の部類だ。食味がよいため年々人気が高まっている

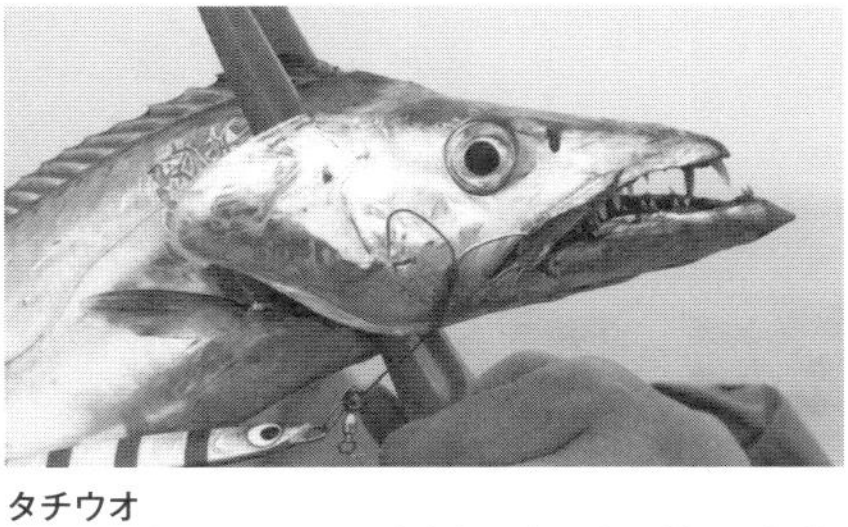

タチウオ
ショアでもオフショアでも人気の高いターゲットだが、ライトゲームでねらうのであれば指2本クラスが中心。歯の鋭さはまさに牙モノ！

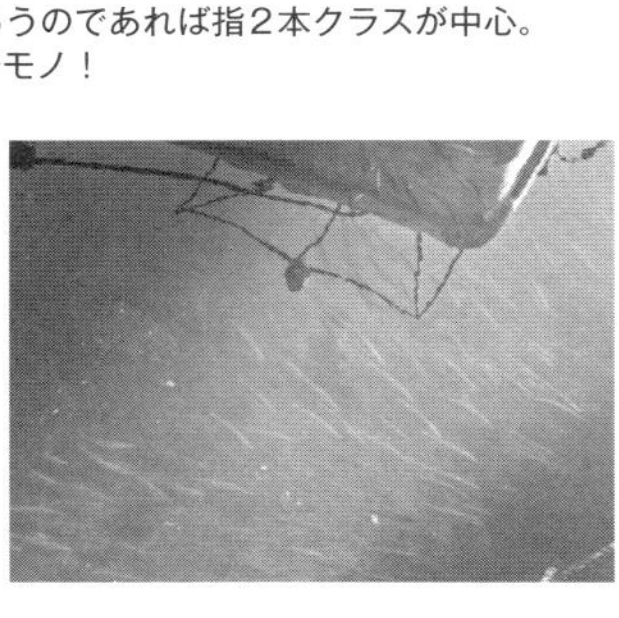

日中のカマスは船影の下でこうして群れていることが多い。1尾にスイッチを入れられれば連発する可能性が高い

ライトゲームの好敵手たち⑤

カサゴ・ハタ類・アイナメ・ソイ類

ヘビーに偏向しないライトロックフィッシュ

ライトロックフィッシュ

近年、ライトゲームの新たなターゲットとしてチヌとともに注目を集めているターゲットが『ロックフィッシュ』だ。ロックフィッシュというカテゴリーはかなり壮大なスケールであるが、南は沖縄のミーバイから、カサゴ、キジハタ、オオモンハタ、アカハタ、ソイやアイナメなど、おもにショアからねらえる岩礁帯のボトムのターゲットたちがこのジャンルに集約されている。ライトタックルを駆使したライトゲームでは、おおよそ25～30㎝ほど、最大35㎝前後までがそのターゲットサイズといえるだろう。時に50㎝を超える大型も飛び出す釣りではあるが、そのサイズにもなると、専用のヘビータックルで挑むべきかもしれない。とはいえ50㎝を超すのはチヌも同じ。根に潜られなければ勝機はある。

身近な釣り場で手軽な装備とタックルで楽しむのがライトロックフィッシュ！

　この釣りでよく使用するのは5～14gのテキサスリグやジグヘッドリグ。ボトムが岩礁帯や敷石などのハードボトムで形成されているフィールドであれば、防波堤などからでも手軽に楽しむことができ、ボトムレンジ内でのリフト&フォールやボトムバンプなどでねらうスタイルが一般的であるが、ハードルアーも含めて釣法は多彩だ。

●カサゴ

　古くからライトタックルでのボトムゲームの人気ターゲットとして定着している魚といえば『カサゴ』だ。最大30㎝ほどとライトゲームにマッチしたサイズ感で、ロックフィッシュ入門にはもってこいだ。磯はもちろん、防波堤の敷石周りや波消ブロックの隙間など、沿岸域の岩礁帯に多く生息しており、もっとも身近なロックフィッシュと言える。

　食性は甲殻類のほか小魚も好む獰猛なフィッシュイーター。ボトムの岩の隙間に身を潜め、ベイトが通過するのを待ち構えて捕食する。20㎝前後のサイズまではイージーに釣りあげることが可能だが、25～30㎝の大型サイズともなるとひと筋縄とはいかない。

　ボトムへの依存度がかなり高く、あまり活発にエサを追う傾向にないので、目前にルアーを落とし込むイメージの小まめなボトムタッチが効果的である。

●ハタ類

　ハタ類は、南日本～西日本で人気のロックフィッシュ。その種類は多いが、メインでねらわれることの多い種でいえば、キジハタ、オオモンハタ、アカハタの3種だろう。それぞれ40㎝を超えるような中型種のロックフィッシュであり、ライトゲームでは30㎝前後の個体がメインとなる。アカハタは、カサゴのようにボトムへの依存度が高い傾向にある生態を持つが、他2種に関してはかなり積極的に底から浮いてエサを追う傾向があり、ジグヘッドリグの巻き上げなどにも反応を示す。特にオオモンハタは中層でも釣れることがあり、その行動範囲はかなり広い。しかし、あくまでもロックフィッシュ。まずはボトムをベース位置としてゲームを組み立てるのが一般的であり、リフト&フォールの高さを調整したり、ボトムから中層レンジまでの巻き上げなど、ターゲットの活性に合わせて様々なアプローチを試してみるとよいだろう。

●アイナメ&ソイ

　東日本～北日本においてロックフィッシュといえばアイナメがその代表格。残念ながら私はこの地域でのロックフィッシュの経験が少ないのだが、西日本で盛んなハタゲームと同様のリグやアプローチが通用するはずだ。というよりも、ハタより先に火が付いたのがアイナメであり、ヘビーなロックフィッシュゲームの先駆けと言える。テキサスリグやジグヘッドリグに反応がよく、ハタと違って根に潜り込むことも少ないのでキャッチ率は同じサイズならハタ以上にあると言える。ソイもまた北方系のロックフィッシュで、ライトゲームでよくねらわれるのはクロソイ、ムラソイ、ベッコウゾイなどで、その種類はハタ類以上に豊富である。

ハタにはメタルジグなどのハードベイトも有効だ。特大はやはり厳しいが、このサイズのハタはライトゲームの範疇だ

ライトロックフィッシュの二大リグを極める！

テキサスリグ

ロックフィッシュゲームでの代名詞的なリグと言えば、やはりテキサスリグだろう。おもにリフト&フォールやボトムバンプなど、ボトムへのタッチ回数が多いアプローチを行なう際に使用することの多いリグである。オフセットフックを使うことで根掛かり回避に優れ、遊動式ゆえシンカーの重みが魚に伝わりにくいロックフィッシュねらいの王道リグだ。

とはいえ、このゲームで使用するときのテキサスリグは、チヌやフラットフィッシュなどをねらう際に多用するズル引き、つまりボトムを這わせるアプローチはご法度だ。根掛かりばかりで正直釣りにならなくなるためだ。

また、ひと口にリフト&フォールといってもその攻略バリエーションは多彩であるほうがよい。例えば、2リフト&カーブフォールをベースに、ハタ類などのレンジを追うターゲットに対しては、5リフト&5カウントのカーブフォールのちフリーフォールで再度着底などといった、かなりの広範囲を一気に探れるようなアプローチも効果的である。

ねらうターゲットの習性や捕食しているベイトなどによって、さまざまなアクション&フォールのパターンを展開し、その日、もっとも反応のよいアプローチを探していくゲームを展開したい。

根掛かり回避能力と遊動式ならではのダイレクトな感度を備えたテキサスリグ

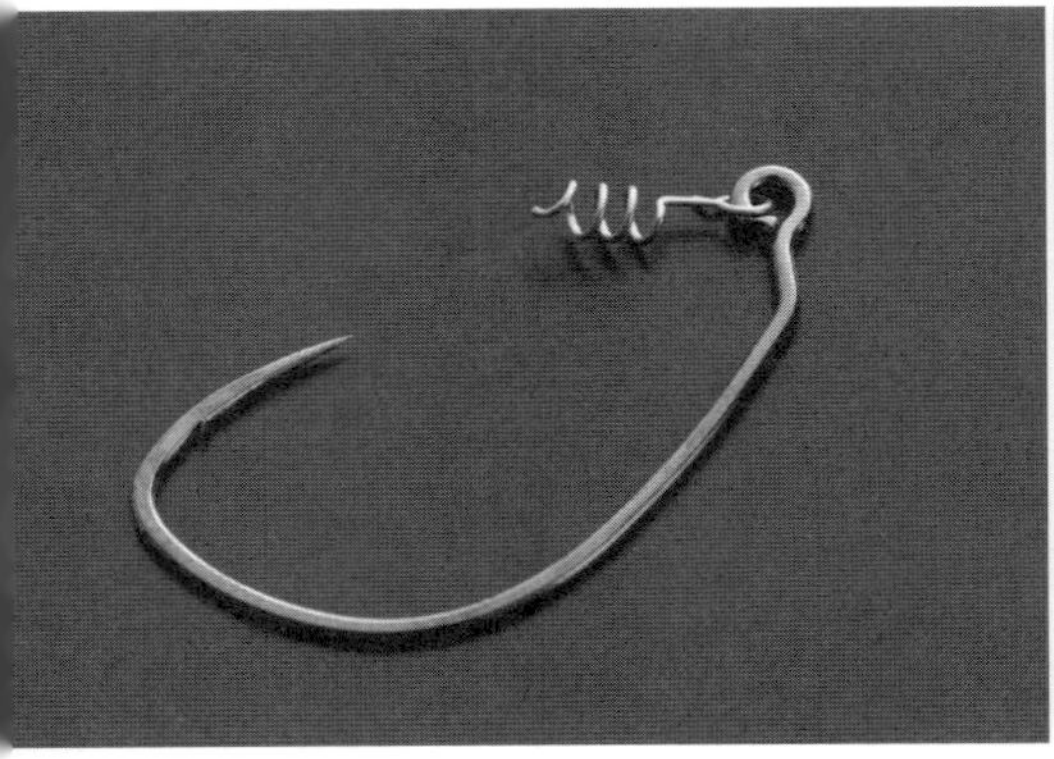

テキサスリグには専用シンカーとオフセットフックを組み合わせる

ジグヘッドリグ

ロックフィッシュで使用する際のジグヘッドリグは、ボトムからの巻き上げなどのアプローチで使用されることが多い。フック先端がむき出しというリグの特性上、丹念にボトムを取ると、どうしても根掛かりが連発してしまうため、ボトムを意識しつつも、その少し上のレンジを上手くトレースするイメージで使用する。

例えば、着底から5回ハンドルを回しそのままカーブフォールで誘ったり、ボトムより3～5mほど上のレンジを中層スイミングで攻略したりと、どちらかというとターゲットが小魚などのベイトフィッシュを意識している際に効果を発揮する。

スイミングアプローチはテキサスリグでも行なうが、アワセのタイミングが難しくすっぽ抜ける危険性が高いのに対して、ジグヘッドリグはフック先端がむき出しであるためフッキング率が非常に高い。しかもボトムを切っていることからやや大型がヒットしても根に潜られにくいなどの利点もある。テキサスリグの長所と短所をわかったうえでジグヘッドリグを要所で投入していきたい。

穴釣りによし、ヘチに落とし込んでよし、遠投してボトムを探るもよし、スイミングもよしのジグヘッドを使いこなせば大きな武器になる

こうしたキャストするアプローチとは別に、古くから愛好家の多いロックフィッシュゲームのスタイルが穴釣りだ。潮が引いた水深30～50㎝ほどのゴロタ場などで、足もとの岩と岩の隙間や穴に直接ジグヘッドリグを届けてアプローチする。ロッドティップからのタラシは10㎝もあれば充分。8の字を描くようにアプローチするのが一般的だ。

このゲームで釣れるターゲットは、カサゴとムラソイの2種が多い。とにかく驚くほど手軽に挑戦できるゲームなので、ファミリーフィッシングとしても一定の人気を博している。

このようなゴロタ場やタイドプールは穴釣り天国だ！

ライトゲームの好敵手たち⑥

イサキ

食べてよし、釣ってよしの遅れてきたゲームフィッシュ

魅力たっぷりの注目ニューフェイス

イサキは、古くから磯釣りや船釣りで人気のターゲットであったが、ルアーアングラーが専門にねらうようになったのはここ数年のことだ。食味、釣味ともによいイサキがルアーの対象魚としてなかなか注目を集めなかった背景には、その生息域が大きく関係している。イサキの生息域は外海に面した荒磯であり、身近な防波堤や内湾の磯ではまずお目にかかる機会がない。青ものやヒラスズキのメインステージとなるロケーションが舞台のため、ライトタックルを持ち込むアングラーも少なかったはずだ。

しかし、その食性は小魚や磯際のエビ類など甲殻類を好み、生態はアジに近く、大群をなして磯際や沖の潮筋の中を回遊しているため数もねらえ、ヒットしてからのファイトは尺メバルを彷彿。この魅力をライトゲームファンが見逃すはずもなかった。

釣り場は険しい獣道を抜けた先に広がる自然豊かな地磯、あるいは渡船を利用して上礁する沖磯など。ライトゲームでは7～14gのメタルジグやテールスピンでねらうスタイルがマッチ。おもに朝夕マヅメのトワイライトタイムに25～40㎝の個体が釣れるが、レンジにシビアな一面も覗かせる。

そして、このゲームではイサキだけを専門にねらうことはほぼ不可能。他の大型魚がヒットすることも予め想定しておこう。また、決して足場のよいとはいえないフィールドに身を置くこととなるので、無理のない釣りを展開して欲しい。装備品やランディングネットなど準備するものも多い。万全の体制を整え、磯歩きや沖磯などに慣れた経験者とともにチャレンジしていただきたい。

イサキ
潮通しのよい地磯や沖磯で初夏のターゲットとして定着しつつある。抜群の食味と引きのよさ、そしてメタルジグのみならずジグヘッドリグでも釣れる反応のよさも魅力

大型になるとライトタックルを軋ませるほどの引きの強さで楽しませてくれる

実は立派なフィッシュイーターだ

ライトゲームの好敵手たち⑦

マダイ

オフショアに続いてショアゲームにも注目！

一部エリアでは再現性のあるパターンを構築

マダイは、古くから慶祝事に欠かせない日本人にもっとも馴染みの深い魚である。ルアーゲームの世界ではタイラバなどのオフショアゲームで盛んにねらわれるターゲットであるが、ショアからのルアーゲームとなるとまだまだ未知数の魚といえる。

マダイの生息域は非常に広く、内湾の砂底から外洋の磯まで、正直どこにでもいるといっても過言ではない。食性は悪食で、小魚やイカ、エビなどの甲殻類など口に入る動物性のベイトであれば何でも食べる。また、レンジや着き場もベイトフィッシュによってさまざま。そのうえ、あまり大きな群れを形成しない単独魚であることなど、この神出鬼没で自由奔放な生態が、的確にねらって釣ることを難しくしているといえる。しかし、一部の地域では、ベイトや季節回遊などのパターンが構築されており、ねらって釣ることのできるターゲットとして確立されつつある。

悪食ゆえ、ルアーもトップ、ミノーといったプラグからメタルジグ、テールスピン、さらにはテキサスリグなどにもヒットするが、その大半は他魚ねらいの外道。いずれ近いうちにショアマダイというジャンルが確立されるのではないだろうか。

個人的には5～14gのメタルジグやキャロライナリグで釣る機会が多い。着底後、2～3回ほどシャクリあげて、ボトムまでフリーフォールといったアクションの繰り返しでねらっている。ヒットはボトムタッチ直前かその直後に多いので、必ずアクション毎にボトムを取るようなアプローチを心掛けている。

均整の取れた美しい魚体。やはり釣れるとかなり嬉しいターゲットだ

マダイ
防波堤からジグヘッドリグでキャッチ。このウエイトのルアーを快適に扱えるのはライトタックルである

梅雨時の沖堤防で青もののナブラの下にメタルジグをフラフラと落とすとこのサイズが連発した

ライトゲームの好敵手たち⑧

ツツイカ

ショアライトスッテゲームに挑戦！

ツツイカとは？

ツツイカとは、ヒイカ、スルメイカ、ケンサキイカ、ヤリイカなどツツイカ目のイカの総称である。この種のイカはあまり大きくなく、餌木も1.5～2.5号と小型を使うため、アオリイカを想定したエギング専用タックルよりもライトなタックルが合っている。

ライトエギングはシャクリ&フォールのほかトゥイッチ程度の軽快なアクションにも反応がよい。また、イカはルアーがフォールしている際に後ろから近づいて抱きつく習性を持つため、しっかりとしたフォールの間を演出することが重要だ。

そんなライトエギングが近～中距離の浅場攻略を得意とするのに対し、ショアライトスッテゲーム（通称：S.L.S）は遠距離における深場攻略も得意とする。リグシステムも簡単で、普段アジングなどで使用しているキャロライナリグの先端部にあるジグヘッドの部分を小型スッテに付け替えるだけ。飛距離やフォールスピードを分離したシンカーで調整できるので、状況に応じたウエイトの使い分けも行なえる。アクションは同一レンジ内でのシャクリ&フォールが定番。エギング同様、2～3回の巻きジャクリからのカーブフォールというアプローチから始めてみよう。

遠近と浅深を餌木とスッテで釣り分け、

アジやメバルのキャロライナリグをそのまま流用したS.L.Sはリーダーの先をジグヘッドではなくスッテにしただけ。この繊細さがイカ釣りをまた面白くする

エギングロッドには出ない極小な乗りを察知し、美味なるケンサキイカやヤリイカをショアから釣る面白さは、まさにライトゲームの真骨頂である。

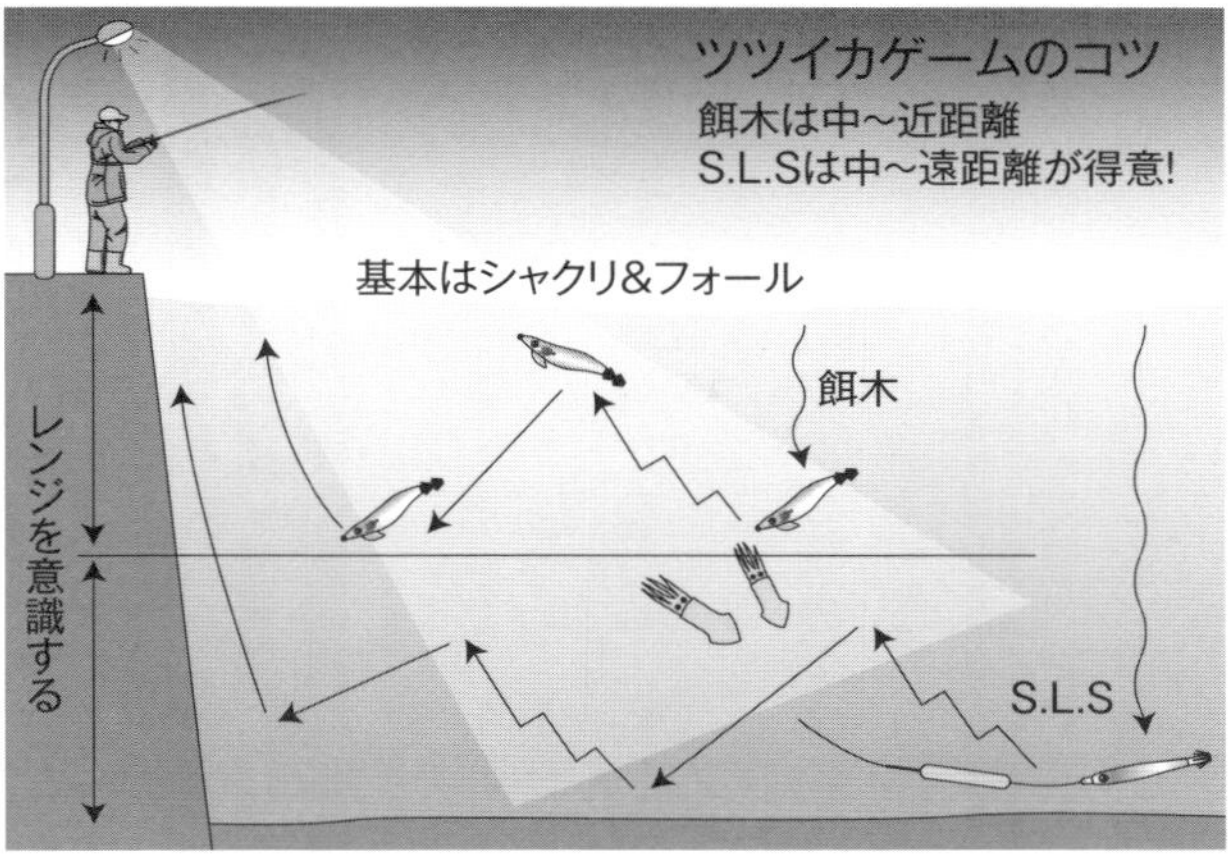
ツツイカゲームのコツ
餌木は中〜近距離
S.L.Sは中〜遠距離が得意!
基本はシャクリ&フォール
餌木
レンジを意識する
S.L.S

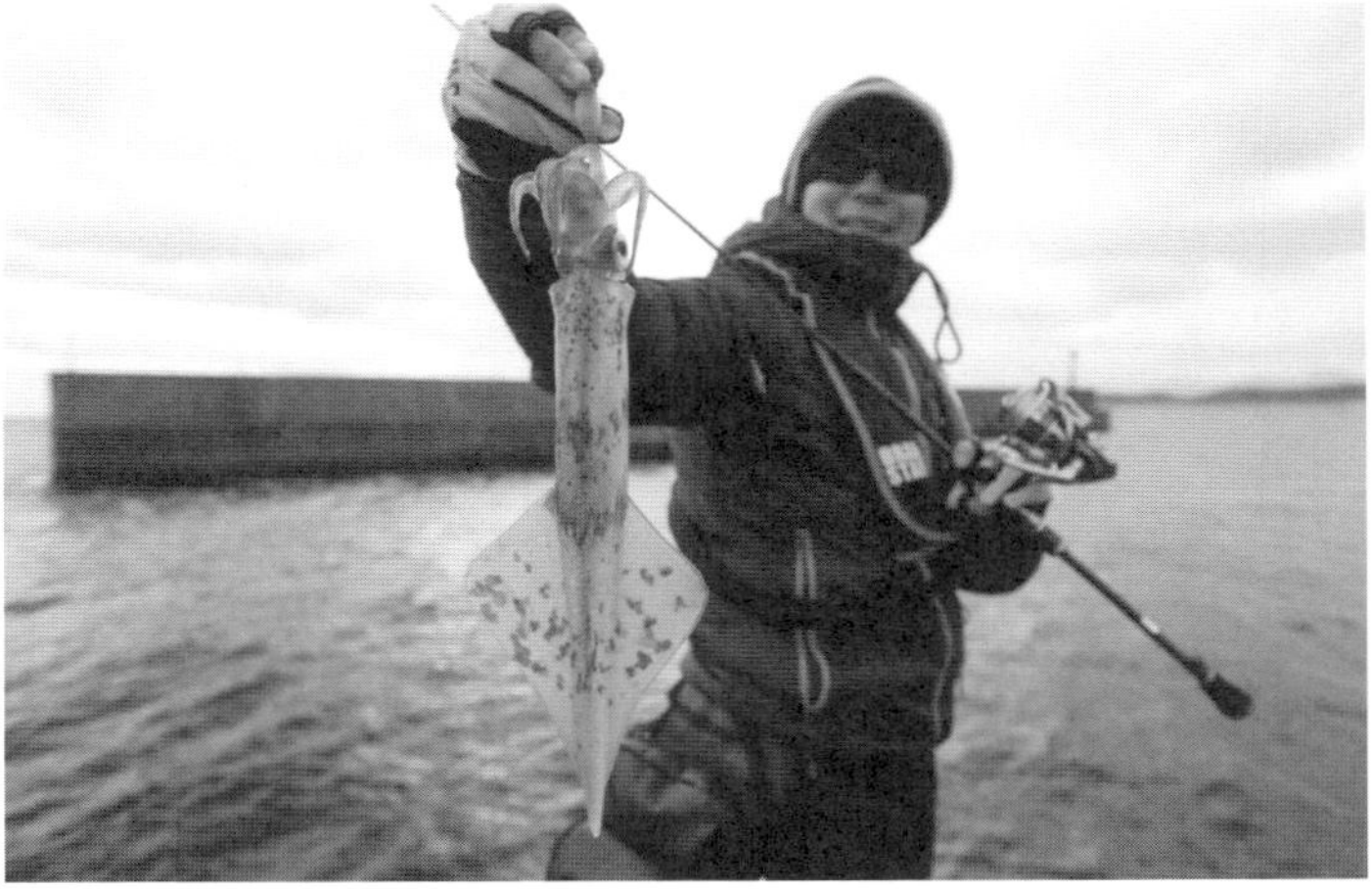

ヤリイカ
九州ではササイカと呼ばれる高級美味イカもS.L.Sの絶好ターゲット

ケンサキイカ
S.L.Sのメインターゲットとも言える存在。サイズ感も群れの大きさもまさに最適でレンジを探り当てるテクニカルな部分もたまらない

スルメイカ
獰猛な性格で引きも強い。小型餌木を使ったライトエギングでキャッチ

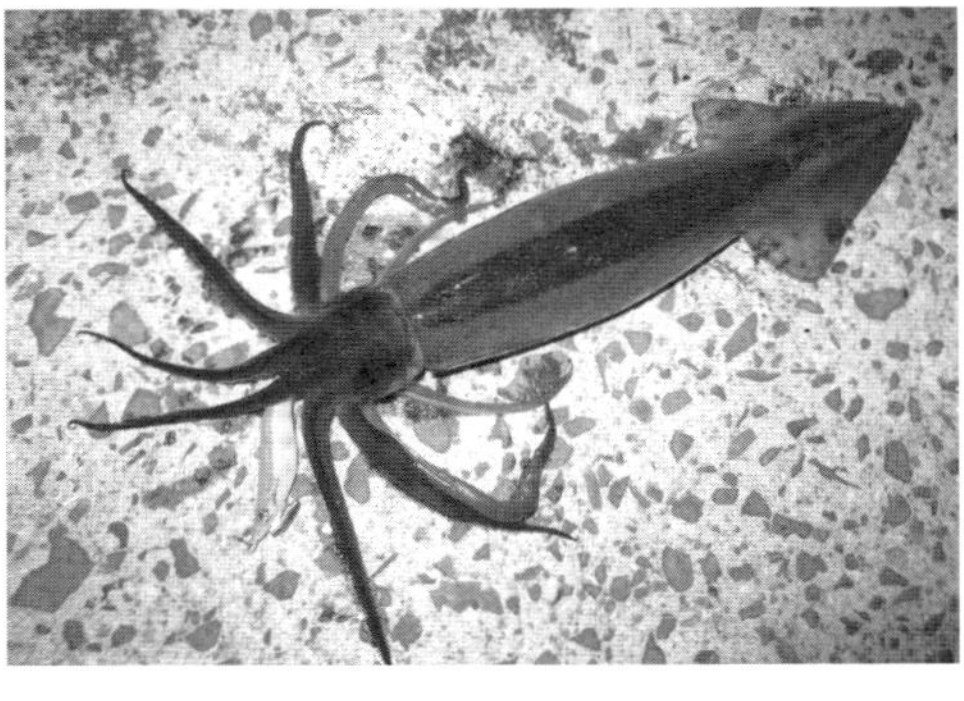

ライトゲームの好敵手たち⑨　メッキ

親譲りのスピードスター

ライトタックルだから楽しいヤンチャなファイト

メッキとは、ロウニンアジ、ギンガメアジ、カスミアジなどの幼魚の俗称である。成魚は主に南西諸島などの暖かい海域に生息する魚なのだが、これらの幼魚は黒潮や対馬暖流に沿って日本を北上する死滅回遊を行なうことでも知られている。おもに夏～冬にかけて河口や漁港などに小規模の群れで回遊してくる。

ライトゲームでは15～30㎝までの個体がターゲット。食性は魚食性に偏り、小魚などのベイトフィッシュを獰猛に襲うフィッシュイーターだ。遊泳力に優れ、サイズに似付かないほど強烈に走り回るパワーファイターである。

メッキを専門にねらうならハードルアーでのゲーム展開が面白い。中でもトップウォータープラグやミノー、メタルジグが私のおすすめ。総じて早い動きに反応がよいのでステイなどのストップモーションはあまり必要ない。ミノーやメタルジグなどは、海面に飛び出すほどのハイスピードな早巻きアクションでも平気で追いつき食らい付いてくる。デイゲームでは、特にこの早巻きメソッドが面白く、唐突に訪れる激しいバイトは病み付きになるほどだ。まさにGTのライト版といった感じで興奮させられる。

このほか海底でのボトムワインドやバイブレーションプラグのリフト&フォールも効果的である。低水温時や低活性時、ナイトゲームなど、早巻きメソッドでの反応が悪いシーンでぜひ試してほしいアプローチだ。

ド派手なチェイス&バイトは問答無用で面白い！

ライトゲームの好敵手たち⑩

シーバス

ランカーねらいとは別ベクトルの痛快バトル

ソルトのショアゲームを代表する人気ターゲット

シーバスは、ソルトルアーゲームを代表するメジャーなターゲットで、日本沿岸の港湾部、磯、サーフ、干潟、河口、河川と多彩なフィールドに生息する。この釣りのマニアともなればランカーと呼ばれる80㎝オーバーを求めて日夜キャストを繰り返しているが、ライトゲームでは、30～60㎝ほどのいわゆるセイゴ、フッコサイズで充分に楽しめる。

もちろん70㎝を超えるようなスズキサイズも食ってくるが、さすがにそのサイズともなると専門タックルでやり取りしたほうが何かとメリットが多い。とはいえ時間を掛ければそのサイズでもランディングまで導くことは可能で、むしろスリリングなやり取りを楽しめる。

食性はメッキ同様、魚食性が強く、ベイトフィッシュを待ち伏せて捕食する。ライトタックルでねらうなら常夜灯などの光源設備周辺。河川でのゲーム展開であれば、橋から落ちるライトの暗部、漁港であれば足もとの影や船影などが有望である。

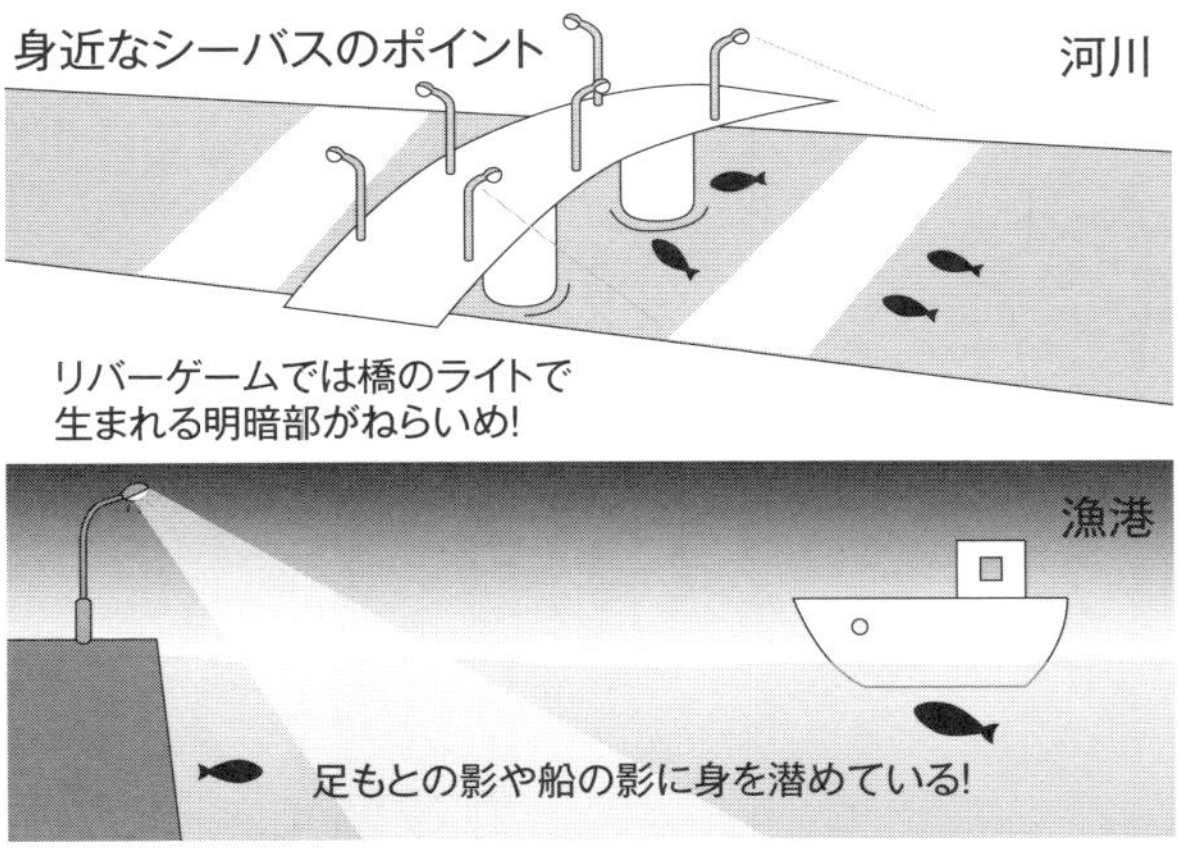
身近なシーバスのポイント
河川
リバーゲームでは橋のライトで
生まれる明暗部がねらいめ!
漁港
足もとの影や船の影に身を潜めている!

使用するルアーは、シーバスタックルでは少しウエイトが不足している小型のミノーなどのほかジグヘッドリグでもよく釣れる。小～中型であるセイゴ、フッコサイズをねらうアングラーは少ないが、意外なほど身近なスポットで簡単に数を釣ることができるので、ライトタックルで良型のやり取りをする練習にもなる。ヒット後は果敢にエラ洗いを行ない、歯やエラ蓋でラインを切ろうとするので、リーダーは8Lb以上を結んだほうが無難である。

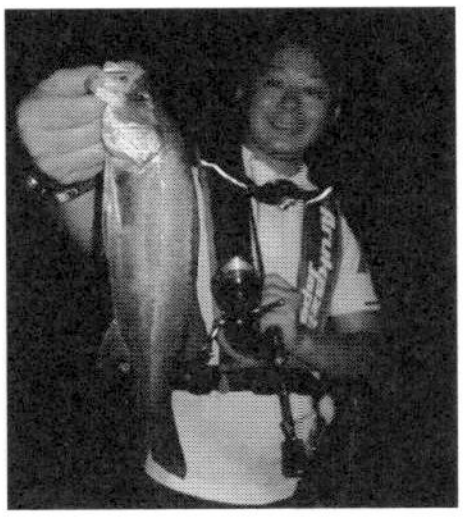

決してサイズを求めていないわけではないが、このサイズでもかなり楽しめる。スズキクラスになると楽しいを通り越して大変になる。それがライトゲーム

ソルトでも流行の兆しのベイトフィネス。ライトリグでの繊細アプローチはランカーねらいとは違うベクトルの面白さがある

ライトゲームの好敵手たち⑪

ハゼ・キス

煙幕を立てて蠢く何かを演出

お手軽エサ釣りターゲットの代表格をルアーでねらう

マハゼは、干満の影響を受ける身近な河川などで、おもに秋期に釣れ盛るターゲット。シロギスは、夏のサーフを代表する魚であり、どちらも投げ釣りでは大人気のターゲットである。

ルアーのターゲットとしてはまだまだ認知度が低い状態にあるが、年々ルアーで挑む人が増えつつある。ともに砂や泥底を好む底生性のターゲットであり、ゴカイなどの多毛類を好んで捕食する。そのため、ワームは短細なストレートワームなどがおすすめ。匂い成分への反応が顕著な傾向にあるため、釣果を優先する場合は迷わずリキッドタイプのワームを使用するほうが賢明だろう。リグは重めのスプリットショットリグやキャロライナリグを遠投し、底をズル引く。ワームをセットするフック部は、フックのみでも軽量ジグヘッドでもよい。ズル引きは、ハンドルを回すリーリングアクションではなく、ロッドでゆっくりサビくほうがよい。サオ一本分ほどサビいたら、1～3秒ステイを入れて、食わせの間を演出するのも効果的。

また、ハゼは専門のクランクベイトで釣る『ハゼクラ』ゲームも人気が上昇中だ。キスもそうだが、砂底や泥底の煙幕に反応する傾向が強いので、ボトムノックでハゼの気を惹くことが重要で、びっくりするほど連発するケースもある。キスはメタルジグでのボトムパンプなどでヒットしてくるが、おそらく着底時に巻き上がった砂に反応しているのだと思う。

ハゼ&シロギスねらいのコツ

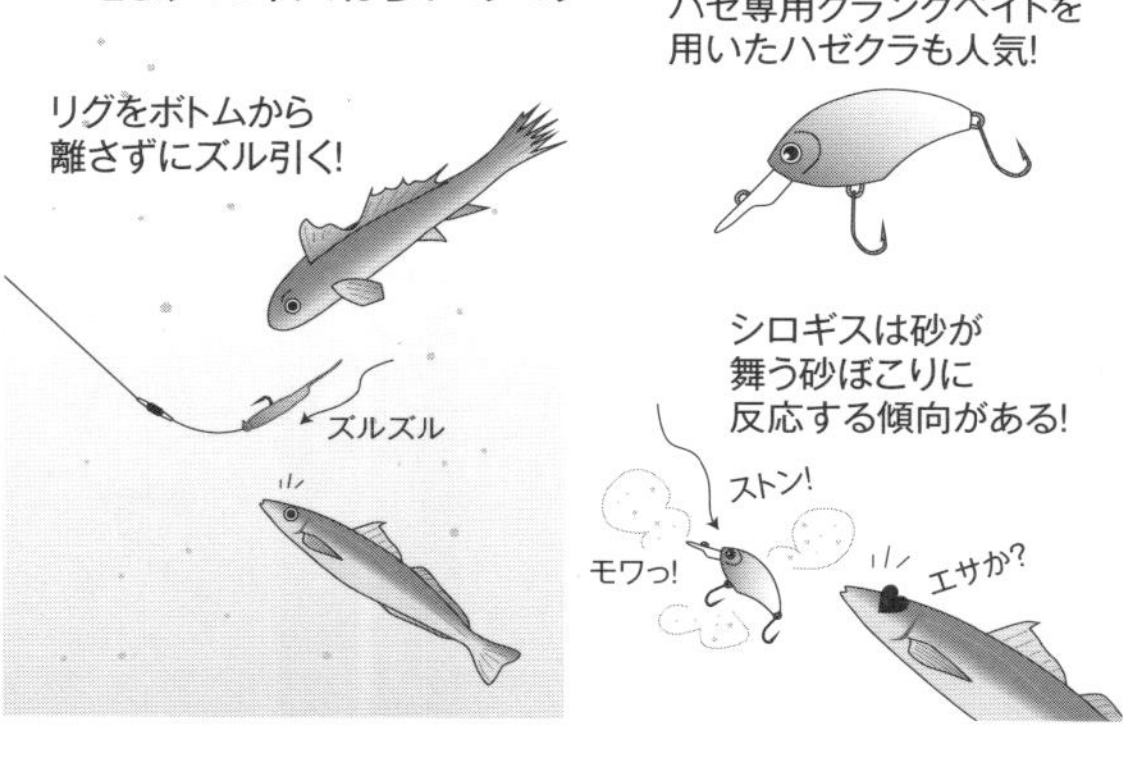

リグをボトムから
離さずにズル引く!
ズルズル
ハゼ専用クランクベイトを
用いたハゼクラも人気!
シロギスは砂が
舞う砂ぼこりに
反応する傾向がある!
ストン!
モワっ!
エサか?

シロギスは匂いの強いリキッドタイプのストレートワームが効く。ジグヘッドやメタルジグでも釣れるのは着底時の砂煙で興味を惹くことも関係している気がする

ゴカイなどのエサでは簡単に食らいつくハゼも、ルアーでは一筋縄ではいかない。が、スイッチが入るとご覧のとおりだ

ハゼクラは不思議と連発する。クランクベイトを魚と思って食いついているというよりも、リップが立てる土煙そのものの先にベイトがいると思って食っているのではないだろうか

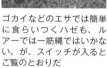

ライトゲームの好敵手たち⑫

イシモチ・ニベ

大化けする可能性を秘めた注目魚

シログチとニベ

ニベ科の魚は頭の中の耳石がとても大きく、石ころのようであることから総称してイシモチと呼ばれる地域もあれば、浮袋を振動させて「グーグー」と鳴くことから「グチ」とも呼ばれる地域もある。いずれもニベ科の総称であり、一般的に釣りの対象になっている魚はシログチであることが多く、近似種であるニベは別種である。よく似ているが、体色が銀白色に輝くシログチに対して、ニベは淡青色で、ほぼ全身に黒褐色の小斑があるのが特徴となっている。

イシモチはキスやハゼ同様、砂泥質の海底でゴカイなどの多毛類を好んで捕食しており、河口域の導流堤やサーフに突き出た砂防堤などからのエサ釣りが盛んだ。ライトゲームでの攻略で実績があるのは、1.5～

ジグヘッドリグで釣れたイシモチ。この魚の標準和名はシログチである

3gのジグヘッドリグを使ったボトムバンプアクションや、スプリットショットリグでのスローリトリーブなど。総じてボトムを意識したアプローチが大切であり、デイゲームよりもナイトゲームのほうが実績は高い。ワームはアジ・メバル用の2in前後のものがよく、ストレートワームよりも波動の強いカーリーテールやシャッドテールに反応がよい印象を受ける。

お住まいの近くの海岸がイシモチのエサ釣りが盛んな地域であれば、ぜひルアーで挑戦してみるといい。釣って楽しく食べて美味しいライトゲームの新たなターゲットになること請け合いだ。

オフショアのタチウオジギングでヒットしたイシモチ。サーフからはメタルジグやメタルバイブでも釣れることからメタル系での攻略もありなのかもしれない

ライトゲームの好敵手たち⑬

ヒラメ・マゴチ

フラットフィッシュはライトゲームの舞台に潜む！

実はかなりおなじみ

ヒラメ、マゴチなどのフラットフィッシュは、干満の影響を受ける河川でのチニングの際にたびたび登場するゲストフィッシュだ。河川の河口域や防波堤、サーフなど、底質が砂底のフィールドであれば専門にねらってみる価値が高い。

リグは、遠投しやすい重めのジグヘッドリグやチャターベイト、バイブレーションなどがおすすめ。ヒラメ、マゴチはともに底生性のフィッシュイーターであり、砂に潜り身を隠し、頭上を通過するベイトに勢いよく飛びかかるといった捕食を行なうので、ボトム周辺をねらうことが何より重要である。しかし、マゴチこそボトムのズル引きでも釣れるが、ヒラメは底から50㎝以上、時には3ｍほど上のレンジでのアプローチに反応がよい。そのため、両魚をまとめてねらいたい場合は、高さを出したリフト&フォールやボトムワインド、ボトムからハンドル5回転ほどの巻き上げ＋カーブフォールなどといった、着底と浮上を繰り返すアプローチが効く。

サイズによってはライトゲームの範疇を軽くオーバーするが、感度に優れたチニングタックルならではの繊細な攻めがフラットフィッシュにも効くことが多い。

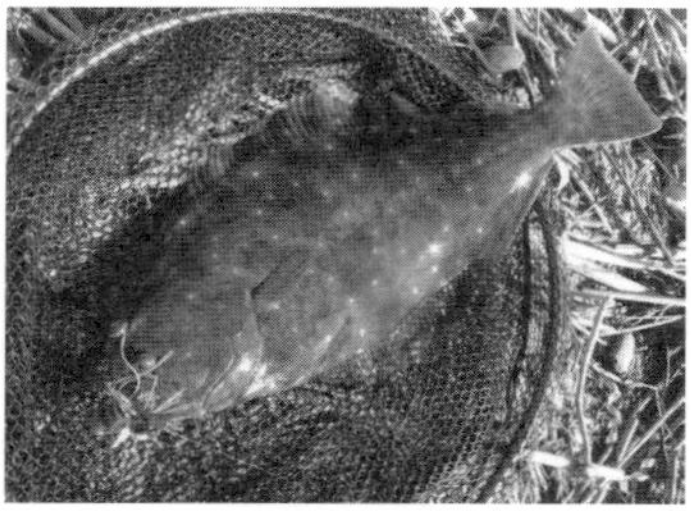

ヒラメ
実はライトゲームマニアはヒラメマニアと変わらないくらいヒラメを釣っている

マゴチ
ジグヘッドリグのブレードチューンにヒット。このサイズになると首を振る力もハンパない！

そもそも河口域は多彩なフィッシュイーターが混生している。だからヒラメ専門にヘビータックルという選択ではなくライトタックルで臨むのが楽しい

チャターベイト（ブレードベイト）はマゴチやヒラメに効く新しい巻きモノだ

ライトゲームの好敵手たち⑭

ローカルフィッシュ

全国各地に無数のターゲットが！

ライトゲーム・イズ・フリーダム！

ここまで多彩なターゲットについて取り上げてきたが、実はローカルなターゲットも含めれば、その種類は数えきれないほど多くなる。根本的に、動物性のベイトを捕食する傾向にある魚であれば、ほぼそのすべての魚種を釣ることが可能であるのがライトゲームの面白いところ。私が住む九州エリアだけをとっても、ミナミハタンポやカタボシイワシ、ティラピアやイケガツオなど個性豊かな面々がいる。また、熊本、佐賀、長崎の三県に跨る有明海では『有明ターポン』と呼ばれる、まさにローカルターゲットが脚光を浴びている（標準和名はヒラという魚）。

ライトゲームの基本セッティングであるジグヘッドリグで身近な防波堤を周るだけでも、驚くほど多くのターゲットを釣り上げることができるはず。アジ、メバルを専門的にねらうライトゲームの奥深い世界観も面白いが、何でも来いの五目スタイルもまたたまらなく面白い。柔軟な発想と自由なスタイルで楽しめる唯一のルアーゲームこそライトゲームなのだ！

エピローグ　マニアがマニアを育む摩訶不思議な世界への入口

『また来た!!』

私がライトゲームの虜になった要因のひとつが、このひと言に集約されている。刻々と変化を続けるフィールドコンディションの中に身を置きつつも、冷静にその変化を読み解き、正確にレンジを刻む。そんなイメージ通りの戦略に沿って、的確にリグを操れば、こんな嬉しい台詞が一夜に何度も飛び出し、自然と口角があがってくる。そう、ライトゲームの釣りとは、そんな再現性を追い求める釣りなのだ。

ライトゲームは、身近なポイントで最小限のタックルを駆使して安近短で楽しめる手軽なルアーゲームである。しかし、そんな登竜門的な広い間口の釣りであると同時に、一歩踏み込めば、実に繊細で奥深くマニアックでストイックな世界観が広がっている釣りでもある。もちろん、どのスタイルでこのゲームを楽しむかを決めるのは、あなた自身。しかし、追い求めれば追い求めるほどにその輝きが増すような感覚に陥り、このゲームの虜になってしまうアングラーは決して少なくないのだ。

そもそも、1.0gを切るような極小のリグを巧みに操ったり、0.2g単位でウエイトを調整したり、はたまた、ベースカラーはそのままにラメのカラーだけ変更するなど、細かすぎる釣りへの探求スタイルは、もう完全に日本人気質が全開に反映された釣りである。海外の釣りはもっと大胆で豪快、釣れる時は釣れるし釣れない時は釣れないとサッパリしている。対してライトゲームは、片田舎にある町工場の頑固な職人が考えたようなピッタリとハマる釣りなのだ。

この本を執筆するにあたり、私自身かなり多くのことを考えた。正直な話、アジとメバルの2種ほどにターゲットを限定していただければ、そんな職人気質全開なマニアックトークにも華を咲かせることが可能であったが、ライトゲーム全般という漠然とした括りが、よい意味でそれにブレーキをかけてくれた。そういうわけで、この本で紹介させていただいているライトゲームの魅力は、ほんの一部分にしか過ぎない。既にストイックなまでにこの釣りを探求しているアングラーにとっては、入門書的内容も多く、ちょっと物足りないと感じることもあるかもしれない。しかし、はじめは誰しもが初心者。玄人の方には、自身の釣りを再度見つめ直すための参考書として、そしてこれからライトゲームマニアを目指すすべてのアングラーのバイブルとして、何度も読み返していただけると幸いである。

最後に、私自身もまだまだ発展途上の現在進行系ライトゲーマーであり、現段階での持論をここに書き残したに過ぎない。それほど、このゲームには飽くなき探究心を掻き立てられる、底知れぬ魅力と新たな発見が詰まっている。マニアがマニアを育む摩訶不思議な世界。それがライトゲームという釣りの裏側なのである。

河野大輔

著者プロフィール
河野 大輔（こうの　だいすけ）

1983年生まれ鹿児島県姶良市在住。幼少期より釣りに親しみ、特に学生時代はバスフィッシングの虜となる。専門学校時代に出会った恩師たちの影響で自身の釣りの世界観が大きく変化。本格的にソルトルアーを楽しむようになったのは社会人となってからだが、釣具店のルアー担当、釣具メーカーの企画開発と公私共に深く釣りと携わりながら独自のスタイルを構築。現在は故郷である鹿児島に戻り、さらなる釣りの発展に寄与する活動を行なっている。アルカジックジャパン・ブランドビルダー、バリバス・フィールドテスター。

一番手軽で最高に刺激的な海のルアーフィッシング
攻めの「ライトゲーム」変幻自在

2018年8月1日発行

著　者　河野大輔
発行者　山根和明
発行所　株式会社 つり人社

〒101-8408　東京都千代田区神田神保町 1-30-13
TEL 03（3294）0781（営業部）
TEL 03（3294）0766（編集部）

装丁・デザイン　DTP pro.
印刷・製本　図書印刷株式会社

乱丁・落丁などありましたらお取り替えいたします。

ISBN978-4-86447-323-1 C2075
つり人社ホームページ　https://tsuribito.co.jp/
ルアーパラダイス九州オンライン　https://lurepara.tsuribito.co.jp/
釣り人道具店　http://tsuribito-dougu.com/